KB007126

길라잡이 현대 국어 문법

나찬연

길라잡이 현대 국어 문법

©나찬연, 2021

1판 1쇄 발행_2021년 07월 20일
1판 2쇄 발행_2023년 03월 10일

지은이__나찬연
펴낸이__양정섭

펴낸곳__경진출판
　　　등록__제2010-000004호
　　　이메일__mykyungjin@daum.net
　　　사업장주소__서울특별시 금천구 시흥대로 57길(시흥동) 영광빌딩 203호
　　　전화__070-7550-7776　　**팩스**__02-806-7282

값 16,000원
ISBN 978-89-5996-822-0 93710

※ 본사와 저자의 허락 없이는 이 책의 일부 또는 전체의 무단 전재 및 복제, 인터넷 매체 유포를 금합니다.
※ 잘못된 책은 구입처에서 바꾸어 드립니다.

머 리 말

『길라잡이 현대 국어 문법』은 현행의 '학교 문법'에서 설정한 문법 이론의 핵심 내용을 기술한 문법 입문서이다. 곧, 국어 문법의 지식이 없는 일반인도 이 책으로써 '학교 문법'에 따른 현대 국어 문법의 체제와 내용을 쉽게 익힐 수 있도록 구성한 길잡이의 책이다.

흔히들 국어 문법은 어렵고 재미없다고 하는데, 이는 국어 문법 자체가 어렵기 때문에 그러한 것은 아니다. 이러한 문제는 대부분 문법의 내용을 설명하는 교재가 학습자 중심으로 기술되지 않은 경우가 많고, 또한 학습자들이 자신의 수준과 능력에 맞지 않는 교재로 국어 문법을 학습하고 있기 때문에 생긴다. 학습자들이 자신의 능력에 맞게 국어 문법의 기초적인 이론을 이해한 뒤에, 점차적으로 깊이 있고 폭넓은 문법 이론을 익히는 것이 도움이 될 것이다.

이 책에서는 '2015 개정 교육과정'에 따른 『고등학교 언어와 매체』에서 '학교 문법'의 내용을 기술한 차례를 그대로 따랐다. 곧, 이 책의 내용 체제를 제1장 '형태소와 단어', 제2장 '품사', 제3장 '단어의 형성', 제4장 '문장 성분', 제5장 '문장의 짜임', 제6장 '문법 요소'의 순서로 짰다. 여기서 제1장부터 제3장까지는 제1부로서 '형태론'에 해당하며, 제3장부터 제6장까지의 내용은 제2부로서 '통사론'에 해당한다. 그리고 [부록]으로 '국어의 특징'을 첨부하였는데, '음운·어휘·문법·화용'의 네 가지 층위에서 나타나는 국어의 특징을 살폈다.

그리고 지은이는 다음과 같은 기본 원칙에 따라서 이 책을 기술하였다. 첫째, 이 책에서 다루는 내용 범위는 형태론과 통사론에 한정한다. 다만, 국어의 일반론으로서 '국어의 특징'을 소개하는 내용을 제3부에 덧붙였다. 둘째, 문법 용어와 내용 체제는 '2015 개정 교육과정'에 따른 『고등학교 언어와 매체』의 것을 그대로 따랐다. 셋째, 학교 문법의 내용을 객관적으로 기술하기 위하여 지은이의 개인적인 견해는 가급적 반영하지 않았다. 다만, '학교 문법'의 내용에 대하여 보충할 내용이 있을 때에는 각장의 말미에 있는 【더 배우기】에서 다루었다.

이 책은 현행의 '학교 문법'의 내용을 중심으로 형태론과 통사론의 기본적인 이론을 공부하는 이들에게 도움이 될 것이다. 특히 초·중등학교에서 국어를 가르치는 교사를 비롯하여, 국가나 지방에서 실시하는 '공무원 시험'이나 '한국어 교육 능력 검정 시험', 언론 기관의 입사 시험을 준비하는 이들에게 도움이 될 것으로 생각한다. 나아가서 대학교의 국어국문학과나 국어교육과의 학부 1·2학년 학생들이나 '국어과 중등 교사 임용 시험'을 준비하는 이들에게는 국어 문법론의 기초를 다지는 입문서로 이 책을 활용할 수 있을 것이다. 그리고 이 책을 익힌 다음에 국어 문법론에 대한 더욱 폭넓고 심도 있게 공부하고 싶은 사람들은 지은이가 지은 『제5판 현대 국어 문법의 이해』(2017)의 내용을 익히기 바란다.

이 책은 학습자들이 '중세 국어 문법', '근대 국어 문법', '옛글 읽기', '국어사', '국어 어문 규정', '외국인을 위한 한국어 교육론' 등을 공부하는 데에 디딤돌의 역할을 한다. 특히 '한글 맞춤법, 표준어 규정, 외래어 표기법, 국어의 로마자 표기법' 등의 '국어 어문 규정'을 익히려는 이들은 이 책의 내용을 학습한 뒤에 『국어 어문 규정의 이해』(2019)나 『길라잡이 국어 어문 규정』(2021)의 내용을 익히면 도움이 될 것이다.

이 책을 발간하는 데에는 여러 사람의 도움이 있었다. '학교 문법 연구회'의 권영환, 김문기, 박성호 선생은 지난 2년 동안 지은이와 더불어서 학교 문법에 관련된 교재를 개발하면서, 이 책의 내용을 꾸리는 데에 여러 가지 도움말을 해 주었다. 그리고 지은이가 운영하고 있는 인터넷 홈페이지 '학교 문법 교실(http://scammar.com)'의 문답방에 학교 문법을 공부하는 수많은 누리꾼들이 학교 문법에 관련된 질문을 많이 올려서 지은이의 설익은 생각을 다듬을 수 있게 하였다. 끝으로 부산대학교 대학원에서 박사과정을 수료한 나벼리 군이 이 책을 교정해 주었다.

끝으로 이 책을 흔쾌히 발간해 주신 '경진출판'의 양정섭 대표님께 감사의 말을 전한다.

2021년 7월 1일

지은이 씀

차 례

제1부 형태론

제2부 통사론

[부록] 국어의 특징

형 태 론 1부

제1장 형태소와 단어

언어를 통한 의사전달은 기본적으로 문장을 단위로 이루어진다. 문장 또한 수많은 재료들로 구성되는데, 이러한 재료들 중에서 '단어'와 '형태소'는 언어 현상을 이해하는 데에 가장 중심되는 요소이다.

1.1. 형태소

여기서는 언어적 단위의 종류를 살펴보고, 언어의 최소 단위인 형태소의 개념과 유형에 대해서 알아본다.

1.1.1. 언어 형식

기호는 반드시 두 가지 요소, 즉 전달 형식과 전달 내용을 갖추어야 한다. 인간의 언어도 기호의 일종이므로 언어의 단위들은 모두 일정한 소리에 일정한 의미가 서로 맞붙어 있어야 한다. 이와 같이 소리와 의미가 맞붙어 있는 언어의 단위를 총칭하여 '언어 형식(linguistic form)'이라고 한다.

(1) 가위 $= \dfrac{\diagup \text{k a w i} \diagup}{[\text{✂}]}$

(2) 언어 형식(linguistic form) $= \dfrac{\text{전달 형식}}{\text{전달 내용}} = \dfrac{/\text{음성}/}{[\text{의미}]}$

그런데 언어 형식은 그 전체가 하나의 덩어리로 되어 있는 것이 아니라, 도막도막으로 쪼개지는 성질(분절성, articulation)이 있다.

(1) 범이 토끼를 물었다.

(2) ㄱ. '범이 토끼를 물었다'　　　　　　　　　　　　　　　[문장]

　　　ㄴ. '토끼를 물었다'　　　　　　　　　　　　　　　　　[구]

　　　ㄷ. '범이', '토끼를', '물었다'　　　　　　　　　　　　　[어절/단어]

　　　ㄹ. '범', '-이', '토끼', '-를', '물-', '-었-', '-다'　　　　[형태소]

언어 형식의 단위 중에서 제일 큰 것을 '문장'이라고 할 때에, 문장은 '절, 구, 어절(단어), 형태소'와 같은 하위 단위의 언어 형식으로 쪼갤 수 있다. 예를 들어서 (1)의 문장 속에 들어 있는 언어 형식의 종류를 제시하면 (2)와 같이 문장, 구, 어절, 형태소 단위로 나눌 수 있다.

　　의미를 고려할 때는 문장의 하위 단위를 (2)처럼 쪼갤 수 있다. 하지만 의미를 고려하지 않는다면 (2)의 언어 형식을 더 작은 단위로 쪼갤 수 있다.

(3) ㄱ. /버/, /미/, /토/, /끼/, /를/, /무/, /런/, /따/

　　　ㄴ. /ㅂ/, /ㅓ/, /ㅁ/, /ㅣ/, /ㅌ/, /ㅗ/, /ㄲ/, /ㅣ/, /ㄹ/, /ㅡ/, /ㄹ/, /ㅁ/, /ㅜ/, /ㄹ/, /ㅓ/, /ㄷ/, /ㄸ/, /ㅏ/

(3)의 (ㄱ)은 음절을 단위로 하여 분절한 것이며 (ㄴ)은 음소를 단위로 하여 분절한 것이다. 이들 음절과 음소는 의미를 고려하지 않은 단위라는 점에서 (2)의 단위와 차이가 난다.

1.1.2. 형태소의 개념과 유형

(가) 형태소의 개념

언어 형식은 문장을 구성하는 재료가 되는데, 이러한 언어 형식의 단위로는 '문장, 절, 구, 어절(단어), 형태소' 등이 있다. 이 중에서 '형태소(形態素, morpheme)'는 언어 형식의 최소 단위, 곧 음성과 의미가 결합된 말의 낱덩이로서는 가장 작은 단위이다. 이러한 형태소도 다른 언어 형식과 마찬가지로 내용과 형식의 양면으로 짜여 있다.

(4) 형태소 $= \dfrac{\text{형태}}{\text{의미소}}$

여기서 형태소의 형식적인 측면, 곧 형태소를 나타내는 음성 연결체(strings of sound)를 '형태(形態, morph)'라고 한다. 그리고 형태소의 내용적인 측면, 곧 의미의 최소 단위를 '의미소(意味素, sememe)'라고 한다.

(5) 늦- $= \dfrac{/늦/}{[정해진\ 시간보다\ 지나다]}$

(6) 자- $= \dfrac{/자/}{[눈이\ 감기면서\ 한동안\ 의식\ 활동이\ 쉬는\ 상태가\ 되다]}$

(7) -ㅁ $= \dfrac{/ㅁ/}{[명사를\ 파생하는\ 기능]}$

'늦잠'이라는 말은 '늦-'과 '자-(-다)'와 '-ㅁ'의 형태소로 분석되는데, 이들 형태소들의 '형태'와 '의미소'는 위의 (5~7)과 같다.

여기서 예를 들어 아래의 문장 (8)을 형태소의 단위로 분석하면 (9)처럼 된다.

(8) 형님은 외아들에게 죽을 먹이셨다.

(9) 형, -님, -은, 외-, 아들, -에게, 죽, -을, 먹-, -이-, -시-, -었-, -다

(9)의 형태소들은 의미나 기능을 가진 최소의 언어 단위가 되는데, 이들은 자립성이나 실질적 의미 유무에 따라서 여러 가지의 유형으로 분류할 수 있다.

(나) 형태소의 유형

형태소는 자립성의 유무에 따라서 '자립 형태소'와 '의존 형태소'로 나뉘고, 실질적인 뜻의 유무에 따라서 '실질 형태소'와 '형식 형태소'로 나뉜다.

〈 자립 형태소와 의존 형태소 〉 형태소는 자립성을 기준으로 '자립 형태소'와 '의존 형태소'로 나눌 수 있다.

(10) ㄱ. 형, 아들, 죽(粥)
　　 ㄴ. -님, -은, 외-, -에게, -을, 먹-, -이-, -시-, -었-, -다

'자립 형태소(自立形態素, free morpheme)'는 홀로 설 수 있는 형태소인데, 대체로 '명사, 대명사, 수사, 부사, 관형사, 감탄사'의 단어가 자립 형태소에 속한다. 앞의 (8)의 문장에 쓰인 자립 형태소는 '형, 아들, 죽(粥)'이다. 반면에 '의존 형태소(依存形態素, bound morpheme)'는 홀로 서는 힘이 없어서 다른 형태소에 붙어서만 쓰일 수 있는 형태소인데, 대체로 용언의 어간이나 어미, 조사, 파생 접사 등이 의존 형태소에 속한다. (8)의 문장에 쓰인 의존 형태소는 '-님, -은, 외-, -에게, -을, 먹-, -이-, -시-, -었-, -다'이다.

〈 실질 형태소와 형식 형태소 〉 형태소는 구체적이고 실질적인 뜻을 가졌느냐 가지지 못했느냐에 따라서, '실질 형태소'와 '형식 형태소'로 나눌 수 있다.

먼저 '실질 형태소(實質形態素, full morpheme)'는 그것 자체로서 실질적이면서 어휘적인 의미를 뚜렷이 드러내는 형태소이다. (8)의 문장에서 실질 형태소인 것을 가려서 정리하면 (11)과 같다.

(11) 형, 아들, 죽, 먹(다)

예를 들어서 '형'은 '같은 부모에게서 태어난 사이거나 일가친척 중에서 항렬이 같은 남자들 사이에서 나이가 많은 사람'의 실질적인 의미를, '아들'은 '남자로 태어난 자식'이라는 실질적인 의미를 나타낸다. 그리고 '죽(粥)'은 '곡식을 오래 끓여 알갱이가 흠씬 무르게 만든 음식'이라는 실질적 의미를 나타내며, '먹(다)'는 '음식 따위를 입을 통하여 배 속에 들여보내다.'라는 동작의 실질적인 의미를 나타낸다.

이에 반해서 '형식 형태소(形式形態素, empty morpheme)'는 실질 형태소에 붙어서 새로운 단어를 형성하거나 혹은 실질 형태소 사이의 문법적 관계를 나타내는 형태소이다.

(12) -님 ; -은, 외-, -에게, -을 ; -이-, -시-, -었-, -다

예를 들어 (12)의 형태소들은 (11)의 형태소와는 달리, 구체적이면서 분명한 뜻을 나타내지는 못한다. 예를 들어 '-님'은 원래의 단어에 '높임'이라는 추상적인 뜻을 더해 주는 형태소이다. 반면에 '-은'은 실질 형태소 '형'에 붙어서 '형'이 문장에서 '말거리(화제)'가 됨을 나타내는 추상적인 뜻을 더해 준다. 그리고 '-이-'는 실질 형태소인 '먹-'에 붙어서 그 단어에 '사동(남으로 하여금 어떠한 일을 하도록 하는 뜻)'이라는 형식적인

의미를 더해 주면서 동시에 새로운 단어를 형성한다.

〈 파생 접사와 굴절 접사 〉 실질적인 의미가 없는 형식 형태소를 '접사(接辭, affix)'라고 도 하는데, 이러한 접사는 기능에 따라서 '파생 접사'와 '굴절 접사'로 나뉜다.

첫째로 '파생 접사(派生接辭, derivational affix)'는 실질 형태소의 의미를 일부 한정하거 나 문법적 특성을 바꾸면서 <u>새로운 단어를 만드는 형태소이다.</u>

(13) -님, 외-, -이-

(13)의 '-님, 외-, -이-'는 실질 형태소에 특별한 의미를 더해 주면서 새로운 단어를 만들어 주는 기능을 한다. 곧 '-님'은 실질 형태소에 높임의 뜻을, '외-'는 '혼자인' 또 는 '하나인'의 뜻을, 그리고 '-이-'는 '사동'의 뜻을 더하면서 새로운 단어를 파생한다.

둘째로 '굴절(곡) 접사(屈折接辭, inflectional affix)'는 새로운 단어를 만드는 기능은 없지 만, 실질 형태소에 문법적인 뜻(기능)을 나타내는 형태소이다. 굴절 접사로는 체언 뒤 에 붙는 조사와 용언의 어간 뒤에 붙는 어미가 있다.

(14) -은, -에게, -을 ; -시-, -었-, -다

곧 (14)에서 '-은'은 '주제(말거리)'를, '-에게'는 '상대'를, '-을'은 '대상'의 의미를 나타 내는 형태소이다. 그리고 '-시-'는 주어로 표현되는 대상을 높이며, '-었-'은 문장으 로 표현되는 일이 과거에 일어났음을 나타내고, '-다'는 이 문장이 평서형으로 끝남을 나타낸다. 파생 접사나 굴절 접사는 기능에서는 차이가 있지만, 둘 다 실질적인 의미 가 없는 형식 형태소라는 점에서는 동일하다.

의미와 기능을 기준으로 형태소의 하위 유형을 정하면 다음과 같다.

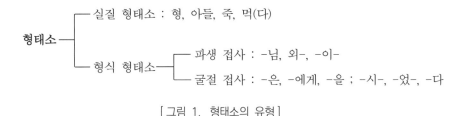

[그림 1. 형태소의 유형]

1.2. 단어

〈 **단어의 정의** 〉 문장을 구성하는 기본적인 단위인 어절은 어휘적인 요소와 문법적인 요소로 분석할 수가 있다.

> (15) 심청은 푸른 물에 몸을 던졌다.
> (16) ㄱ. 어휘적인 요소 : 심청, 푸르-, 물, 몸, 던지-
>   ㄴ. 문법적인 요소 : -은, -ㄴ, -에, -을, -었다

예를 들어서 (15)의 문장에서 실현된 어절을 어휘적인 요소와 문법적인 요소로 나누어 보면 (16)과 같이 된다. 곧 (16)에서 (ㄱ)의 '심청, 푸르-, 물, 몸, 던지-' 등은 어휘적인 요소이며 (ㄴ)의 '-은, -ㄴ, -에, -을, -었다'는 문법적인 요소이다.

최현배(1980), 허웅(2000) 등에서는 '절충주의 단어관'에 따라서, 단어를 규정할 때에 용언의 경우와 체언의 경우를 다르게 처리한다.

> (17) 심청, -은, 푸른, 물, -에, 몸, -을, 던졌다

곧 (17)처럼 용언의 경우에는 어휘적 요소와 문법적 요소를 묶어서 '푸른, 던졌다'를 한 단어로 처리한 반면에, 체언의 경우에는 어휘적 요소와 문법적 요소를 분리하여 '심청, -은, 물, -에, 몸, -을' 등을 각각 한 단어로 처리했다.

고등학교 문법(2010)에서도 마찬가지로 절충주의 단어관에 따라서 체언과 조사를 각각 독립된 단어로 인정하고 있다. 곧, 고등학교 문법(2010:82)에서는 단어를 "자립할 수 있는 말이나, 자립할 수 있는 형태소에 붙어서 쉽게 분리할 수 있는 말[1]"이라고 규정하고 있다. 여기서 '자립할 수 있는 형태소에 붙어서 쉽게 분리할 수 있는 말'이란 조사를 지칭한다. 결국 현행의 학교 문법에서는 어미나 조사와 같은 문법 요소 가운데서, 조사에만 독립된 단어의 자격을 주는 셈이다.

---

1) '체언 + 조사'의 구성을 분리하면 자립 형식(체언)이 생기지만, '어간 + 어미'의 구성을 분리하면 둘 다 의존 형식이 된다. 따라서 상대적으로 볼 때 '체언 + 조사'는 분리성이 강하고 '어간 + 어미'의 구성은 분리성이 약하다.

【더 배우기】

1. 문법적 단위의 종류

지금까지는 언어 형식의 종류로 형태소, 단어 등에 대하여 살펴보았다. 문법적인 단위로 쓰이는 언어 형식에는 이들 이외에도 '문장, 절, 구, 어절' 등이 있다.

> 농구를 좋아하는 철수는 밤이 늦도록 시합을 했다.

'문장(文章, sentence)'은 주어와 서술어의 문장 성분을 갖추고 있고, 서술어에 종결 어미가 실현되어 있으며, 의미적인 면에서 통일되고 완결된 내용을 갖추고 있는 언어 형식이다.

    (1) 농구를 좋아하는 철수는 밤이 늦도록 시합을 했다.

(1)의 언어 형식은 '철수는'이라는 주어와 '했다'라는 서술어를 갖추고 있으며, 서술어의 어간 '하-'에 종결 어미 '-다'가 실현되어서 문장으로서의 형식적인 조건을 갖추고 있다. 그리고 의미적인 측면에서도 전체 문장이 어떠한 일에 대한 생각을 통일되고 완결된 내용으로 전달하고 있으므로 문장의 의미적 조건을 갖추고 있다.

'절(節, clause)'은 둘 이상의 단어(어절)로 구성된 언어 형식으로서 주어와 서술어의 구조를 갖추고 있으나, 종결 어미가 실현되지 않아서 문장으로 완결되지는 못한 언어 형식이다.

    (2) ㄱ. [(철수가) 농구를 좋아하는]   - 관형절
        ㄴ. [밤이 늦도록]   - 부사절

(2)에서 '농구를 좋아하는'과 '밤이 늦도록'의 언어 형식은 주어와 서술어의 구조를 갖추고 있지만, 종결 어미가 실현되지 않았으므로 절의 형식이다.

'구(句, phrase)'는 둘 이상의 단어(어절)로 구성된 단위로서 주어와 서술어의 구조를 갖추지 못한 언어 형식이다.

(3) ㄱ. 농구를 **좋아하**(다)　　　　　　　　– 동사구
　　ㄴ. 농구를 좋아하는 **철수**　　　　　　– 명사구
　　ㄷ. 시합을 **했다**　　　　　　　　　　– 동사구
　　ㄹ. 밤이 늦도록 시합을 **했다**　　　　　– 동사구

(3)에서 '농구를 좋아하(다)', '시합을 했다', '밤이 늦도록 시합을 했다'는 동사구이며, '농구를 좋아하는 철수'는 명사구이다. 이들 언어 형식은 모두 둘 이상의 어절로 이루어져 있으나 '주어–서술어'의 짜임이 아니므로 구의 형식이다.

　그런데 어떠한 자립 형식으로서 그것을 직접 성분으로 쪼개기만 하면, 그 어느 한 쪽이나 또는 두 쪽 다가 의존 형식이 되는 언어 형식이 있는데, 이를 '최소 자립 형식(minimal free form = 어절)'이라고 한다.

(4) ㄱ. 농구를, 철수는, 밤이, 시합을
　　ㄴ. 좋아하는, 늦도록, 했다

(4)에 실현된 언어 형식 가운데서 '농구를', '좋아하는', '철수는', '밤이', '늦도록', '시합을', '했다'는 자립 형식(free form)이다. 그런데 이들 자립 형식을 직접 성분으로 분석하면, '농구를'과 같은 단위는 '농구'와 '-를'과 같이 체언과 조사로 분석되며, '좋아하는'과 같은 용언은 '좋아하-'와 '-는'과 같이 어간과 어미로 분석된다. 곧 (4)에서 제시된 언어 단위들은 그 자체로는 자립 형식이면서 이를 다시 분석하면 의존 형식이 나타나므로, 이들은 최소 자립 형식이다. 국어에서는 (4)와 같은 최소 자립 형식을 '어절(語節)'이라고 한다. 어절은 통사론에서 문장 성분을 이루는 기본적인 단위가 되기도 하고, '한글 맞춤법'에서 띄어쓰기를 하는 기본적인 단위가 되기도 한다.

2. 언어 연구의 분야

　언어학의 3대 영역으로 흔히 '음운론, 의미론, 문법론'을 든다. 언어학의 3대 영역 가운데서 '음운론(phonology)'은 언어 형식의 말소리의 체계만을 연구하는 학문 영역이며, '의미론(semantics)'은 언어 형식의 의미 체계에 한정해서 연구하는 학문이다. '문법론(grammar)'은 의미와 음운의 결합체인 언어 형식의 여러 가지 단위를 대상으로 하여 그 형태와 의미 및 기능을 연구하는 학문이다. 문법론의 하위 영역으로는 '형태론'과 '통사론'이 있다. '형태론(morphology)'은 어절(최소 자립 형식) 내부의 문법 현상을 연구 대상으로 하는 학문이다. 반면에 '통사론(문장론, syntax)'은 어절과 어절 사이의 문법 현상을 연구 대상으로 하는 분야이다.

제2장 품사

2.1. 품사의 분류

한 언어에 속해 있는 단어는 문법적인 특질이 모두 동일한 것은 아니다. 한 언어 속에 속한 수많은 단어를 갈래지어서 그 범주를 설정하는 것이 품사의 분류이다.

〈**품사 분류의 기준**〉 국어에는 최대 약 50만 개의 단어가 존재하며, 실제로 우리가 사용하는 단어만 해도 5만여 개가 넘는다고 한다. '품사(品詞, parts of speech)'는 한 언어에 존재하는 수많은 단어를 문법적 성질의 공통성에 따라 몇 갈래로 묶어 놓은 것이다.

여기서 '책'과 '먹다'를 비교해 보면, 이들은 문법적이나 의미적인 특성이 다르다.

> (1) ㄱ. 책 + { -이, -을, -만, -도 }
>   ㄴ. 먹- + { -으시-, -었-, -겠-, -다 }

'책'과 '먹다'는 문법적, 의미적인 특성이 다르다. 첫째, 형태적인 특징으로서 '책'은 그 뒤에 {-이, -을, -만, -도} 등의 조사가 붙을 수 있으나, '먹다'의 어간 뒤에는 조사가 붙지 못한다. 반면에 '먹다'의 어간 뒤에는 {-으시-, -었-, -겠-, -다} 등의 어미가 붙을 수 있으나 '책' 뒤에는 이러한 어미가 붙을 수 없다. 둘째, 통사적인 특징으로서 '책'은 그 뒤에 다양한 격조사가 붙어서 여러 가지 문장 성분으로 쓰일 수 있는 반면에 '먹다'는 문장 속에 서술어로 쓰이는 것이 원칙이다. 셋째, 의미적인 특징으로서 '책'은 대상의 이름을 나타내는 말이지만 '먹다'는 '움직임'을 표현하는 말이다.

이처럼 품사는 특정한 단어에 나타나는 기능과 형태와 의미적인 특징을 고려하여 결정한 단어의 갈래이다.

첫째, '기능(機能, function)'은 한 단어가 문장 속에서 다른 단어와 맺는 통사적인 관계를 말한다. 곧 특정한 단어가 문장 속에서 '주어, 서술어, 보어, 목적어, 부사어, 관형어, 독립어' 등의 문장 성분으로 쓰이는 것을 단어의 '기능'이라고 한다.

예를 들어서 명사는 격조사와 결합하여 문장 속에서 '주어, 서술어, 보어, 목적어,

부사어, 관형어, 독립어' 등 여러 가지 문장 성분으로 기능한다.

(2) ㄱ. <u>철수는</u> 길에서도 <u>기도를</u> 한다.
　　ㄴ. <u>영자는</u> <u>제일고등학교의</u> <u>학생이다</u>.

(ㄱ)에서 '철수는'은 주어, '길에서도'는 부사어, '기도를'은 목적어로 쓰였다. 그리고
(ㄴ)에서 '영자는'은 주어, '제일고등학교의'는 관형어, '학생이다'는 서술어로 쓰였다.
　이에 반해서 동사와 형용사는 기본적으로 서술어로 쓰이며, 관형사는 관형어로, 부
사는 부사어로, 감탄사는 독립어로 쓰인다.

(3) ㄱ. <u>어머나</u>, 달이 매우 <u>밝네</u>.
　　ㄴ. <u>저</u> 사자는 <u>정말로</u> <u>빨리</u> <u>달리네</u>.

'어머나'는 감탄사가 독립어로 쓰였으며, '매우', '정말로', '빨리'는 부사가 부사어로 쓰
였으며, '저'는 관형사가 관형어로 쓰였다. 그리고 형용사 '밝네'와 동사 '달리네'는 둘
다 서술어로 쓰였다. 이처럼 특정한 단어가 문장 성분으로 쓰이는 특징이 기능이다.
　둘째, '형태(形態, form)'는 단어의 형태적 특징을 말한다. 형태적 특징은 단어가 굴절
(굴곡)을 하는지 아니하는지의 특징과, 그리고 만일 특정한 단어가 굴절을 하는 경우
에는 어떠한 방식으로 굴절하는가의 특징이다. 곧 동사, 형용사, 서술격 조사는 굴절
을 하는 데 반해서, '명사, 조사, 대명사, 수사, 부사, 관형사, 감탄사' 등은 굴절하지
않는다. 그리고 굴절을 하는 단어인 동사와 형용사도 활용하는 방식이 다르다.

(4) ㄱ. 읽- {-는다　　-는구나　　　-어라}
　　ㄴ. 희- {-다　　　-구나　　　*-어라}

예를 들어서 동사인 '읽다'는 어간에 선어말 어미인 '-는-'을 실현함으로써 현재 시제
를 나타내는 반면에, 형용사인 '희다' 어간에 어떠한 형태소를 실현하지 않음으로써
현재 시제를 표현한다. 그리고 현재 시제의 감탄형 종결 어미의 형태로 '읽다'의 어간
에는 '-는구나'가 붙는 데 반해서 '희다'에는 '-구나'가 붙는다. 끝으로 '읽다'에는 '-
어라/-아라'의 명령형 어미가 붙지만, '희다'에는 명령형 종결 어미 자체가 실현될 수
없다. 이러한 형태적인 차이 때문에 '읽다'는 동사로, '희다'는 형용사로 구분한다.

셋째, '의미(意味, meaning)'는 품사를 분류하는 가장 기본적인 기준으로서, 단어가 나타내는 형식적인 의미이다. 예를 들어서 명사의 형식적인 의미는 '사물의 이름을 표현하는 말'이며, '동사'의 형식적인 의미는 '사물의 동작을 표현하는 말'이다. 그리고 '관형사'는 '체언을 수식(한정)하는 말'이며, '감탄사'는 '느낌이나 감정을 직접적으로 표현하는 말'이다.

(5) ㄱ. 명　사 : 대상의 이름을 나타내는 말.　　　　　(보기) 해, 달, 사람
　　ㄴ. 동　사 : 대상의 동작을 나타내는 말.　　　　　(보기) 먹다, 달리다
　　ㄷ. 관형사 : 체언을 수식(한정)하는 말.　　　　　(보기) 새(新), 한(一)
　　ㄹ. 감탄사 : 느낌이나 감정을 직접적으로 표현하는 말.　(보기) 아, 어머나

이처럼 기능과 형태와 형식적인 의미를 종합적으로 고려하여 단어의 품사를 결정한다. 그런데 단어의 의미에 나타나는 모호성 때문에 주로 기능과 형태를 기준으로 품사를 분류하게 되며, 의미는 보조적인 기준으로 적용하는 경우가 많다.

〈 품사 분류의 대강 〉 고등학교 문법(2010:90)에서는 국어의 품사를 '체언(명사·대명사·수사), 수식언(관형사·부사), 독립언(감탄사), 관계언(조사), 용언(동사·형용사)'의 9품사로 설정하고 있다.

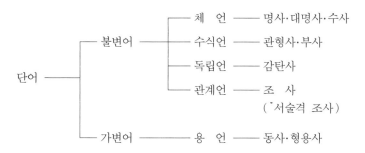

[그림 1. 국어의 품사 체계]

'고등학교 문법(2010)'에서 설정한 품사 분류의 원칙은 다음과 같다. 첫째, 단어를 형태의 변화가 없는 '불변어'와 형태의 변화가 있는 '가변어'로 구분한다. 둘째, 불변어는 그 기능에 따라서 '체언·수식언·독립언·관계언'으로 구분한다. 셋째, 가변어는 형태 변화의 양상에 따라서 '동사'와 '형용사'로 구분한다.

2.2. 체언

'체언(體言)'은 어떠한 대상의 이름이나 수량(순서)을 나타내거나 명사를 대신하는 단어의 갈래이다. 이들 체언은 '명사, 대명사, 수사'로 나뉜다.

> (1) ㄱ. <u>철수</u>는 <u>국수</u>를 먹는다.
> ㄴ. <u>나</u>는 <u>그녀</u>를 사랑한다.
> ㄷ. 젊은 여자 <u>셋</u>이 공원에서 놀고 있다.

(1)에서 밑줄 친 말은 모두 체언인데, (ㄱ)의 '철수'와 '국수'는 명사, (ㄴ)의 '나'와 '그녀'는 대명사, (ㄷ)의 '셋'은 수사이다.

체언은 조사와 함께 쓰여서 서술어, 주어, 목적어, 보어, 관형어, 부사어, 독립어 등 여러 가지 문장 성분으로 쓰일 수 있으며, 형태의 변화(꼴바꿈)가 없다는 공통된 특징이 있다.

2.2.1. 명사

명사는 어떠한 대상의 이름을 나타내는 단어의 갈래인데, 체언의 대부분을 차지할 정도로 수가 많고 가장 보편적으로 쓰인다.

(가) 명사의 개념

'명사(名詞, noun)'는 어떠한 대상(사람·사물)이나 일의 이름을 나타내는 단어이다. 이러한 명사는 다음과 같은 특징이 있다.(허웅 2000:235)

첫째, 명사는 문장에서 격조사와 결합하여 여러 가지 문장 성분으로 쓰인다. 체언을 제외한 다른 품사들은 문장 속에서 다른 말의 도움 없이 단독으로 기능하며, 또한 특정한 문장 성분으로 쓰이는 것이 원칙이다. 곧 용언은 그 자체로 주로 서술어로 쓰이며 부사는 부사어로, 감탄사는 독립어로 쓰인다. 이에 반하여 명사는 문장 속에서 격조사와 결합하여, 서술어, 주어, 목적어, 관형어, 부사어, 독립어 등 여러 가지 문장 성분으로 두루 쓰이는 특징이 있다.

(2) ㄱ. 벚나무<u>가</u> 바람<u>에</u> 쓰러지자, 철수<u>가</u> 그 나무<u>를</u> 친구<u>의</u> 손<u>으로</u> 일으켰다.

ㄴ. 철수<u>야</u>, 그 애는 범인<u>이</u> 아니다.

(ㄱ)에서 '벚나무가'와 '철수가'는 주어로 쓰였으며, '바람에'와 '손으로'는 부사어, '나무를'은 목적어, '친구'는 관형어로 쓰였다. 그리고 (2)의 (ㄴ)에서 '철수야'는 독립어로 쓰였으며, '범인이'는 보어로 쓰였다.

둘째, 명사는 형태의 변화(꼴바꿈)가 일어나지 않는다.(불변어) 용언의 경우에는 문장 속에서 문법적인 기능을 실현하기 위하여 어간에 다양한 어미가 붙어서 꼴바꿈이 일어난다. 하지만 명사에는 그러한 형태 변화가 일어나지 않는다.

셋째, 명사는 관형어의 수식을 받아서 명사(체언)구를 형성할 수 있으며, 명사구에서 중심어(中心語, head)로 쓰인다.

(3) ㄱ. [새 **건물**]이 [헌 **건물**]보다 비싸다.　　　(관형사)

ㄴ. 어제 우연히 [<u>철수의</u> **누나**]를 만났다.　　(체언 + -의)

ㄷ. [<u>높이 나는</u> **새**]가 꿈이 크다.　　　　　(관형절)

(ㄱ)에서 명사는 관형사인 '새'와 '헌'의 수식을 받고, (ㄴ)에서는 '체언 + 관형격 조사'의 구성인 '철수의'의 수식을 받으며, (ㄷ)에서는 관형절인 '높이 나는'의 수식을 받고 있다. 명사는 이와 같이 관형어로 쓰이는 말, 곧 '관형사', '체언 + 관형격 조사', '관형절' 등의 수식을 받아서 중심어로 기능할 수 있다.

(나) 명사의 유형

명사는 분류 기준에 따라서 '보통 명사'와 '고유 명사', '자립 명사'와 '의존 명사', '유정 명사'와 '무정 명사', '실체성 명사'와 '동태성 명사'로 구분할 수 있다.

(나)-1. 보통 명사와 고유 명사

명사는 그것이 지시하는 범위에 따라서 '보통 명사'와 '고유 명사'로 나눌 수 있다.

〈**보통 명사**〉 '보통 명사(普通名詞)'는 같은 속성을 가진 대상에 대하여 두루 붙일 수 있는 이름이다.

(4) 사람, 책, 꽃, 도시, 강, 산, 바다, 별, ……

(ㄱ)에 쓰인 '사람, 책, 꽃, …' 등은 그것이 지시하는 대상이 여러 가지이므로 보통 명사이다.

〈고유 명사〉 '고유 명사(固有名詞)'는 같은 성질의 대상 가운데서 어느 하나를 다른 것과 특별히 구별할 필요가 있을 때에 사용하는 명사인데, 일반적으로 유일한 것으로 여기는 대상에 붙이는 이름이다.

(5) ㄱ. 김삼순, 이순신, 세종대왕, 주시경, 최현배, ……
　　ㄴ. 신라, 고구려, 백제, 일본, 미국, ……
　　ㄷ. 경주, 한강, 금강산, 동해, ……
　　ㄹ. 삼국유사, 논어, 맹자, ……
　　ㅁ. 살수대첩, 임진왜란, 한국전쟁, ……

(5)에서 (ㄱ)은 사람의 이름, (ㄴ)은 국가의 이름, (ㄷ)은 땅의 이름, (ㄹ)은 책의 이름, (ㅁ)은 사건의 이름을 나타내는 단어이다. 이들 명사들은 모두 고유 명사로서 유일한 실체로 인식되는 것들이다. 예를 들어서 (ㄱ)에서 '김삼순'은 역사상 존재했던 수많은 사람 가운데서 특정한 사람을 다른 사람들과 구분해서 사용하는 명사이다.

유일한 것으로 인식하는 대상의 이름인 고유 명사에는 다음과 같은 문법적인 특징이 있다.

첫째, 고유 명사는 복수 표현을 할 수 없고 수량을 표현하는 말과 결합할 수 없다.

(6) ㄱ. <u>사람들</u>이 운동장에 모였다.
　　ㄴ. *<u>삼순이들</u>이 운동장에 모였다.

(7) *한 미국, *한 경주, *한 철수 ; *미국 셋, *경주 셋, *철수 셋

국어에서 사용되는 복수 표현은 체언에 복수 접미사인 '-들'을 첨가함으로써 이루어진다. '사람'이라는 보통 명사는 (6ㄱ)처럼 복수 표현이 가능하지만, 유일한 개체로 인식되는 '삼순이'는 (6ㄴ)처럼 복수 표현이 불가능하다. 그리고 고유 명사는 유일한 대상을 나타내기 때문에, (7)에서처럼 수량과 관련된 표현과 함께 쓰일 수가 없다.

둘째, 고유 명사는 관형사의 수식을 받을 수 없다.

> (8) ㄱ. 나는 지난달부터 *헌 **삼국유사**를 버리고 *새 **삼국유사**를 읽는다.
> ㄴ. *의 **인순이**와 *저 **인순이**가 서로 싸운다.
> ㄷ. 형사는 가게에서 도둑질을 하던 *두 **철수**를 붙잡았다.

관형사는 그 뒤에 오는 체언의 의미를 제한(한정)하는 기능이 있다. 예를 들어서 '옷'은 이 말이 지시하는 모든 대상을 나타내는 말이지만, '새 옷'은 세상에 존재하는 모든 책 중에서 '헌 옷'을 제외한 나머지 대상만 제한(한정)하면서 지시한다. 따라서 관형사가 쓰인다는 것은 중심어인 체언이 복수로 된 개체임을 전제로 한다. 그런데 고유 명사는 유일한 개체로 인식되므로, (8)처럼 그 앞에 관형사를 실현하면 비문법적인 표현이 된다.

나-2. 자립 명사와 의존 명사

명사는 문장 속에서 홀로 설 수 있느냐 없느냐에 따라서 '자립 명사'와 '의존 명사'로 나눌 수 있다.

〈 자립 명사 〉 '자립 명사(自立名詞)'는 문장에서 관형어가 없어도 홀로 쓰일 수 있는 명사이다.

> (9) 사람, 어른, 물건, 일, 장소, 산수유, 꽃, 과일, ……

(9)의 명사들은 모두 '자립 명사'인데, 자립 명사는 문장 안에서 관형어의 도움 없이 홀로 쓰일 수 있는 명사이며, 대부분 실질적인 의미를 나타낸다. 국어에서 쓰이고 있는 대부분의 명사는 자립 명사이다.

〈 의존 명사 〉 '의존 명사(依存名詞)'는 자립성이 없을 뿐만 아니라, 그것이 표현하는 의미도 형식적인 의미이다.

> (10) 것, 나름, 나위, 녘, 노릇, 놈, 덧, 데, 등(等), 등등(等等), 등속(等屬), 등지(等地), 따름, 때문, 무렵, 바, 밖, 분, 뻔, 뿐, 세(歲), 손, 수, 이, 자(者), 적, 줄, 즈음, 지, 짝, 쪽, 참, 축, 치, 터, 품, 겸, 김, 대로, 둥, 듯, 딴, 만, 만큼, 바람, 빨, 성, 양(樣), 족족, 즉(卽),

적, 차(次), 채, 체, 척, 통, ……

    (11) ㄱ. 헌 <u>것</u>이 많다.
        ㄴ. *<u>것</u>이 많다.

(10)의 명사는 '의존 명사'인데, 의존 명사는 문장 내에서 홀로 설 수가 없어서 반드시 관형어와 함께 쓰이는 명사이다. 예를 들어 자립 명사 '책'은 문장 속에서 관형어에 기대지 않고도 자립할 수 있다. 그리고 '책'은 '일정한 목적, 내용, 체재에 맞추어 사상, 감정, 지식 따위를 글이나 그림으로 표현하여 적거나 인쇄하여 묶어 놓은 것'이라는 실질적인 의미를 나타낸다. 반면에 (11)에서 의존 명사인 '것'은 관형어가 없이는 단독으로 쓰일 수 없다. 뿐만 아니라 '것'은 실질적인 의미를 나타내지 못하고 사물, 일, 현상 따위를 추상적·형식적으로 이르는 말이다. 곧 (11ㄴ)에 쓰인 '것'은 '책, 옷, 가구, 자동차, 집'과 같은 구체적인 명사를 형식적으로 대신하는 말이다.

    의존 명사는 문장 속에서 사용되는 기능에 따라서 '보편성 의존 명사'와 '주어성 의존 명사, 서술어성 의존 명사, 부사어성 의존 명사, 단위성 의존 명사'로 나누어진다.

    첫째 '보편성 의존 명사'는 자립성이 없다는 성질 이외에는 자립 명사와 동일하게 기능하는 의존 명사이다. 곧, 그 앞의 관형절을 포함한 전체 구성이 여러 가지 문장 성분으로 두루 쓰인다.

    (12) ㄱ. 것 : 나는 가진 <u>것</u>이 없다.
        ㄴ. 데 : 정비사가 고장난 <u>데</u>를 찾아보았으나 찾을 수 없었다.
        ㄷ. 바 : 내가 들은 <u>바</u>는 너의 말과 다르다.
        ㄹ. 이 : 돈을 많이 가진 <u>이</u>는 가난한 <u>이</u>의 설움을 모른다.

    (13) 가진 <u>것</u>이, 가진 <u>것</u>을, 가진 <u>것</u>이다, 가진 <u>것</u>의, 가진 <u>것</u>에, 가진 <u>것</u>으로……

    (14) 옛 <u>것</u>, 다른 <u>것</u> ; 가진 <u>것</u>, 먹은 <u>것</u> ; 철수의 <u>것</u>, 우리의 <u>것</u> ; 철수 <u>것</u>, 우리 <u>것</u>

(12)의 '것, 데, 바, 이'는 자립 명사와 마찬가지로 여러 가지 격조사와 자유롭게 결합할 수 있고, 관형어와의 제약도 거의 없다. 예를 들어 '것'은 (13)처럼 다양한 격조사와 결합할 수 있으며, (14)처럼 '관형사, 관형절, 체언 + 관형격 조사, 체언'과 같은 다양한 형식의 관형어로부터 수식을 받을 수 있다.

둘째, '주어성 의존 명사'는 주어로 쓰이는 의존 명사로서, '지, 나위, 리, 수, 턱' 등이 있다.

> (15) ㄱ. 우리 가족이 여기에서 산 <u>지</u>가 꽤 오래되었다.
> ㄴ. 새 집이 더할 <u>나위</u>가 없이 좋다.
> ㄷ. 철수가 졸업을 했을 <u>리</u>가 없다.
> ㄹ. 어찌할 <u>수</u>가 없이 그녀를 포기했다.
> ㅁ. 영문을 알 <u>턱</u>이 없다.

이들 주어성 의존 명사는 모두 주어로만 쓰이는데, '지'를 제외한 다른 주어성 의존 명사는 서술어로서 '없다'와 '있다'만 허용하는 제약이 있다.

셋째, '서술어성 의존 명사'는 서술어로만 쓰이는 의존 명사이다.

> (16) ㄱ. 저는 그저 당신을 만나러 왔을 <u>따름</u>입니다.
> ㄴ. 아버님께서 화를 내시는 것은 철수가 때린(때렸기) <u>때문</u>이다.
> ㄷ. 나는 그 일을 소문으로만 들었을 <u>뿐</u>이네.
> ㄹ. 물건이란 오래 쓰면 닳게 <u>마련</u>이다.
> ㅁ. 그 사람이 일찍 왔기에 <u>망정</u>이지, 그렇지 않았더라면 큰일이 날 뻔했다.
> ㅂ. 이만하면 실컷 구경한 <u>셈</u>이다.
> ㅅ. 내일 갈 <u>터</u>이니 그리 알아라.

서술어성 의존 명사인 '따름, 때문, 뿐, 마련, 망정, 셈, 터' 등은 서술격 조사인 '-이다'와 결합하여 전체 구성이 서술어로만 쓰인다.

넷째, '부사어성 의존 명사'는 부사어로 쓰이는 의존 명사이다.

> (17) ㄱ. **일을 하기로 한** <u>김</u>에 당장 일을 시작합시다.
> ㄴ. 너는 **내가 시키는** <u>대로</u> 하여라.
> ㄷ. 방 안은 **숨소리가 들릴** <u>만큼</u> 조용했다.
> ㄹ. 나는 **그녀가 나를 좋아할** <u>줄</u>로 알았다.
> ㅁ. 사냥꾼은 노루를 **산** <u>채</u>로 잡았다.

(18) ㄱ. 그가 **화를 낼** 만도 하다.

　　ㄴ. 산속에서 폭설을 만나 **얼어 죽을** 뻔도 했다.

　　ㄷ. 관중들은 **얼이 빠진** 양 마술사의 묘기를 구경했다.

　　ㄹ. 그 애는 **보고도 못 본** 체 딴전을 부린다.

　　ㅁ. 동생은 **못 이기는** 척 자리에 앉았다.

(17)과 (18)에서 '김, 대로, 만큼, 줄, 채 ; 만, 뻔, 양, 체, 척' 등은 그 앞의 관형절을 포함한 전체 구성이 서술어를 수식하여 부사어로 기능하게 하는 의존 명사이다. 예를 들어서 (17ㄱ)에서 '일을 하기로 한'은 관형절인데, 이 관형절과 그것의 수식을 받는 의존 명사 '김'이 합쳐져서 하나의 명사구인 '일을 하기로 한 김'을 이룬다. 그리고 이 명사구에 부사격 조사인 '-에'가 실현되어서 부사어로 기능한 것이다.

다섯째, '단위성 의존 명사'는 앞 명사의 수량의 단위를 표현하는 의존 명사이다.

(19) 지우개 한 <u>개</u>, 천 한 <u>겹</u>, 높이 한 <u>길</u>, 엽전 한 <u>냥</u>, 동전 두 <u>닢</u>, 자동차 두 <u>대</u>, 금 두 <u>돈</u>, 돼지 세 <u>마리</u>, 물 한 <u>모금</u>, 대포 아홉 <u>문</u>, 새끼 두 <u>바람</u>, 한 <u>번</u>, 한복 열 <u>벌</u>, 어른 여덟 <u>분</u>, 백지 세 <u>장</u>, 권총 스물 세 <u>정</u>, 삼만 <u>원</u>, 가마 한 <u>채</u>, 집 한 <u>채</u>, 군함 세 <u>척</u>, 세 <u>치</u>, 고무신 세 <u>켤레</u>, 편지 두 <u>통</u>, 돈 한 <u>푼</u>, 수수 서 <u>홉</u>

(20) 술 세 <u>병</u>, 나무 열 <u>그루</u>, 담배 한 <u>대</u>, 바느질 세 <u>땀</u>, 닷 말 <u>들이</u>, 쌀 너 <u>되</u>, 운동장 두 <u>바퀴</u>, 어른 두 <u>사람</u>, 막걸리 한 <u>사발</u>, 밥 한 <u>상</u>, 쌀 두 <u>섬</u>, 석 <u>자</u>, 연필 두 <u>자루</u>, 소주 석 <u>잔</u>, 나무 한 <u>짐</u>, 두 <u>차례</u>, 바둑 한 <u>판</u>

(19)와 (20)에서 밑줄 친 말은 모두 수량의 단위를 나타내는 의존 명사이다. 이들 의존 명사 앞에는 반드시 수량을 나타내는 관형사가 앞서며, 또한 보편성 의존 명사처럼 조사와 결합하는 데에 제약이 없다는 특징이 있다.

단위성 의존 명사 중에서 (19)의 예들은 원래부터 수 단위 의존 명사여서, 이들이 자립 명사로 쓰이지는 않는다. 반면에 (20)의 예들은 원래는 자립 명사였는데, 단위성 의존 명사로 전용되어서 쓰이는 것들이다. 예를 들어서 '술 세 병'에서 '병(甁)'은 자립 명사인데, 이때에는 수 관형사인 '세' 뒤에서 단위성 의존 명사로 쓰인 것이다.

〈 **유정 명사와 무정 명사** 〉 명사는 그것이 지시하는 대상에 감정이 있느냐 없느냐에 따라서 '유정 명사(有情名辭)'와 '무정 명사(無情名辭)'로 구분된다.

(21) ㄱ. 사람, 어린이, 어른, 어머니, 아버지, 누나, 철수, 영희

　　　ㄴ. 개, 말, 고양이, 호랑이, 사슴

(22) 꽃, 나무, 국화, 무궁화, 소나무 ; 바위, 돌, 석탄 ; 아침, 낮, 저녁 ; 노을, 구름, 비 ;
　　　민족주의, 희망, 자유, 헌법, ……

'유정 명사'는 (21)의 예처럼 감정이 있는 대상을 가리키는 명사이고, '무정 명사'는
(22)의 예처럼 감정이 없는 대상을 가리키는 명사이다. 유정 명사와 무정 명사는 문법
적으로 큰 차이는 나지 않지만, 다음과 같은 몇 가지 점에서 차이가 난다.

　첫째, 유정 명사에는 상대를 나타내는 부사격 조사로서 '-에게'나 '-한테'가 붙는
데에 반해서, 무정 명사에는 상대를 나타내는 부사격 조사로서 '-에'가 붙는다.

(23) ㄱ. 개 주인은 **철수**에게(-한테, -더러) 개를 넘겨주었다.

　　　ㄴ. 아이가 **꽃**에 물을 주었다.

　둘째, 유정 명사는 문장 속에서 행동 동사와 함께 쓰여서 행위자(agent)로 기능하는
문장 성분으로 쓰일 수 있다. 반면에 무정 명사는 일반적으로 행위자로 기능하는 문
장 성분이 될 수 없다.

(24) ㄱ. 주인이 손님을 마구 **때린다**.

　　　ㄴ. 손님이 주인에게 마구 **맞았다**.

(25) *바위가 손님을 마구 **때린다**.

(26) ㄱ. 나무는 꽃을 보고 활짝 **웃었습니다**.

　　　ㄴ. 비행기가 푸른 하늘로 힘차게 **날았다**.

(24)에서 '주인'은 유정 명사이기 때문에 행동성 서술어인 '때리다'와 함께 실현되면서
손님을 때리는 행위자의 역할을 할 수 있다. '주인'은 (ㄱ)에서는 능동문 속에서 주어
로 기능하면서 행위자의 역할을 하고, (ㄴ)에서는 피동문 속에서 부사어로 기능하면
서 역시 행위자의 역할을 한다. 하지만 (25)에서 '바위'는 무정 명사이기 때문에 일상
적인 문장에서는 행동 동사와 어울리지 못하므로, 행위자로의 역할을 하지 못한다.

다만 (26ㄱ)에서 무정 명사인 '나무'가 의인화되면 문장에서 행위자의 역할을 할 수가 있으며, (26ㄴ)에서 '비행기'와 같은 작동하는 기계 따위도 행동 동사와 어울려서 행위자의 역할을 할 수 있다.

〈 실체성 명사와 동태성 명사 〉 명사는 '동작' 혹은 '상태'의 성질이 있느냐 없느냐에 따라서, '실체성 명사'와 '동태성 명사'로 구분할 수 있다.

첫째, '실체성 명사'는 동작성이나 상태성의 의미가 나타나지 않는 명사이다.

> (27) 철수, 동물, 산, 바다, 구름, 꽃 ; 욕심쟁이, 심술꾸러기, 난봉꾼, 머저리, 바보, 구두쇠
> ; 앞, 뒤, 위, 아래, 동쪽, 서쪽, 남쪽, 북쪽, 오른쪽, 왼쪽 ; 아침, 낮, 삼월, 다음달,
> 일요일, 설날, 생일

(27)의 예들이 실체성 명사인데, 이들 실체성 명사는 동작성이나 상태성이 없기 때문에, 이들 명사에는 파생 접사 '-하다'가 결합하여 동사나 형용사로 파생되지 않는다.

둘째, '동태성 명사'는 동작성이나 상태성의 의미를 나타내는 명사이다.

> (28) ㄱ. 동작, 경주, 건설, 부탁, 씨름, 뜀뛰기, 인사 ; 변화, 사망, 부패, 부상, 유출, 침몰,
> 합류 ; 생각, 소망, 사랑, 존경, 이해, 인식, 희망 ; 일몰, 일식, 일출, 월몰, 월식, 월출
> ㄴ. 평온, 소란, 평탄, 건강, 정직, 온순, 건실, 성실 ; 불만, 불완전, 부정, 부족, 불편,
> 불행, 불화 ; 무관심, 무능력, 무상, 무성의, 무죄

이들 동태성 명사는 형태로는 명사이지만 의미적으로는 동사나 형용사와 공통성을 보인다. (ㄱ)의 예들은 모두 명사이기는 하지만 움직임을 나타내므로, 이러한 같은 명사를 '동작성 명사'라고 한다. 그리고 (ㄴ)의 명사들은 상태성 명사들인데, 모두 긍정적이거나 부정적인 상태나 속성을 나타낸다. 이러한 동태성 명사는 대부분 한자말이며, 파생 접미사 '-하다'와 결합하여 동사나 형용사로 파생되는 경우가 많다.

2.2.2. 대명사

대상의 이름을 직접 표현하지 않고 이름을 대신하는 말을 사용함으로써 그것을 직접 가리켜서 표현하는 단어들이 있는데, 이러한 단어의 갈래를 '대명사'라고 한다.

(가) 대명사의 개념

〈개념〉'대명사(代名詞, pronoun)'는 특정한 대상의 이름(명사)을 대신하여 그것을 직접적으로 가리키거나(직시) 대용하는 단어의 갈래이다.

(29) ㄱ. 어제 그녀는 여기에서 그것을 먹었다.
ㄴ. 어제 순희는 학교에서 김밥을 먹었다.

(30) ㄱ. 아버님은 나에게 장갑을 주었다. 나는 그것을 받아서 주머니에 넣었다.
ㄴ. 우리들은 어제 동백섬에 있는 누리마루에 놀러 갔다. 우리는 거기에서 해운대의 해수욕장과 동백섬의 풍경을 감상했다.

(29)에서 (ㄱ)과 (ㄴ)의 문장을 비교하면 (ㄱ)에서 '그녀'는 '순희'를 가리키며, '여기'는 '학교'를 가리키며, '그것'은 '김밥'을 직접 가리킨다. 곧 (29ㄱ)의 문장에서 '그녀, 여기, 그것'은 발화 현장에서 명사인 '순희, 학교, 김밥'이라는 말을 대신하는 말이다. 반면에 (30)에서 (ㄱ)의 '그것'과 (ㄴ)의 '거기'는 앞선 문맥에 실현된 명사 '장갑'과 '누리마루'를 대신하고 있다. 이처럼 발화 현장에서 어떤 대상을 직접적으로 가리키거나 문맥에서 특정한 명사를 대신하는 말을 '대명사'라고 한다.

대명사는 '직시(지시)'와 '대용'의 기능이 있다. 여기서 '직시(直示, deixis)'는 (29)에 쓰인 대명사처럼 화자가 자기가 위치한 시간과 공간적 입장을 기준으로 하여 발화 현장에서 대상을 직접 가리키는 기능이다. 이때에 직시하는 기능이 있는 말을 '직시어(直示語, 지시어)'라고 한다. 반면에 (30)처럼 담화 속에서 앞선 문맥에서 이미 언급한 말을 되돌아 가리키는 기능을 '대용(代用, anaphora)'이라고 하고 '그것, 거기'처럼 대용하는 기능이 있는 말을 '대용어(代用語, anaphor)'라고 한다.

〈특징〉대명사에는 체언에 나타나는 일반적인 특징이 다 나타난다. 곧 대명사는 조사의 도움을 받아서 여러 가지 문장 성분으로 쓰일 수 있으며, 형태의 변화가 없으며, 관형어의 수식을 받을 수 있다.

이처럼 대명사에는 체언에 나타나는 일반적인 성질이 나타날 뿐만 아니라, 명사나 수사에는 나타나지 않는 다음과 같은 특성도 나타난다.

첫째, '나, 그것, 여기'와 같은 대명사는 형식적이며 상황 의존적인 의미를 나타낸다. 곧, 대명사인 '나'는 지시나 대용의 기능만 할 뿐 '나' 자체로는 실질적인 의미를 나타내지 않는다. 그리고 화자와 청자의 상대적인 위치에 따라서 동일한 사물인 '김밥'을 '이것, 저것, 그것'으로 표현할 수 있고, 반대로 '장갑'이나 '볼펜' 등을 동일한 대명사인 '그것'으로 표현할 수도 있다. 이러한 점에서 대명사는 상황 의존적인 의미를 나타낸다.

둘째, 대명사는 명사에 비하여 선행하는 관형어와의 구성에 제약을 더 받는다.

(31) ㄱ. {아름다운, 달려가는} + 자동차　　　　　　　　　(관형절)
　　　ㄴ. {이, 그, 저, 새, 헌, 어느, 어떤} + 자동차　　　(관형사)
　　　ㄷ. 최민수의 자동차　　　　　　　　　　　　　　　(체언 + -의)
(32) ㄱ. {아름다운, 달려가는} + 그녀　　　　　　　　　　(관형절)
　　　ㄴ. {이, 그, 저, 새, 헌, 어느, 어떤} + *그녀　　　(*관형사)
　　　ㄷ. 최민수의 *그것　　　　　　　　　　　　　　　(*체언 + -의)

명사는 (31)처럼 '관형절, 관형사, 체언 + 관형격 조사'로 된 관형어의 수식을 받을 수 있다. 하지만 대명사는 (32)의 (ㄱ)처럼 관형절의 수식은 받을 수 있으나, (ㄴ)처럼 관형사나 '체언 + 관형격 조사'로 된 관형어의 수식을 받지 못하는 제약이 있다.

(나) 대명사의 유형

대명사는 사람을 가리키거나 대용하는 '인칭 대명사'와 사람 이외의 대상을 가리키거나 대용하는 '지시 대명사'로 나뉜다.

(나)-1. 인칭 대명사

'인칭 대명사(人稱代名詞)'는 사람을 직시하거나 대용하는 대명사인데, 가리킴의 기능에 따라서 정칭·미지칭·부정칭·재귀칭의 인칭 대명사'로 나뉜다.

〈 정칭의 인칭 대명사 〉 '정칭(定稱)의 인칭 대명사'는 '나, 너, 그'처럼 발화 상황이나 문맥에서 정해진 대상을 가리키거나 대용하는 인칭 대명사이다.

첫째, '1인칭 대명사'는 화자가 자기 자신을 가리키거나 대용하는 대명사이다.

(33) ㄱ. 나, 우리(들), 본인(本人), 짐(朕)

　　　ㄴ. 저, 저희(들), 소자(小子), 소생(小生), 과인(寡人)

(ㄱ)의 예들은 화자가 자신을 가리키되 높임과 낮춤의 뜻이 없이 쓰이는 대명사이다. '나'는 가장 일반적으로 쓰이는 일인칭 단수의 대명사이다. '우리'는 '나'의 복수 표현인데, '우리'에다가 복수 접미사 '-들'을 붙여서 '우리들'의 형태로 복수를 잉여적으로 표현할 수도 있다. '본인(本人)'은 공식적인 자리에서 '나'를 이르는 말로서 문어체의 성격이 짙은 말이며, '짐(朕)'은 과거에 임금이 자신을 가리키는 말로 쓰인 일인칭 대명사이다. 반면에 (ㄴ)의 '저, 저희(들), 소자(小子), 소생(小生), 과인(寡人)'은 화자가 청자에 대하여 자신을 낮추어서 표현하는 말이다. '저'는 가장 일반적으로 쓰이는 표현이며, '저희'는 '저'에 복수 접미사 '-희'를 붙여서 표현한 것인데, '저희'에다 복수 접미사인 '-들'을 또다시 붙여서 만든 '저희들'도 쓰인다. '소자(小子), 소생(小生), 과인(寡人)'은 근대 이전의 시대에 화자가 자기를 낮추어서 이르던 일인칭 대명사인데, 이 중에서 '과인'은 임금이 자신을 낮추어서 이르던 말이다.

　둘째, '2인칭 대명사'는 화자가 청자를 가리키거나 대용하는 대명사이다.

(34) ㄱ. 너, 너희(들)

　　　ㄴ. 자네

(34)의 예는 화자가 청자를 높이지 않은 대명사이다. '너'는 가장 일반적으로 쓰이는 말이고, '너희'는 '너'에 복수 접미사가 붙어서 쓰인 말이다. 그리고 '자네'는 듣는 사람을 '하게체(예사 낮춤의 등분)'로 표현하는 말인데, 주로 처부모가 사위를 부를 때나 스승이 이미 졸업한 제자에게 쓸 때처럼 상대방이 나이가 든 대상을 가리킬 때 쓰는 대명사이다.

(35) ㄱ. 그대, 당신, 임자, 여러분, 댁(宅), 귀형(貴兄), 귀하(貴下), 노형(老兄)

　　　ㄴ. 어르신, 선생님

(35)의 예는 화자가 청자를 높이면서 가리키는 대명사이다. (ㄱ)의 '그대, 당신, 임자, 여러분, 댁(宅), 귀형(貴兄), 귀하(貴下), 노형(老兄)' 등은 '하오체(예사 높임의 등분)'에 해당하는 높임의 뜻을 나타내는 대명사이며, (ㄴ)의 '어르신, 선생님'은 '하십시오체(아주

높임의 등분)'에 해당하는 높임의 뜻을 가진 대명사이다.

셋째, '3인칭 대명사'는 화자와 청자를 제외한 제3의 인물을 가리키는 대명사이다.

(36) 이들, 그(들), 저들

(36)에서 '이, 그, 저'는 주로 입말에서는 잘 쓰이지 않고 글말에서만 자주 쓰이는 말이다. '이'와 '저'는 단독으로는 거의 쓰이지 않고 주로 복수 접미사인 '-들'과 함께 쓰여 '이들, 저들'의 형태로 쓰이는 것이 보통이다. 다만 '그'는 단독으로 쓰이거나 '그들'의 형태로도 쓰일 수 있다.

(37) 이자, 그자, 저자 ; 이애(애), 그애(개), 저애(재) ; 이이, 그이, 저이 ; 이분, 그분, 저분

(37)의 예는 모두 지시 관형사와 의존 명사가 합성된 3인칭 대명사이다. 이들 대명사는 모두 지시 관형사인 '이, 그, 저'와 의존 명사인 '자, 애, 이, 분' 등이 결합하여 이루어진 합성 대명사이다. 여기서 합성 대명사의 어근인 '이, 그, 저'는 화자가 청자에 대하여 느끼는 심리적인 거리를 기준으로 하여 사용된다. 곧, 화자가 자신에게 가까운 대상을 가리켜서 말할 때에는 '이'를 쓰고, 청자에게 가까운 대상을 가리킬 때에는 '그'를 쓴다. 그리고 '저'는 화자와 청자 둘 다에게 비슷한 거리에 있으면서 둘 다에게 멀다고 생각되는 대상을 가리켜서 표현할 때에 사용된다.

〈미지칭의 인칭 대명사〉 '미지칭(未知稱)의 인칭 대명사'는 가리킴을 받는 사람의 이름이나 신분을 몰라서 물을 때에 쓰는 대명사로서, 의문의 대상을 가리키는 기능을 한다. 이러한 미지칭의 인칭 대명사로는 '누구'가 있으며, '누구'가 주격으로 쓰일 때는 변이 형태인 '누'로 변동한다.

(38) ㄱ. 이번 총회에서는 <u>누구</u>를 회장으로 뽑아야 할까?
　　ㄴ. <u>누</u>가 시합에 이겼지?

(38)에서 (ㄱ)의 '누구'는 '이번 총회에서 회장으로 뽑아야 할 사람'을 묻는 대명사이며, (ㄴ)의 '누'는 '누구'의 변이 형태로서 '시합에 이긴 사람'을 묻는 대명사이다.

〈부정칭의 인칭 대명사〉 '부정칭(不定稱)의 인칭 대명사'는 특정한 사람을 가려서 지목

하는 것이 아니라, 어떤 사람을 특별히 정하지 않고 두루 가리키는 인칭 대명사이다. 부정칭의 인칭 대명사로서는 '아무'와 '누구'가 있다.

(39) ㄱ. <u>아무</u>나 와서 밥을 먹어라.
　　 ㄴ. 이번 경기 결과는 <u>아무</u>도 모른다.

(40) ㄱ. 철수는 <u>누구</u>를 만나더라도 반갑게 대한다.
　　 ㄴ. <u>누</u>가 와도 이 일은 해결하지 못한다.

(39)에서 '아무(某)'는 '특정한 사람을 가리지 않고 어떠한 사람이라도'의 뜻을 나타낸다. 그리고 미지칭의 인칭 대명사로 쓰였던 '누구'도 부정칭의 인칭 대명사로 쓰일 수가 있다. 곧 (40)의 '누구(= 누)'는 '아무'의 뜻을 나타내면서 부정칭으로 쓰였다.

〈 **재귀칭의 인칭 대명사** 〉 '재귀칭(再歸稱)'의 인칭 대명사는 문장 속에서 주어로 표현된 3인칭의 명사나 명사구를 그 문장 속에서 다시 대용할 때에 쓰는 대명사이다. 재귀칭의 인칭 대명사로 쓰이는 단어로는 '자기, 자신 ; 저, 저희 ; 당신' 등이 있다.

첫째, '자기'와 '자신'은 가장 일반적으로 널리 쓰이는 재귀칭 대명사이다.

(41) ㄱ. **고슴도치**도 <u>자기</u> 자식은 귀여워한다.
　　 ㄴ. **사람**은 모름지기 <u>자신</u>을 잘 알아야 한다.

(42) ㄱ. *[*]**고슴도치**도 <u>고슴도치</u>의 자식은 귀여워한다.
　　 ㄴ. *[*]**사람**은 모름지기 <u>사람</u>을 잘 알아야 한다.

(41)에 쓰인 '자기'와 '자신'은 각각 주어로 쓰인 '고슴도치'와 '사람'을 대용하는 재귀칭 대명사이다. 만일 (42)처럼 '고슴도치'와 '사람'을 재귀칭 대명사로 바꾸지 않고 명사를 그대로 사용하면 비문법적인 문장이 된다.

둘째, '저'와 '저희(들)'는 그것이 대용하는 명사가 낮춤의 대상일 때에 쓰인다.

(43) ㄱ. **하급생들**은 <u>저희</u>를 때리는 상급생을 처벌해 달라고 학교에 요청했다.
　　 ㄴ. **중**이 <u>제</u> 머리 못 깎는다.
　　 ㄷ. **아이들**은 <u>저희</u>에게 할당된 과제를 해 내었다.

(ㄱ)에서 '저희'는 '하급생들'을 가리키며, (ㄴ)에서 '제'는 '저'가 관형격으로 쓰였을 때에 나타나는 변이 형태로서 '저의'와 동일하다. 그리고 (ㄷ)에서 '저희(들)'은 '아이들'을 가리키는데, '저'에 복수 접미사인 '-희(들)'가 결합하여 형성된 복수 형태이다.

셋째, '당신'은 그것이 대용하는 명사가 높임의 대상일 때에 쓰인다.

> (44) ㄱ. **아버님**께서는 <u>당신</u>의 자식들을 늘 끔찍이 아끼셨다.
> ㄴ. 그 당시에 **선생님**께서는 <u>당신</u>께 주어진 일은 반드시 해내셨다.

(44)에서 '당신'은 각각 주어로 쓰이면서 동시에 높임의 뜻을 가진 명사인 '아버님'과 '선생님'을 대용한다. '당신'도 원래는 '저'와 '저희'와 마찬가지로 재귀칭 대명사로만 쓰였는데 지금은 재귀칭 대명사로도 쓰이고 2인칭 대명사로도 쓰인다.(서정수 1996:518)

넷째, 대명사 '자신'이 강조의 기능으로 쓰이는 특수한 경우가 있는데, 이때에는 대명사가 그 앞의 명사와 동일한 문장 성분으로 되풀이된다. 강조 기능의 '자신'은 주어로 쓰이는 명사뿐만 아니라 목적어나 관형어로 쓰이는 명사를 대용하여 표현할 수도 있다.

> (45) ㄱ. **철수** <u>자신</u>이 회장에서 물러나야 한다.
> ㄴ. **너** <u>자신</u>을 알라.
> ㄷ. 선생님은 수학 문제를 **학생** <u>자신</u>의 힘으로 풀게 하였다.

(45)에서 '자신'은 바로 앞에서 제시된 명사를 되풀이하여 표현하였다. 곧 (ㄱ)에서는 주어, (ㄴ)에서는 목적어, (ㄷ)에서는 관형어로 쓰이는 명사를 '자신'으로 대용하였다. 이때의 '자신'은 동일한 문장 성분으로 쓰인 말을 되풀이하면서 강조의 기능을 수행하고 있는데, '자신'을 생략하고 표현할 수 있는 것이 특징이다.

나-2. 지시 대명사

'지시 대명사(指示代名詞)'는 사물이나 장소 등의 명사를 직접 가리키거나 대용하는 대명사이다. 이러한 지시 대명사에는 '이것, 저것, 아무것 ; 이곳, 그곳, 저곳' 등이 있는데, 관형사인 '이, 그, 저'와 의존 명사인 '것, 곳'이 합성된 말이 대부분이다.

지시 대명사는 사물을 가리키거나 대용하는 '사물 지시 대명사'와, 장소를 가리키거나 대용하는 '장소 지시 대명사'가 있다.

〈사물 지시 대명사〉'사물 지시 대명사'는 특정한 사물을 직접 가리키거나 대용하는 지시 대명사이다. 사물 지시 대명사에는 '이것, 그것, 저것(정칭) ; 무엇(미지칭) ; 아무것, 무엇(부정칭)' 등이 있다. 이들 중에서 단일어인 '무엇'을 제외한 나머지 사물 지시 대명사는 지시 관형사인 '이, 그, 저'와 의존 명사가 결합된 합성 대명사이다.

(46) ㄱ. <u>이것(그것, 저것)</u>을 보세요.
　　 ㄴ. 철수가 방금 가져간 것이 <u>무엇</u>이냐?
　　 ㄷ. <u>아무것</u>이나 집어서 가져오너라.

(ㄱ)의 '이것, 그것, 저것'은 대상을 확정하여 가리키는 정칭(定稱)의 지시 대명사이다. 이 사물 지시 대명사는 화자가 청자에 대하여 느끼는 심리적인 거리를 기준으로 하여 '이, 그, 저'를 사용하게 된다. 그리고 (ㄴ)의 '무엇'은 미지칭(未知稱)의 지시 대명사로서 물음의 대상이 되는 사물을 가리키는 대명사이며, (ㄷ)의 '아무것'은 부정칭(不定稱)의 지시 대명사로서 정해지지 않은 대상을 두루 가리키는 대명사이다.

〈처소 지시 대명사〉'처소 지시 대명사'는 장소를 직접 가리키거나 대용하는 지시 대명사이다. 처소 지시 대명사로는 '여기, 거기, 저기(정칭) ; 이곳, 그곳, 저곳(정칭) ; 어디(미지칭, 부정칭), 아무데(부정칭)'가 있다. 이들 중에서 '이곳, 그곳, 저곳'와 '아무데'는 '이, 그, 저, 아무'와 의존 명사인 '곳, 데'가 합성하여 형성된 대명사이다.

(47) ㄱ. 우리 <u>여기(거기, 저기)</u>에서 놀자.
　　 ㄴ. 지난해 <u>이곳(그곳, 저곳)</u>에서 큰 사고가 발생했다.
　　 ㄷ. 아이를 잃어버린 데가 <u>어디</u>예요?

(48) ㄱ. <u>아무데</u>나 앉으세요.
　　 ㄴ. 나는 지금 <u>어디</u>에 가 볼 데가 있다.

(47)에서 (ㄱ)의 '여기, 거기, 저기'와 '이곳, 그곳, 저곳'은 처소를 확정하여 가리키거나 대용하는 대명사이며, (ㄴ)의 '어디'는 특정한 처소를 몰라서 물을 때에 쓰는 미지칭의 처소 지시 대명사이다. 그리고 (48)의 '아무데'와 '어디'는 특별히 정해지지 아니한 장소 따위를 가리키는 부정칭의 처소 지시 대명사이다.

2.2.3. 수사

체언 가운데는 어떠한 대상의 수량이나 순서를 표현하는 단어들이 있는데, 이와 같은 단어의 갈래를 '수사'라고 한다.

(가) 수사의 개념

〈개념〉 '수사(數詞, numeral)'는 대상의 수량이나 순서를 표현하는 단어의 갈래이다.

    (49) ㄱ. 하나에 둘을 보태면 셋이 된다.
        ㄴ. 삼만 이천오백칠십구

    (50) ㄱ. 첫째는 길동이고 둘째는 순희입니다.
        ㄴ. 제일(第一)의 조건은 충성이요, 제이(第二)의 조건은 사랑이다.

(49)에서 (ㄱ)의 '하나, 둘, 셋'과 (ㄴ)의 '삼만 이천오백칠십구'는 수량을 나타내는 말이며, (50)에서 (ㄱ)의 '첫째, 둘째'와 (ㄴ)의 '제일'과 '제이'는 순서를 나타내는 말이다. 이들 단어는 격조사와 결합하여 여러 가지 문장 성분으로 쓰일 수 있고 활용을 하지 않는다. 이러한 특징을 감안하면 (49)와 (50)의 수사는 체언의 한 유형으로 정할 수 있다. 결국 수사는 사물의 실질적인 개념이나 성질 따위와는 관계없이 어떠한 대상의 수량과 순서만 표현하는 단어의 갈래이다.

〈특징〉 수사는 명사와 함께 체언의 범주에 드는 단어이므로, 체언으로서의 공통점이 나타난다. 곧 격조사의 도움을 받아서 여러 가지 문장 성분으로 쓰일 수 있으며, 형태의 바뀜이 일어나지 않는다.

수사에는 체언으로서의 공통적인 특징뿐만 아니라 수사에만 나타나는 특징도 있다.

첫째, 수사는 실질적인 의미를 나타내지 않고, 수량이나 순서를 나타낼 뿐이다. 따라서 수사의 의미는 형식적이며 객관적인 의미이다.

    (51) ㄱ. 사람, 철수, 학교, 사랑, 희망
        ㄴ. 나, 너, 그, 누구, 아무, 자기, 이것, 저곳
        ㄷ. 하나, 둘, 셋 ; 첫째, 둘째, 셋째

(ㄱ)의 명사는 실질적인 의미를 나타내는 데에 반해서, (ㄷ)의 수사는 특정한 명사의 '수량'이나 순서만을 가리킨다는 점에서 형식적인 의미를 나타낸다. 그리고 (ㄴ)과 같은 대명사의 의미는 발화 상황이나 문맥을 통해서만 지시 대상을 파악할 수 있다는 점에서 주관적인 의미이지만, (ㄷ)의 수사의 의미는 문맥이나 발화 상황과는 관계 없이 특정한 명사의 수량을 나타낸다는 점에서 객관적인 의미이다.(최현배 1980:159)

둘째, 수사는 일반적으로 관형어의 수식을 받을 수 없다. 곧, 관형사나 용언의 관형사형, 그리고 '체언 + 의'로 된 관형어의 수식을 받지 못한다.

> (52) ㄱ. *새 <u>하나</u>, *헌 <u>둘</u>
> ㄴ. *달려가는 <u>하나</u>, *아름다운 <u>둘째</u>
> ㄷ. *철수의 <u>하나</u>, *우리나라의 <u>둘째</u>

(ㄱ)에서 '새, 헌'은 관형사, (ㄴ)에서 '달려가는, 아름다운'은 용언의 관형사형, (ㄷ)에서 '철수의, 우리나라의'는 체언에 관형격 조사가 붙어서 된 관형어이다. 이처럼 수사는 관형어의 수식을 받을 수 없다는 특징이 있다.

(나) 수사의 유형

수사는 양수사(量數詞)와 서수사(序數詞), 정수(定數)와 부정수(不定數), 순 우리말로 된 수사와 한자말로 된 수사 등으로 분류할 수 있다.

〈양수사〉 '양수사(量數詞)'는 일이나 대상의 수량을 나타내는 수사인데, 이는 순 우리말로 된 것과 한자말로 된 것이 있다.

> (53) ㄱ. 하나, 둘, 셋, 넷, 다섯, 여섯, 일곱, 여덟, 아홉, 열, 스물, 서른, 마흔, 쉰, 예순, 일흔, 여든, 아흔
> ㄴ. 한둘(1, 2), 두엇(둘쯤), 두셋(2, 3), 두서넛(2, 3, 4), 서넛(3, 4), 네다섯(4, 5), 너덧 (4, 5), 네댓(4, 5), 너더댓(4, 5), 댓(5, 6), 대여섯(5, 6), 예닐곱(6, 7), 일여덟(7, 8), 열아홉(8, 9), 여남은(10여), 열두셋(12, 13), 여럿, 몇
>
> (54) ㄱ. 영(零), 일(一), 이(二), 삼(三), ……, 백(百), 천(千), 만(萬), 억(億), 조(兆), ……
> ㄴ. 일이, 이삼, 삼사, 사오, 오륙, 육칠, ……

(53)의 수사는 순 우리말로 된 수사이며 (54)의 수사는 한자말로 된 수사이다. 그리고 (53)과 (54)에서 (ㄱ)의 수사는 수량이 확정된 '정수(定數)'를 나타내는 데에 반해서, (ㄴ)의 수사는 대략적인 수량을 어림한 '부정수(不定數, 어림수)'를 나타낸다. 수사 중에서 순 우리말의 수사는 '아흔아홉'까지이며 그 이상은 '백이십일'과 같은 한자말이나, '백스물하나'처럼 순 우리말과 한자말을 섞어서 표현한다.

〈서수사〉 '서수사(序數詞)'는 일이나 대상의 순서를 나타내는 수사인데, '서수사'도 순 우리말로 된 것과 한자말로 된 것이 있다.

(55) ㄱ. 첫째, 둘째, 셋째, 넷째, 다섯째, ……, 열째, 열한째, 열두째, 열셋째, ……, 스무째, 서른째, 마흔째, 쉰째, 예순째, 일흔째, 여든째, 아흔째, 백째

ㄴ. 한두째, 두어째, 두세째, 두서너째, 서너째, 너덧째, 너더댓째, 댓째, 대여섯째, 예닐곱째, 일여덟째, 열아홉째, 여남은째, ……, 여러째, 몇째

(56) ㄱ. 제일(第一), 제이(第二), 제삼(第三), 제사(第四), ……

ㄴ. 제일의 품질, 제이의 명소, 제삼의 인물, ……

(55)의 순 우리말 수사는 양수사에 접미사 '-째'가 붙어서 성립하는데, (ㄱ)은 정수를 나타내고 (ㄴ)은 부정수를 나타낸다. 그리고 (56)의 예는 한자말로 된 서수사인데 이들은 양수사의 형태에 접두사인 '제(第)-'가 붙어서 된 파생어이다.

2.2.4. 체언의 복수 표현

〈단수 표현과 복수 표현〉 체언이 지시하는 대상의 수효가 하나인 것을 '단수(單數)'라고 하고, 체언이 지시하는 대상의 수효가 둘 이상인 것을 '복수(複數)'라고 한다.

(57) ㄱ. 사람, 학생, 개, …

ㄴ. 사람들, 학생들 개들, …

국어에서 복수 표현은 일반적으로 파생 접사인 '-들'을 붙여서 나타낸다.[1] 예를 들어

---

1) '너, 저'에는 복수 접미사인 '-희'가 결합하여 '너희(들), 저희(들)'의 형태로 복수 표현이 실현되며, 1인칭 대명사인 '나'에 대한 복수형은 '우리(들)'과 같이 새로운 어휘로써 표현된다.

서 (57)에서 (ㄱ)의 '사람, 학생, 개' 등은 대상의 수효가 하나이므로 '단수 표현'이고, (ㄴ)의 '사람들, 학생들, 개들' 등은 대상의 수효가 둘 이상이므로 '복수 표현'이다.

그런데 국어에서 '수(數, number)'에 대한 표현은 규칙적으로 표현되지는 않는다.

(58) ㄱ. 많은 <u>사람들</u>이 회의장에 몰려왔다.
　　　ㄴ. 많은 <u>사람</u>이 회의장에 몰려왔다.

(59) ㄱ. *<u>사과나무들</u>에 <u>사과들</u>이 많이 열렸다.
　　　ㄴ. <u>사과나무</u>에 <u>사과</u>가 많이 열렸다.

곧 (58)에서 (ㄱ)처럼 복수로 표현한 것과 (ㄴ)처럼 단수로 표현한 것의 의미적인 차이가 별로 나지 않는다. 그리고 (59)에서도 사물의 수량을 논리적으로 생각하면 (ㄱ)과 같이 복수로 표현해야 하는 일인데도 불구하고, (ㄴ)처럼 단수로 표현하는 것이 더 자연스러운 경우가 많다.

〈 '–들'의 문법적인 특징 〉 대상의 수량이 복수임을 나타내는 파생 접미사인 '–들'은 다음과 같은 문법적인 특징이 있다.

첫째, '–들'은 명사와 대명사에는 붙을 수 있지만 수사에는 붙지 않는다.

(60) ㄱ. *둘들, *셋들, *넷들……
　　　ㄴ. *둘째들, *셋째들, *넷째들……

(60)에서 '둘, 셋, 넷 ; 둘째, 셋째, 넷째' 등은 복수 표현의 수사인데, 이들 수사에는 '–들'이 붙을 수가 없다. 수사는 원래부터 수량이나 순서를 나타내어서 수사 자체가 단수와 복수의 뜻을 나타내기 때문에 '–들'이 붙지 않는 것이다.

둘째, '–들'은 대체로 유정 명사에는 자연스럽게 결합하지만, 무정 명사에 결합하면 자연스럽지 못한 표현이 된다.

(61) 사람들, 남자들, 아이들, 개들, 사자들

(62) ?사과들, ?연필들, ?칼들 ; *물들, *설탕들, *공기들, *눈물들 ; *희망들, *꿈들, *슬픔들

(63) ㄱ. <u>사과</u> 세 개를 가져왔다.

　　　ㄴ. 탁자 위에 있는 <u>연필</u>을 가져 오너라.　　[※ 연필이 세 자루인 경우]

(61)의 '사람, 개, 동물'과 같은 유정 명사에는 '-들'이 자연스럽게 결합할 수 있다. 하지만 (62)처럼 무정 명사에 '-들'이 붙은 표현은 비문법적인 표현이거나, 혹은 자연스럽지 못한 표현이다. 비록 무정 명사로 표현할 대상이 복수일지라도 (63)처럼 '-들'을 붙이지 않고 표현하는 것이 일반적이다.

　셋째, 명령문에서는 '-들'이 불가산 명사에 붙거나 명사(체언)가 아닌 단어에 실현된 특수한 경우가 있다.

(64) ㄱ. 저리로 가서 빨리 물**들** 길어 오너라.

　　　ㄴ. 무슨 소리를 하는 거냐? 제발 꿈**들** 깨시게.

　　　ㄷ. 시장할 텐데, 많이**들** 드십시오.

　　　ㄹ. 조금이라도 먹어**들** 보아라.

곧 (ㄱ)과 (ㄴ)에서는 불가산 명사인 '물'과 '꿈'에 '-들'이 실현되었으며, (ㄷ)에서는 부사인 '많이'에, (ㄷ)에는 동사 '먹다'의 연결형인 '먹어'에 '-들'이 실현되었다.

　이러한 현상은 명령문에서 생략된 2인칭 주어가 복수임을 나타내는 것으로 해석할 수 있다.

(65) ㄱ. (<u>너희들</u>) 저리로 가서 빨리 물을 길어 오너라.

　　　ㄴ. (<u>너희들</u>) 무슨 소리를 하는 거냐? 제발 꿈을 깨시게.

　　　ㄷ. (여러분) 시장할 텐데, <u>많이</u> 드십시오.

　　　ㄹ. (<u>애들아</u>) 조금이라도 <u>먹어</u> 보아라.

곧 (65)의 명령문처럼 2인칭의 복수형 체언으로 된 주어가 생략되는 과정에서 복수를 나타내는 접미사인 '-들'이 그 뒤에 실현되는 '물, 꿈, 많이, 먹어' 등의 성분에 옮겨서 실현된 결과로 볼 수가 있다.

2.3. 관계언

조사는 다른 말에 붙어서 여러 가지 문법적인 기능을 나타내는 단어의 갈래이다. 조사가 문장에 쓰인 단어들 사이의 문법적 관계를 나타내므로 '관계언(關係言)'이라고도 한다.

2.3.1. 조사의 개념

〈개념〉 '조사(助詞, 토씨)'는 다른 말(주로 체언)에 붙어서, 그 체언이 문장 중의 다른 단어와 맺는 문법적 관계를 나타내거나 특별한 뜻을 덧보태어 주는 단어의 갈래이다.

(1) ㄱ. 영수가 책을 읽는다.
ㄴ. 선희와 진주는 사과하고 배하고 많이 먹었다.
ㄷ. 철수는 아버지가 주는 약만 먹지 않았다.

(ㄱ)에서 '-가'는 '영수'에 붙어서 그 체언이 문장에서 주어로 쓰이는 것을 나타내며, '-을'은 '책'에 붙어서 그것이 문장 속에서 목적어로 쓰이는 것을 나타낸다. (ㄴ)에서 '-와'는 체언인 '선희'와 '진주'를 이었으며, '-하고'는 '사과'와 '배'를 이었다. (ㄷ)에서 '-는'은 '철수'에 붙어서 그것이 문장 속에서 '말거리(주제, 화제)'가 됨을 나타내며, '-만'은 '약'에 붙어서 '한정(限定)'의 뜻을 나타낸다. 이처럼 주로 체언에 붙어서 문법적인 관계나 특별한 의미를 더해 주는 단어를 조사라고 한다.

〈특징〉 조사는 여타의 단어와는 달리 자립성이 없으며, 형식적이고 문법적인 의미를 나타낸다. 곧, (1)에서 (ㄱ)의 '-가, -을' 등은 문장 성분으로서의 자격을 나타내고, (ㄴ)의 '-와, -하고' 등은 체언과 체언을 잇는 기능을 하고, (ㄷ)의 '-는, -만'은 그것이 결합하는 체언에 '주제(화제), 대조, 단독, 포함' 등의 형식적인 의미를 덧붙인다.

조사는 대체로 체언이나 체언의 역할을 하는 말에 붙는 것이 일반적이지만, 경우에 따라서는 '조사, 부사, 용언'에도 붙을 수 있다.

첫째, 조사는 다른 조사나 부사, 그리고 용언의 활용형 뒤에도 붙을 수가 있다.

(2) ㄱ. 제가 먼저 책을 읽겠습니다.
ㄴ. 너에게만 선물을 준다.

ㄷ. 아이고! 일을 참 많이도 했구나.

ㄹ. 견훤은 왕건의 얼굴을 바라보고만 있었다.

(2)에서 (ㄱ)의 '-가, -을'은 체언에 붙었으며, (ㄴ)의 '-만'은 조사인 '-에게'에 붙었다. 그리고 (ㄷ)에서 '-도'는 부사인 '많이'에 붙었으며, (ㄹ)에서 '-만'은 동사의 연결형인 '바라보고'에 붙었다.

둘째, 조사는 '구, 절, 문장'에 붙어서 이들 언어적 단위 전체에 문법적인 의미나 기능을 더할 수도 있다.

(3) ㄱ. 우리는 [철수의 책]을 많이 읽었다.

ㄴ. [이순신 장군이 노량해전에서 전사하였음]이 확실하다.

ㄷ. [우리가 감옥에서 어떻게 탈출하는가]가 문제이다.

(ㄱ)에서 조사 '-을'은 명사구인 '철수의 책'에 붙어서 목적어임을 나타내었다. (ㄴ)에서 조사 '-이'는 명사절인 '이순신 장군이 노량해전에서 전사하였음'에 붙어서, (ㄷ)에서 조사 '-가'는 문장인 '우리가 감옥에서 어떻게 탈출하는가'에 붙어서 앞말이 주어임을 나타내고 있다.

2.3.2. 조사의 유형

조사는 기능과 의미에 따라서 문법적인 관계를 나타내는 '격조사'와, 체언과 체언을 잇는 '접속 조사', 그리고 화용론적인 의미를 더해 주는 '보조사'로 분류한다.

(가) 격조사

(가)-1. 격조사의 개념

〈격〉'격(格, case)'은 원래 명사에서 일어나는 주요 문법 범주로서, 명사가 문장 속에서 다른 말과 맺는 통사적·의미적인 관계에 따라서 형태 변화를 일으키는 것을 말한다. 체언의 형태 자체가 바뀜으로써 격을 실현하는 라틴어나 독일어의 격의 실현 방식과는 달리, 국어에서는 체언에 격조사를 덧붙여서 격을 표현한다.

(4) 철수가 식당에서 남의 숟가락으로 밥을 먹었다.

(4)에서 '철수, 식당, 남, 숟가락, 밥'은 모두 체언인데, 이러한 체언에 격조사가 첨가되어서 격을 실현한다. 즉 '철수가'는 주격(행위자), '식당에서'는 부사격(위치), '남의'는 관형격(소유자), '숟가락으로'는 부사격(도구), '밥을'은 목적격(대상)을 나타낸다.

〈**격조사**〉 '격조사(格助詞)'는 체언이나, 명사구나 명사절 등의 앞말에 붙어서 그것이 다른 말에 대하여 맺는 문법적인 관계를 나타내는 조사이다. 곧, 격조사는 그것과 결합하는 앞말이 문장 속에서 특정한 문장 성분으로 쓰일 수 있는 자격을 나타내는 조사이다.

(5) 어머니가 집에서 철수의 옷을 다렸다.

(5)에서 '-가'는 체언인 '어머니'가 문장에서 주어로 쓰이게 하며, '-에서'는 '집'이 부사어로 쓰이게 한다. 그리고 '-의'는 '철수'가 관형어로 쓰이게 하며, '-을'은 '옷'이 목적어로 쓰이게 한다. 이렇게 체언이 문장에서 쓰일 때에 그 체언에 특정한 문장 성분으로서의 자격을 나타내는 조사를 '격조사'라고 한다.

(가)-2. 격조사의 유형

'격조사'의 유형으로는 '주격 조사, 목적격 조사, 보격 조사, 관형격 조사, 부사격 조사, 호격 조사, 서술격 조사'가 있다.

〈**주격 조사**〉 '주격 조사(主格助詞)'는 앞말이 문장에서 주어로 쓰이게 하는 조사인데, 주격 조사에는 '-이/-가, -께서, -에서' 등이 있다.

(6) ㄱ. 나무가 매우 크다.
ㄴ. 사람이 짐승보다 더 추악하다.
ㄷ. 아버지께서 진지를 드십니다. 아버님께옵서 진지를 드십니다.
ㄹ. 교육부에서 2005학년도부터 수능시험을 폐지했다.

(ㄱ)과 (ㄴ)의 '-이'와 '-가'는 가장 일반적인 주격 조사인데, 이들은 주격 조사의 음운론적인 변이 형태이다. 곧 (ㄱ)처럼 앞 체언이 모음으로 끝나면 '-가'가 선택되고 (ㄴ)처

럼 앞 체언이 자음으로 끝나면 '-이'가 선택된다. (ㄷ)의 '-께서'는 높임의 대상인 체언에 붙어서 '주체 높임'의 뜻을 나타내는 주격 조사이다. (ㄹ)의 '-에서'는 앞 체언이 [+단체성, +무정성]의 의미 자질을 가지는 체언이면서, 동시에 서술어가 동작성이 분명한 동사일 때에 주격 조사로 쓰인다. 곧 '교육부'는 단체성과 무정성이 있는 명사이며, 서술어로 쓰인 '폐지하다'는 동작성이 있는 동사이다. 이때 '교육부'는 '수능시험을 폐지하는 주체'의 역할을 하므로, '교육부에서'는 주어이며 '-에서'는 주격 조사이다.

〈**목적격 조사**〉 '목적격 조사(目的格助詞)'는 앞말이 문장 속에서 목적어로 쓰이게 하는 조사인데, 목적격 조사로는 '-을/-를'이 있다.

(7) ㄱ. 철수가 밥을 먹는다.
ㄴ. 영희가 나뭇가지를 꺾는다.

(7)에서 서술어로 쓰인 '먹다'와 '꺾다'가 타동사이므로 목적어를 취하는데, '-을/-를'은 체언 뒤에 붙어서 그것이 목적어임을 나타낸다. '-을'은 '밥'처럼 앞말이 자음으로 끝날 때 선택되며, '-를'은 '나뭇가지'처럼 앞말이 모음으로 끝날 때에 선택되므로 이들은 음운론적인 변이 형태이다.

〈**보격 조사**〉 '보격 조사(補格助詞)'는 앞말이 보어로 쓰이게 하는 조사인데, 보격 조사에는 '-이/-가'가 있다. 여기서 보어는 서술어인 '아니다' 혹은 '되다'가 주어 이외에 반드시 필요로 하는 문장 성분이다.

(8) ㄱ. N₁이 N₂가 아니다.   (9) ㄱ. 철수가 제정신이 아니다.
ㄴ. N₁이 N₂가 되다.   ㄴ. 밀가루가 국수가 되었다.

(8)처럼 '아니다'와 '되다'가 문장에서 서술어로 쓰이면, 그 문장은 'N₁이 N₂가 되다/아니다'의 구조가 된다. 이때 앞의 'N₁이'를 주어라고 하고 뒤의 'N₂가'를 보어라고 한다. 예를 들어서 (9)에서 '제정신이'와 '국수가'를 보어라고 하며 이들 보어에 실현되는 조사 '-이/-가'를 보격 조사라고 한다. 따라서 보격 조사 '-이/-가'는 앞말인 '제정신'과 '국수'에 보어로서의 자격을 부여하는 조사이다.

〈**관형격 조사**〉 '관형격 조사(冠形格助詞)'는 앞말이 관형어로 쓰이게 하는 조사인데, 관형격 조사로는 '-의'가 있다.

(10) ㄱ. 한국<u>의</u> 산수는 가장 아름답다.

ㄴ. 가을은 독서<u>의</u> 계절이다.

(ㄱ)에서는 체언인 '한국'에 관형격 조사 '-의'가 붙었는데 이때 '한국의'는 그 뒤에 오는 체언인 '산수'를 꾸며서 관형어로 쓰인다. 그리고 (ㄴ)에서는 체언인 '독서'에 '-의'가 붙었는데 '독서의'는 '계절'을 수식하여 관형어로 기능한다. 이처럼 관형격 조사는 앞말을 관형어로 기능케 하면서, '관형어 + 체언'의 단위를 명사구로 만들어 준다.

〈 **부사격 조사** 〉 '부사격 조사(副詞格助詞)'는 앞말이 부사어로 쓰이게 하는 조사인데, 종류가 대단히 많으며 의미가 다의적이다.

첫째, '-에, -에서, -에게(-한테, -더러), -에게서, -으로' 등은 '위치, 상대, 원인, 방향' 등 다양한 뜻을 나타낸다.

(11) ㄱ. 어머님께서는 지금 미국<u>에</u> 계신다. [공간적 위치]

ㄴ. 언니가 꽃<u>에</u> 물을 주었다. [도달점]

ㄷ. 내일 네 시<u>에</u> 시민회관 앞에서 모이자. [시간]

ㄹ. 담장이 바람<u>에</u> 무너졌다. [원인]

(12) ㄱ. 이 칼은 미국<u>에서</u> 만들었다. [공간적 위치]

ㄴ. 요코하마<u>에서</u> 부산까지 거리가 얼마니? [공간적 시작점]

ㄷ. 아침 9시<u>에서</u> 오후 다섯 시까지 작업을 해야 한다. [시간적 시작점]

(13) ㄱ. 누가 학생<u>에게</u>(-한테, -더러) 그런 일을 시켰느냐? [도달 상대, 낮춤]

ㄴ. 할머니<u>께</u> 이 옷을 전해 드려라. [도달 상대, 높임]

ㄷ. 이것은 외국 친구<u>에게서</u>(-한테서) 받은 반지다. [비롯하는 상대]

(14) 선생님께서는 어디<u>로</u> 가십니까? [방향]

(11)에서 (ㄱ)의 '-에'는 대상이 존재하는 공간적인 위치를, (ㄴ)의 '-에'는 동작이 도달하는 공간적인 위치(무정 명사)를 나타낸다. 그리고 (ㄷ)의 '-에'는 동작이 일어나는 시간적인 위치를 나타내며, (ㄹ)의 '-에'는 동작의 원인을 나타낸다. (12)의 '-에서'도 시간이나 공간의 위치를 나타낸다. (ㄱ)의 '-에서'는 동작이 일어나는 공간적인 위치를, (ㄴ)과 (ㄷ)의 '-에서'는 동작이 일어나는 공간적·시간적인 시작점을 나타낸다. (13)에서 '-에게, -한테, -더러, -께'는 모두 어떤 행동이 미치는 상대(유정 명사)를 나

타낸다. (ㄱ)의 '-에게'는 주로 글말에서 쓰이고, '-한테'와 '-더러'는 주로 입말에서 쓰이는 차이가 있다. (ㄴ)의 '-께'는 입말과 글말에 관계없이 행동이 미치는 상대를 높이는 데에 쓰인다. (ㄷ)의 '-에게서'와 '-한테서'는 동작의 시작점이 되는 상대를 나타내는데, '-에게서'는 글말에 사용되고 '-한테서'는 입말에 사용된다. (14)에서 '-으로'는 동작이 일어나는 방향을 나타낸다.

둘째, '-과/-와, -처럼, -만큼, -보다'는 문장에서 주어로 표현되는 말에 대하여, 어떤 대상이 '비교의 대상'임을 나타낸다.

(15) ㄱ. 백설공주의 피부는 눈과 같이 희다. 그녀는 어머니와 너무 달랐다.
ㄴ. 나도 철수처럼 키가 컸으면 좋겠다.
ㄷ. 벼리만큼 착한 학생은 매우 드물지.
ㄹ. 호랑이는 집채보다 더 컸다.

(ㄱ)의 '-와/-과'는 유사성과 차이성을 나타내는 비교 표현에 두루 쓰인다. 반면에 (ㄴ)의 '-처럼'과 (ㄷ)의 '-만큼'은 유사성을 나타내는 비교에만 쓰이며, (ㄹ)의 '-보다'는 차이성을 나타내는 비교에만 쓰인다.

셋째, '-으로써, -으로서, -으로 ; -과/-와, -하고 ; -라고/-하고, -고' 등은 '도구, 수단, 방법, 자격, 변성 ; 공동 ; 인용' 등의 뜻을 나타낸다.

(16) ㄱ. 할머니는 칼로써 사과를 깎았다.
ㄴ. 저는 이 자리에서 회장으로서 말씀드리겠습니다.
ㄷ. 뽕밭이 바다로 바뀌었군!
ㄹ. 나와 함께 해병대에 입대하지 않겠니? / 나는 공장에서 철수하고 일을 한다.
ㅁ. 사장은 "이제 다시 시작합시다."라고/하고 말했다. / 철수는 시골에 간다고 말했다.

(ㄱ)에서 '-으로써'는 '도구, 수단, 방법' 등을 나타내고, (ㄴ)에서 '-으로서'는 '자격'을 나타내며, (ㄷ)에서 '-으로'는 '변성(성질의 바뀜)'을 나타낸다. (ㄹ)에서 '-와/-과'와 '-하고'는 '공동(함께)'을 나타내는데, '-와/-과'는 글말에 사용되고 '-하고'는 입말에 사용된다. 끝으로 (ㅁ)에서 '-라고'와 '-하고'는 남의 말을 직접적으로 인용하는 데에, '-고'는 남의 말을 간접적으로 인용하는 데에 쓰인다.

〈**호격 조사**〉'호격 조사(呼格助詞)'는 앞의 체언에 붙어서 그 말을 독립어로 쓰이게 하는 조사인데, 호격 조사로는 '-아/-야, -이여/-여, -이시여/-시여'가 있다.

(17) ㄱ. 영희야, 이리 오너라.
ㄴ. 인숙아, 저기 가서 물을 좀 떠 오렴.
ㄷ. 대왕이여, 어서 일어나소서.
ㄹ. 신이시여, 우리 조국을 지켜 주소서.

(ㄱ)과 (ㄴ)에서 '-야'와 '-아'는 음운론적인 변이 형태로서, '-야'는 '영희'처럼 모음으로 끝나는 선행 체언에, '-아'는 '인숙'처럼 자음으로 끝나는 선행 체언에 붙을 때 선택된다. (ㄷ)과 (ㄹ)에서 '-이여'와 '-이시여'는 선행 체언이 '대왕'이나 '신'과 같이 높임의 대상일 때에 그를 높여서 부를 때 사용하는 호격 조사이다. '-이여'는 그것이 붙는 체언에 예사 높임의 뜻을, '-이시여'는 아주 높임의 뜻을 덧보탠다.

〈**서술격 조사**〉'서술격 조사(敍述格助詞)'는 체언 등의 앞말에 붙어서 그 말을 서술어로 쓰이게 하는 조사이다. 서술격 조사로는 '-이다'가 있는데, '-이다'는 주어의 내용을 지정·서술하는 기능을 한다.

(18) ㄱ. 이것은 책상이다.
ㄴ. 김성수 씨는 의사이다.

(18)에서 '-이다'는 체언에 붙어서 주어인 '이것'과 '김성수 씨'의 내용이나 신분을 직접적으로 가리켜서 서술하는 역할을 한다.

서술격 조사인 '-이다'는 다른 조사와는 달리 어간에 여러 가지 어미가 붙어서 활용함으로써, 다양한 문법적인 기능을 나타낸다.

(19) 저 아이는 학생이다.(-이었다, -이겠다, -일까, -이더라, -일지라도, …)

(19)에서 '-이다'가 붙은 말인 '학생이다'는 문장에서 서술어로 쓰인다. 그리고 '-이다' 자체는 '-이었다, -이겠다, -일까, -이더라, -일지라도' 등과 같이 활용함으로써 다양한 문법적인 기능을 나타낸다.

(가)-3. 격조사의 생략

격조사는 문장에 실현된 다른 말과의 관계를 통해서 그것이 무엇인지 알 수 있을 때는 문맥에 표현되지 않을 수 있는데, 이러한 현상을 '격조사의 생략'이라고 한다.

(20) ㄱ. 철수∅ 언제 학교∅ 갔니?
　　 ㄴ. 그 사람∅ 아침에 밥∅ 먹었어.
　　 ㄷ. 이것∅ 할아버지∅ 가방이야.

(21) ㄱ. 철수<u>가</u> 언제 학교<u>에</u> 갔니?
　　 ㄴ. 그 사람<u>이</u> 아침에 밥<u>을</u> 먹었어.
　　 ㄷ. 이것<u>이</u> 할아버지<u>의</u> 가방이야.

(20)의 문장에서 '∅'는 격조사가 실현되어야 할 곳에 실현되지 않은 것을 나타낸다. 이렇게 격조사가 문맥에 실현되지 않아도 되는 것은 주어, 목적어, 관형어, 부사어 로 쓰이는 체언과, 서술어로 쓰이는 용언이 맺는 의미적인 관계를 통해서, 격 관계를 알 수 있기 때문이다. 예를 들어서 (20)의 (ㄱ)에서 서술어로 쓰인 '가다'는 기본적으로 'X가 Y에 가다'라는 문장 구조를 취한다. 그러므로 '철수' 다음에는 주격 조사 '-가'가 생략되었고, '학교' 다음에는 부사격 조사인 '-에'나 '-로'가 생략되었다는 사실을 알 수 있다. (ㄴ)에서는 서술어가 타동사인 '먹다'인데, '먹다'는 기본적으로 'X가 Y를 먹 다'라는 문장의 구조를 취한다. 따라서 주어로 쓰인 '사람' 다음에는 주격 조사 '-이' 가, '밥' 뒤에는 목적격 조사인 '-을'이 생략되었음을 알 수 있다. (ㄷ)에서 서술격 조 사 '-이다'는 기본적으로 'X가 Y이다'라는 문장 구조를 형성하므로, 주어인 '이것' 다 음에는 주격 조사인 '-이'가 생략되었음을 알 수 있다. 그리고 (ㄷ)에서 체언인 '할아 버지'와 '가방'은 사이에는 [소유자 - 소유물]의 관계가 성립하므로 '할아버지' 다음에 는 관형격 조사인 '-의'가 생략되었다는 것을 알 수 있다.

이러한 격조사의 생략 현상은 글말보다는 입말에서 더 잘 일어나는데, 이는 생략이 발화 상황이나 문맥과 밀접하게 관련되어 있는 화용론적인 현상이기 때문이다.[1]

---

1) 체언에 보조사가 결합되면 원래 있어야 할 격조사가 드러나지 않을 수가 있는데, 이러한 현상도 격조사의 생략으로 볼 수 있다.
　(보기) ㄱ. 철수<u>는</u> 빵<u>도</u> 먹었다.(← 철수<u>가</u> 빵<u>을</u> 먹었다.)
　　　　 ㄴ. 선생님<u>은</u> 영희<u>까지</u> 돈<u>도</u> 주었다.(← 선생님<u>께서</u> 영희<u>에게</u> 돈<u>을</u> 주었다.)

(나) 접속 조사

〈 접속 조사의 개념 〉 '접속 조사(接續助詞)'는 둘 이상의 체언을 같은 자격(문장 성분)으로 이어서 하나의 명사구를 형성하는 조사이다.

> (24) ㄱ. [철수<u>와</u> 영수]는 어깨동무를 하고 뛰어놀곤 하였다.
> ㄴ. 나는 [떡<u>이랑</u> 밥]을 많이 먹었다.

(ㄱ)에서 '-와'는 '철수'와 '영수'의 두 체언을 주어의 자격으로 이었으며, (ㄴ)에서 '-이랑'은 '떡'과 '밥'을 목적어의 자격으로 이었다. 이처럼 체언과 체언을 동일한 문장으로 이어서 명사구를 형성하는 조사를 '접속 조사'라고 한다.

접속 조사는 체언과 체언을 이어서 명사구를 형성하는 기능만 할 뿐이며, 격을 나타내는 기능은 격조사가 담당한다.

> (25) ㄱ. [빵과 고기]<u>가</u> 없으면 다른 음식이라도 구해 다오.
> ㄴ. 한국 사람은 [밥과 김치]<u>를</u> 즐겨 먹는다.
> ㄷ. 저 건물은 [철수와 영희]<u>의</u> 것이다.
> ㄹ. 이순신 장군은 [한국과 일본]<u>에서</u> 모두 영웅으로 대접받는다.

(ㄱ)에서 '빵과 고기'는 주어로 쓰였으며, (ㄴ)에서 '밥과 김치'는 목적어, (ㄷ)에서 '철수와 영희'는 관형어, (ㄹ)에서 '한국과 일본'은 부사어로 쓰였다. 이처럼 접속 조사로 이어진 명사구는 그 뒤에 실현된 격조사에 따라서 여러 가지 문장 성분으로 쓰이는데, 이를 통해서 접속 조사에 특정한 격을 부여하는 기능이 없다는 것을 알 수 있다.

〈 접속 조사의 종류 〉 접속 조사의 종류로는 '-와/-과, -하고, -에, -이랑, -이나, -이며' 등이 있다.

> (26) ㄱ. 나는 [개<u>와</u> 고양이]를 좋아한다.
> ㄴ. [나<u>하고</u> 너<u>하고</u>] 결혼을 맹세하자.

(ㄱ)에서 '철수는'에는 주격 조사인 '-가'가, '빵도'에는 목적격 조사인 '-을'이 생략되었다. 그리고 (ㄴ)에서 '선생님은'에는 주격 조사인 '-께서'가, '영희까지'에는 부사격 조사인 '-에게'가 생략되었다.

ㄷ. [술에 떡에 찰밥에] 차린 음식이 대단하구나.

ㄹ. [돈이랑 여자랑] 다 부질없는 것임을 너는 몰랐더냐?

ㅁ. [나나 당신이나] 이제 죽을 날이 얼마 남지 않았네.

ㅂ. 이제부터는 [술이며 담배며] 모조리 끊고 살겠노라.

(ㄱ)에서 (ㅂ)까지 밑줄 그은 '-과/-와', '-하고~-하고', '-에~-에', '-이랑~-이랑', '-이나~-이나', '-이며~이며' 등은 모두 접속 조사로서, 체언과 체언을 특정한 문장 성분으로 이어 준다. 그런데 이들 접속 조사 가운데에서 '-과/-와'는 앞 체언에만 붙을 수 있는 반면에, 나머지 접속 조사들은 앞 체언과 뒤 체언 모두에 붙을 수 있다. 그리고 글말에서는 접속 조사로 '-과/-와'가 많이 쓰이지만, 입말에서는 주로 '-하고, -에, -이랑, -이나' 등의 접속 조사가 많이 쓰인다.

(다) 보조사

(다)-1. 보조사의 개념

〈개념〉 '보조사(補助詞)'는 앞말에 화용론적인 특별한 뜻을 더해 주는 조사이다.

(27) ㄱ. 나는 미국에 가지 않는다.

ㄴ. 순희는 밥을 한 그릇만 먹었다.

ㄷ. 대한민국 정부도 이번 사태에 책임이 있다.

(ㄱ)에서 '-는'은 체언인 '나'에 '화제(말거리)'나 '대조'의 뜻을 더하였으며, (ㄴ)에서 '-만'은 앞의 체언인 '한 그릇'에 '단독' 혹은 '한정'의 뜻을 더하였다. 그리고 (ㄷ)에서 '-도'는 앞의 체언인 '대한민국 정부'에 '마찬가지'나 '첨가'의 뜻을 더한다.

〈특징〉 보조사는 문법적인 관계를 나타내는 격조사나, 체언과 체언을 이어서 명사구를 형성하는 접속 조사와는 문법적인 기능과 특징이 다르다.

첫째, 보조사는 특정한 격과는 관계가 없기 때문에 여러 가지 문장 성분에 두루 실현될 수 있다.

(28) ㄱ. 철수는 내일 서울로 떠난다.

ㄴ. 할머님께서 철수는 사랑하신다.

ㄷ. 선생님이 철수는 선물을 주셨다.

(ㄱ)의 '철수'는 서술어인 '떠나다'가 표현되는 행위에 대하여 주체의 역할을 하므로 주어로 쓰였고, (ㄴ)의 '철수'는 서술어 '사랑하다'의 대상이므로 목적어로 쓰였다. 그리고 (ㄷ)의 '철수'는 서술어 '주다'의 행위의 도착점이므로 부사어로 쓰였다. 이들 체언에는 동일한 보조사 '-는'이 붙어 있는데도, '철수는'은 각각 '주어, 목적어, 부사어'로 다른 문장 성분으로 쓰이고 있다. 이러한 사실을 감안하면, 보조사 '-는'이 특정한 격과는 관련이 없다는 것을 알 수 있다.

둘째, 접속 조사와 격조사는 대체로 체언이나 그와 유사한 언어 단위에만 실현될 수 있지만, 보조사는 다양한 언어 형식에 실현될 수 있다.

(29) ㄱ. 박지성은 아인트호벤 팀에서 맨체스터 유나이티드 팀으로 이적했다.
ㄴ. 이 식당에서는 담배를 피울 수가 있습니다.
ㄷ. 이 군이 일을 열심히는 합니다만 도통 실력이 늘지 않아요.
ㄹ. 우리 팀이 어찌어찌 하여 결승전까지 올라는 갔습니다.

(30) ㄱ. 이제부터는 내가 자네에게 배워야겠네그려.
ㄴ. 내가 이번 학기에는 공부를 좀 안 했어요.

(29)에서 보조사 '-는'은 여러 가지의 문법적인 단위에 붙어 있다. 곧 (ㄱ)에서는 '-는'이 체언인 '박지성' 다음에 붙었고, (ㄴ)에서는 격조사인 '-에서' 다음에, (ㄷ)에서는 부사인 '열심히' 다음에, (ㄹ)에서는 동사 '오르다'의 연결형인 '올라'에 붙었다. 그리고 보조사 중에는 문장의 맨 끝에 실현되어서 문장 전체의 내용에 특별한 뜻을 더하는 특수한 것들도 있다. 곧 (30)에서 '-그려'와 '-요'는 문장의 끝에 실현되었는데, (ㄱ)의 '-그려'는 앞의 문장의 내용에 '느낌'이나 '강조'의 뜻을 더하며, (ㄴ)의 '-요'는 '청자를 높이는 뜻'을 더하였다.

(다)-2. 보조사의 유형

보조사는 그것이 붙는 앞말의 종류(= 분포)에 따라서 '통용 보조사'와 '종결 보조사'로 나눌 수 있다.

〈**통용 보조사**〉 '통용 보조사(通用補助詞)'는 체언, 조사, 부사, 용언의 연결형 등 여러 가지의 문법적인 단위에 두루 실현되어서, 그것에 특별한 뜻을 더하는 보조사이다.

(31) ㄱ. 할아버지께서<u>는</u> 신문을 보셨다. / 나<u>는</u> 밥<u>은</u> 안 먹었다.
    ㄴ. 산<u>도</u> 좋고 물<u>도</u> 좋다.
    ㄷ. 닭 우는 소리<u>만</u>이 마을 공기를 흔든다.
    ㄹ. 사람<u>마다</u> 비를 기다리나 오늘도 볕이 난다.

(ㄱ)의 '-은/-는'은 '주제(화제, 말거리)'를 나타내거나 다른 것과의 '대조'의 뜻을 나타내는 보조사이다. 여기서 '-은'은 '밥은'처럼 마지막 음절이 자음으로 끝나는 체언 다음에 실현되며, '-는'은 '학교는'과 같이 모음으로 끝나는 체언 다음에 실현된다. (ㄴ)의 '-도'는 이미 어떤 것이 포함되고 그 위에 더함의 뜻을 더하고, (ㄷ)의 '-만'은 다른 것으로부터 제한하여 어느 것을 '한정'하는 뜻을 더한다. 끝으로 (ㄹ)의 '-마다'는 '낱낱이 모두'의 뜻을 더한다.

(32) ㄱ. 여기서<u>부터</u> 경상남도입니다.
    ㄴ. 올해는 고구마<u>까지</u> 대풍이다.
    ㄷ. 비가 오는데 바람<u>조차</u> 부는구나.
    ㄹ. 그와는 통신<u>마저</u> 끊기고 말았다.

(ㄱ)의 '-부터'는 어떤 일이나 상태 따위에 관련된 범위의 시작임을 나타낸다. 반면에 (ㄴ~ㄹ)의 '-까지, -조차, -마저'는 공통적으로 '이미 어떤 것이 포함되고 그 위에 더함의 뜻'을 나타낸다. 다만, 이러한 공통적인 뜻에 더하여서 (ㄴ)의 '-까지'는 그것이 극단적인 경우임을 나타내며, (ㄷ)의 '-조차'는 일반적으로 예상하지 어려운 극단의 경우까지 양보하여서 포함함을 나타내며, (ㄹ)의 '-마저'는 하나 남은 마지막임을 나타낸다.

(33) ㄱ. 나에게는 하나<u>밖에</u> 없는 자식이다.
    ㄴ. 거기까지는 십 리<u>나</u> 된다.
    ㄷ. 굿<u>이나</u> 보고 떡<u>이나</u> 먹어라.
    ㄹ. 학생들이 김 선생<u>서껀</u> 다 왔습니다.

(ㄱ)의 '-밖에'는 '그것 말고는'이나 '그것 이외에는'의 뜻을 나타내는 보조사로서, 반드시 뒤에 부정을 나타내는 말이 따르는 특징이 있다. (ㄴ)의 '-(이)나'는 '수량이 크거나 많음', 혹은 '정도가 높음'을 강조하는 보조사로서 흔히 놀람의 뜻이 수반된다. 그리고 (ㄷ)의 '-(이)나'는 '마음에 차지 않는 선택', 또는 '최소한 허용되어야 할 선택'이라는 뜻을 나타낸다. 끝으로 (ㄹ)의 '-서껀'은 '-(이)랑 함께'의 뜻을 나타낸다.

(34) ㄱ. 철수인들 그 일을 좋아서 하겠습니까?
ㄴ. 밥이 없으면 라면이라도 주세요.
ㄷ. 무엇이든지 구하면 얻으리라.

(34)에서 '-인들, -이라도, -이든지' 등은 모두 서술격 조사인 '-이다'의 연결형이 보조사로 굳은 것이다. (ㄱ)의 '-인들/-ㄴ들'은 어떤 조건을 양보하여 인정한다고 하여도 그 결과로서 기대되는 내용이 부정됨을 나타낸다. (ㄴ)의 '-이라도/-라도'는 그것이 썩 좋은 것은 아니나 그런대로 괜찮음을 나타낸다. (ㄷ)의 '-이든지/든지'와 '-이든/-든'은 어느 것이 선택되어도 차이가 없는 둘 이상의 일을 나열함을 나타낸다. 이러한 보조사에서 /이/는 자음으로 끝나는 체언 뒤에서 매개 모음으로 구실하는 것이 특징이다.

〈 종결 보조사 〉 '종결 보조사(終結補助詞)'는 문장의 맨뒤에 실현되어서 문장 전체에 특별한 뜻을 더하는 보조사이다.

(35) ㄱ. 이제 나는 고향에 돌아가야겠네그려.
ㄴ. 이젠 모든 것을 포기하지그래.
ㄷ. 비가 옵니다마는 지금 당장 떠나야 합니다.
ㄹ. 내가 이번 학기에는 공부를 좀 안 했어요.

(ㄱ)과 (ㄴ)에서 '-그려'와 '-그래'는 화자가 청자에게 문장의 내용을 강조함을 나타내는 보조사이다. 여기서 (ㄱ)의 '-그려'는 청자를 예사로 낮추어서 대우할 때 쓰고, (ㄴ)의 '-그래'는 아주 낮추어서 대우할 때에 쓴다. (ㄷ)에서 '-마는'은 앞의 사실을 인정을 하면서도 그에 대한 의문이나 그와 어긋나는 상황 따위를 덧붙여서 제시한다. (ㄹ)에서 '-요'는 비격식적인 발화 상황에서 화자가 청자를 높이는 뜻을 더해 주는 보조사이다.

【 더 배우기 】

1. 격조사의 보조사적인 용법

체언에 '-을/-를'이 붙는다고 해서 모두 목적격 조사로 처리되는 것은 아니다. 이는 '-을/-를'이 목적어로 처리될 수 없는 말에도 붙는 경우가 있기 때문이다.

    (1) ㄱ. 나는 생선을 먹지를 못한다.
        ㄴ. 우리는 지금 교회를 간다.

    (2) ㄱ. 나는 생선을 먹지 못한다.
        ㄴ. 우리는 지금 교회에 간다.

(1)의 문장들에는 일반적으로 목적격 조사가 쓰이지 않을 환경에서 목적격 조사가 쓰였다. 즉 목적격 조사는 원칙적으로 서술어가 타동사일 때에 한해서 체언에 붙기 때문에, (1)에서 쓰인 '-을/-를'을 목적격 조사로 보기에는 문제가 있다. (1ㄱ)의 문장은 '-을/-를'이 실현되지 않은 (2ㄱ)의 문장으로 쓰이는 것이 자연스러운 문장이며, (1ㄴ)의 문장은 자동사인 '가다'에 호응하는 조사 '-에'를 실현하여 (2ㄴ)처럼 표현하는 것이 일반적이다. 그리고 (1)의 '-를'을 목적격 조사로 본다면 '먹지를'과 '교회를'을 목적어로 보아야 하지만, 통사·의미적인 특성으로 볼 때에 '먹지를'은 분명히 서술어이고 '교회를'은 부사어에 가깝다.

  (1)에서 쓰인 '-을/-를'이 목적격 조사가 아니라면 이들 조사의 성격은 무엇일까? 만일 (2)와 같은 표현을 일반적인 표현이라고 할 때, (1ㄱ)에서는 서술어인 '먹지'를 강조하기 위하여, (1ㄴ)에서는 부사어로 쓰인 '교회'를 강조하기 위하여 '-을/-를'을 실현한 것으로 처리한다. 이처럼 (1)에서 쓰인 '-을/-를'을 '강조'의 뜻을 나타내는 표현으로 처리하면, 이때의 '-을/-를'은 체언에 강조의 뜻을 덧보태는 보조사로 다루어야 한다. 그리고 목적격의 기능이 없는 '-을/-를'이 다른 보조사인 '-은/-는, -도, -만' 등으로 자연스럽게 교체될 수 있다는 사실도 (1)의 '-을/-를'이 보조사임을 뒷받침한다.[2]

현행의 학교 문법에서는 '-을/-를'이 붙은 말을 모두 목적어로 다루기 때문에 결과적으로 '-을/-를'은 모두 목적격 조사가 된다.(고등학교 문법, 2010:153) 다만 고등학교 교사용

---

2) 보조사 '-을/-를'처럼 널리 쓰이지는 않지만 '-가'도 강조의 기능을 가진 보조사로 쓰일 수 있다. 예를 들어서 '형제가 싸우는 모양은 결코 아름답지가 않습니다.'의 문장이나 '나는 그의 제안이 싫지가 않았다.'와 같은 문장에서 '아름답지가'나 '싫지가'는 용언의 연결형에 '-가'가 붙은 형태인데, 이들 '-가'도 주격의 기능은 없으며 강조 용법으로 쓰인 보조사이다.

지도서 문법(2010:130)에서는 강조의 의미를 나타내는 '-이/가'와 '-을/를'을 각각 주격 조사와 목적격 조사의 '보조사적인 용법'으로 처리하고 있다.

2. 접속 조사의 '-과/-와'와 부사격 조사의 '-과/-와'

접속 조사의 '-과/-와'와 동반을 나타내는 부사격 조사 '-과/-와'가 의미와 형태가 비슷하여 혼동하는 경우가 있다. 하지만 이들 조사가 실현될 때의 통사적인 구조를 살펴보면, 두 조사의 문법적인 성격이 다르다는 것을 알 수 있다. 곧, 접속 조사인 '-과/-와'는 동반을 나타내는 부사격 조사인 '-과/-와'와는 기능이나 형태면에서 차이가 난다.

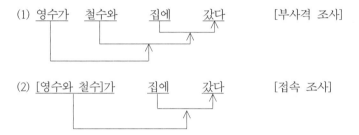

(1) 영수가   철수와   집에   갔다   [부사격 조사]

(2) [영수와 철수]가   집에   갔다   [접속 조사]

(1)에서 '-과/-와'는 '동반(함께)'을 의미하는 부사격 조사인데, 이때의 '-과/-와'는 체언인 '철수'에 붙어서 부사어로 기능하면서 동사구인 '집에 가다'를 수식한다. 이에 반하여 (2)에서 '-과/-와'는 '영수와 철수'를 이어서 하나의 명사구로 쓰이게 할 뿐이며 특정한 격과는 관련이 없다.

(3) ㄱ. 철수는 영희와 닮았다.   (4) ㄱ. 영희와 철수는 닮았다.

ㄴ. 배는 사과와 다르다.   ㄴ. 사과와 배는 다르다.

ㄷ. 아버지는 어머니와 싸웠다.   ㄷ. 어머니와 아버지는 싸웠다.

ㄹ. 숙모는 삼촌과 미국에서 만났다. ㄹ. 삼촌과 숙모는 미국에서 만났다.

(3)은 '닮다, 다르다, 싸우다, 만나다, 사랑하다, 결혼하다, 이혼하다, 의논하다'와 같은 '대칭성(對稱性) 용언'이 서술어로 쓰인 문장이다. (3)에서 '영희와, 사과와, 어머니와, 외숙모와'에 쓰인 '-와/-과'는 '비교'나 '공동'의 뜻을 나타내는 부사격 조사이다. 따라서 이들 문자에 쓰인 '-와/-과'는 앞 체언을 부사어로 쓰이게 할 뿐이지, 앞뒤의 체언을 이어 주는 접속 기능은 없다. 그리고 (4)에 쓰인 '영희와, 사과와, 어머니와, 삼촌과'는 (3)의 부사어가 문장의 맨앞으로 이동한 것이므로, (4)에서 '영희와, 사과와, 어머니와, 숙모와'에 실현되어 있는 '-와/-과'도 '비교'나 '공동'의 뜻을 나타내는 부사격 조사로 처리한다.

2.4. 용언

2.4.1. 용언의 개념

'용언(用言)'은 문장에서 서술어로 쓰이면서 주어로 표현되는 대상(주체)의 움직임이나 상태를 서술(풀이, 설명)하는 단어의 갈래이다. 이러한 용언에는 다음과 같은 일반적인 특징이 나타난다.

첫째, 용언은 의미적으로 볼 때에 주어로 표현되는 대상(= 주체)의 움직임, 속성, 상태, 존재의 유무(有無)를 풀이한다.

> (1) ㄱ. 개가 <u>짖는다</u>.
> ㄴ. 영자는 <u>슬기롭다</u>.
> ㄷ. 하늘이 <u>흐리다</u>.
> ㄹ. 우리 집에는 고양이가 <u>있다/없다</u>.

(1)에서 '짖는다, 슬기롭다, 흐리다, 있다/없다'와 같은 용언들은 문장 속에서 서술어로 쓰인다. 곧 (ㄱ)에서 '짖는다'는 주어로 표현되는 대상인 '개'의 움직임을 풀이한다. (ㄴ)에서 '슬기롭다'는 '영자'의 속성을 풀이하며, (ㄷ)에서 '흐리다'는 '하늘'의 상태를 풀이한다. 그리고 (ㄹ)에서 '있다'와 '없다'는 '고양이'의 존재 여부를 풀이한다.

둘째, 용언은 문장 속에서 서술어로 쓰여서 주체의 움직임과 상태 등을 풀이한다.

> (2) ㄱ. 팔월 보름에는 달이 매우 <u>밝다</u>.
> ㄴ. 봄이 <u>오면</u> 꽃이 핀다.
> ㄷ. 아버지께서 작년에 일본에서 <u>구입한</u> 자동차가 벌써 고장이 났다.

(2)에서 (ㄱ)의 '밝다', (ㄴ)의 '오면', (ㄷ)의 '구입한' 등은 모두 용언인데 각각의 문장에서 서술어로 쓰였다. 곧 (ㄱ)의 '밝다'는 홑문장의 주어인 '달이'에 대하여, (ㄴ)의 '오면'은 이어진 문장의 앞절의 주어인 '봄이'에 대하여, (ㄷ)의 '구입한'은 관형절의 주어인 '아버지께서'에 대하여 서술어로 쓰였다.

셋째, 용언의 어간은 실질적인 뜻을 나타내는 말인데, 용언의 어간에 어미가 붙어서 활용함으로써 여러 가지의 문법적인 기능을 나타낸다.

    (3) ㄱ. 먹-다, 먹-니, 먹-자 ; 먹-으니, 먹-으면, 먹-도록 ; 먹-기, 먹-은, 먹-게
        ㄴ. 그때 생각해 보니 철수가 밥을 다 먹-<u>었-겠-더-라</u>.

(ㄱ)에서 '먹다, 먹으니, 먹기' 등은 실질적인 뜻을 나타내는 어간 '먹-'과 문법적인 기능을 나타내는 어미 '-다, -으니, -기' 등으로 짜여 있다. 그리고 (ㄴ)에서도 어간 '먹-' 다음에 어미 '-었-, -겠-, -더-, -라'가 붙어서 문법적인 기능을 나타내고 있다. 이처럼 어간에 다양한 어미가 붙어서 여러 가지의 문법적인 기능을 나타내는 것을 '활용(活用, 끝바꿈)'이라고 한다.

2.4.2. 용언의 종류

    일반적으로 용언은 의미와 형태적인 특질에 따라서 '동사, 형용사'로 나뉘며, 실질적인 의미의 유무에 따라서 '본용언'과 '보조 용언'으로 구분할 수가 있다. 그리고 활용 어미의 제약성에 따라서 '완전 용언'과 '불완전 용언'으로 나뉠 수 있다.

(가) 동사와 형용사

    용언은 활용의 모습과 의미적인 특징을 고려해서 '동사'와 '형용사'로 구분한다.

(가)-1. 동사와 형용사의 구분

    용언의 가장 일반적인 하위 범주로서 동사와 형용사가 있는데, 이들은 문장에서 주어로 표현되는 대상을 풀이하는 서술어로 쓰일 수 있고 활용한다는 공통점이 있다. 그런데 동사와 형용사는 이러한 공통점뿐만 아니라 다음과 같은 차이점이 있다.
    〈 **의미에 따른 차이** 〉동사는 주어로 쓰인 대상의 움직임을 나타내고, 형용사는 성질이나 상태를 나타낸다.

    (4) ㄱ. 철수가 자리에서 <u>일어난다</u>.
        ㄴ. 과일은 대부분 맛이 <u>달다</u>.

곧 (ㄱ)의 '일어난다'는 '철수'의 움직임을 풀이하는 말이므로 '동사'이다. 이에 반해서 (ㄴ)의 '달다'는 '과일'의 성질 혹은 속성을 풀이하고 있으므로 '형용사'이다.

〈형태에 따른 차이〉 동사와 형용사는 활용하는 방식에 따라서도 구분된다.

첫째, 동사에는 '의도'를 나타내는 연결 어미인 '-으려'나 '목적'의 의미를 나타내는 연결 어미 '-으러'가 실현될 수 있지만, 형용사에는 이러한 연결 어미가 실현될 수 없다.

> (5) ㄱ. 철수는 영희를 때리려 한다.
> ㄴ. 김창수 씨는 라디오를 사러 자갈치 시장에 나갔다.
>
> (6) ㄱ. *영자는 아름다우려 화장을 한다.
> ㄴ. *영자는 예쁘러 화장을 한다.

'의도'나 '목적'은 아직 이루어지지 않은 일을 이루려는 정신적인 작용이다. 따라서 어떤 용언의 어간이 '의도'나 '목적'의 연결 어미와 결합하려면 그것의 의미가 주체의 의지에 따라서 이룰 수 있는 일이 되어야 한다. (5)의 '때리다'나 '사다'와 같은 대부분의 동사는 주체의 의지대로 행할 수 있으므로 연결 어미 '-으려'와 '-으러'를 실현할 수 있다. 하지만 (6)의 '아름답다'와 '예쁘다'와 같은 형용사는 주체의 의지에 따라서 이루어질 수 있는 일이 아니므로 연결 어미 '-으려'와 '-으러' 등을 실현할 수 없다.

둘째, 동사에는 명령형 어미인 '-어라'와 청유형 어미인 '-자' 등이 실현될 수 있지만, 형용사에는 이러한 어미가 실현될 수 없다.

> (7) ㄱ. 철수야 일어나라.
> ㄴ. 우리 심심한데 만화책이나 보자.
>
> (8) ㄱ. *영자야 오늘부터 착해라.
> ㄴ. *말자야 우리 오늘부터 성실하자.

'명령'은 화자가 청자에게 어떠한 행동을 할 것을 요청하는 행위이고, '청유'는 화자가 청자에게 어떠한 행동을 함께할 것을 요청하는 행위이다. 따라서 명령문과 청유문은 말을 듣는 사람이 서술어로 표현되는 행동을 수행할 수 있어야 한다. (7)에서 청자는 '일어나다'와 '보다'와 같이 동사로 표현되는 행동을 수행할 수 있다. 반면에 (8)에서 '착하다'와 '성실하다'는 한 개인의 품성 자체를 나타내는 말인데, 인간의 품성은 화자가 명령이나 청유의 형식으로 요구한다고 해서 쉽게 변화할 수 있는 것이 아니다. 따라서 동사에는 명령형 어미와 청유형 어미가 실현될 수 있지만 형용사에는 이러한 어미가 실현될 수 없다.

셋째, 동사는 '진행(進行)'을 나타내는 문법 요소와 결합할 수 있지만, 형용사는 진행을 나타내는 문법 요소와 결합할 수 없다.

> (9) ㄱ. 감독은 자리에서 천천히 일어난다.
> ㄴ. 감독은 자리에서 천천히 일어나고 있었다.
> ㄷ. 자리에서 일어나는 영수의 표정이 비장했다.

동사는 사물의 움직임을 과정적으로 표현하므로 움직임의 모습을 진행형으로 표현할 수 있다. 동사 '일어나다'는 어간에 진행을 나타내는 문법 요소로서 (ㄱ)에서는 '-는-/-ㄴ-'이, (ㄴ)에서는 '-고 있다'가 실현되어서 동작이 진행됨을 표현할 수 있다. 그리고 (ㄷ)에서도 관형사형 어미인 '-는'이 실현되어서 '일어나다'의 움직임이 계속됨을 표현할 수 있다.

반면에 형용사는 움직임이 나타나지 않고 '성질'이나 '상태'만을 나타내므로, 형용사에는 진행을 나타내는 어미를 실현할 수 없다.

> (10) ㄱ. 꽃이 매우 { 붉다 / *붉는다 / *붉고 있다 }
> ㄴ. { 붉은 / *붉는 } 꽃이 피었다.

형용사 '붉다'는 (ㄱ)처럼 어간에 진행의 뜻을 나타내는 문법 요소인 '-는-'이나 '-고 있다'를 실현하거나, (ㄴ)처럼 관형사형 어미 '-는'을 실현하면 비문법적으로 된다.

결국 어떠한 단어가 동사인지 형용사인지를 구분하기 위해서는, 위의 네 가지 기준을 두루 적용하여 종합적으로 판단해야 한다.

(가)-2. 동사

〈 **개념** 〉 '동사(動詞, verb)'는 문장에서 주어로 쓰인 대상(주체)의 움직임을 표현하는 단어의 갈래이다.

(11) ㄱ. 이번 모임에서 영수가 돈을 많이 <u>썼다</u>.

ㄴ. 산골짜기에서 시냇물이 <u>흐른다</u>.

(ㄱ)의 '쓰다'는 주어로 쓰인 '영수'의 움직임을 표현하고 있으며 (ㄴ)의 '흐르다'는 시냇물의 움직임을 표현한다. 흔히들 동사가 나타내는 '움직임'을 주어의 성격에 따라서 구분하기도 하는데, (ㄱ)의 '쓰다'와 같은 유정 명사의 움직임을 '동작(動作)'이라고 하고, (ㄴ)의 '흐르다'와 같은 무정 명사의 움직임을 '작용(作用)'이라고 한다.

〈유형〉 동사는 의미적 특징이나 문법적인 특징에 따라서 다음과 같이 하위 분류할 수 있다.

ⓐ **의미적인 특질에 따른 유형** : 동사는 의미적인 특질에 따라서 '행동 동사 · 과정 동사 · 심리 동사'로 분류할 수 있다.

(12) ㄱ. 먹다, 읽다, 차다, 때리다, 달리다, 기다, 주다, 막다

ㄴ. 마르다, 시들다, 썩다, 상하다, 다치다, 앓다, 줄다, 붇다, 익다, 자라다, 죽다

ㄷ. 알다, 모르다, 이해하다, 오해하다, 기억하다, 잊다, 느끼다, 놀라다, 깨닫다

먼저 (ㄱ)의 단어는 주체의 능동적인 동작을 나타내는 '행동 동사'로서 행위자가 의도적이며 적극적으로 수행하는 움직임을 나타낸다. 그리고 (ㄴ)의 단어는 주체가 하나의 상태에서 다른 상태로 바뀜을 나타내는 '과정 동사'들이다. 이들 단어들이 나타내는 움직임은 주어가 능동적으로 수행하는 움직임이 아니라는 특징이 있다. 끝으로 (ㄷ)의 단어는 주체의 심리적인 지각을 나타내는 '심리 동사'인데, 이들 심리 동사는 그 움직임을 외부에서 관찰할 수 없다는 점이 특징이다.

ⓑ **문법적인 특질에 따른 유형** : 동사는 문장에서 쓰일 때에 나타나는 통사론적인 특징에 따라서 '자동사 · 타동사 · 능격 동사'로 구분할 수 있다.

(13) ㄱ. 가다, 구르다, 나다, 녹다, 다니다, 달리다, 닳다, 되다, 생기다, 슬다, 썩다, 오다

ㄴ. 가꾸다, 깨다, 깨뜨리다, 끼다, 느끼다, 던지다, 들다, 때리다, 마시다, 만들다

ㄷ. 그치다, 깜박거리다, 다치다, 다하다, 마치다, 멈추다, 시작하다, 움직이다

(13)에서 (ㄱ)의 예는 자동사이며, (ㄴ)의 예는 타동사, (ㄷ)의 예는 능격 동사이다.

첫째, '자동사(自動詞, intransitive verb)'는 목적어를 취하지 않는 동사로서, 그 움직임이 주어에만 관련된다.

(14) ㄱ. 물이 강으로 <u>흐른다</u>.　　　(15) ㄱ. *물이 강을 <u>흐른다</u>.
　　 ㄴ. 개가 사람에게 <u>짖는다</u>.　　　　　 ㄴ. *개가 사람을 <u>짖는다</u>.

(14)에서 '흐르다'와 '짖다'는 자동사로서 목적어를 취하지 않기 때문에 그 움직임이 주어에게만 영향을 끼친다. 이들 동사들이 서술어로 쓰이는 문장에 (15)처럼 목적어를 억지로 실현한다면, 비문법적인 문장이 된다.

둘째, '타동사(他動詞, transitive verb)'는 목적어를 취하는 동사로서, 그 움직임이 주어뿐만 아니라 목적어에도 관련된다.

(16) ㄱ. 그 여자가 책을 <u>읽는다</u>.　　　(17) ㄱ. *그 여자가 읽는다.
　　 ㄴ. 철수가 연필을 <u>버렸다</u>.　　　　　 ㄴ. *철수가 버렸다.

(16)에서는 타동사인 '읽다'와 '버리다'가 서술어로 쓰였다. 이들 문장에서 '그 여자'와 '철수'는 움직임의 주체이며, 목적어인 '책'과 '연필'은 움직임의 객체이다. 따라서 '읽다'와 '버리다'는 주어와 목적어로 쓰이는 대상 모두에 그 움직임이 미치게 된다.

셋째, '능격 동사(能格動詞, ergative verb)'는 동일한 체언을 주어나 목석어로 취할 수 있어서, 자동사와 타동사의 양쪽으로 쓰이는 동사이다.

(18) ㄱ. 지혈대를 사용하니 **피가** <u>멈추었다</u>.
　　 ㄴ. 의사가 지혈대를 사용하여 **피를** <u>멈추었다</u>.

(19) ㄱ. **철학 강의가** 이제 막 <u>마쳤다</u>.
　　 ㄴ. 김 교수는 **철학 강의를** 이제 막 <u>마쳤다</u>.

(20) ㄱ. 어머니의 설득에 **아들의 마음이** <u>움직였다</u>.
　　 ㄴ. 어머니의 설득이 **아들의 마음을** <u>움직였다</u>.

(18~20)에서 '멈추다, 마치다, 움직이다'는 모두 동일한 의미를 나타내고 있다. 하지만 이들 동사들은 (ㄱ)에서는 목적어를 취하지 않아서 자동사로 쓰인 반면에, (ㄴ)에서는

목적어를 취하여서 타동사로 쓰였다. 결국 (18~20)의 예문에서 '멈추다, 마치다, 움직이다' 등은 동일한 명사구인 '흐르던 피', '철학 강의', '아들의 마음'을 주어로 취하기도 하고 목적어로 취하기도 하였다. 이처럼 동일한 체언을 주어로 취하여 자동사 노릇을 하기도 하고, 이들 체언을 목적어로 취하여 타동사 노릇을 하기도 하는 특수한 동사를 '능격 동사'라고 한다.

(가)-3. 형용사

〈개념〉 '형용사(形容詞, adjective)'는 문장에서 주어로 표현되는 대상의 '성질'이나 '상태'를 표현하는 단어의 갈래이다. 형용사는 동사와는 달리 문장에서 둘 이상의 주어를 취하여 '이중 주어'의 문장을 형성할 수도 있다.

(21) ㄱ. 사냥꾼이 잡은 사자는 매우 <u>사나웠다</u>.
     ㄴ. 저 사람이 돈이 <u>많겠다</u>.

(ㄱ)의 '사납다'는 주어로 쓰인 체언(= 주체)인 '사자'의 성질이나 속성을 나타내며, (ㄴ)의 '많다'는 주어로 쓰인 '돈'의 상태를 표현한다. 그리고 형용사를 서술어로 취하는 문장에는 주어가 두 개 이상 나타날 수도 있다. 곧, (ㄴ)의 문장에는 '저 사람이'와 '돈이'가 주어로 쓰였는데, 하나의 문장 속에 주어가 두 개 이상 실현된 '이중 주어'의 문장인 것이 특징이다.

〈유형〉 '형용사'는 실질적인 뜻의 유무에 따라서 '성상 형용사'와 '지시 형용사'로 구분할 수 있다.

첫째, '성상 형용사(性狀形容詞)'는 전형적인 형용사로서 어떠한 대상의 성질이나 상태에 대한 실질적인 의미를 나타낸다. 성상 형용사는 의미에 따라서 '심리 형용사 · 감각 형용사 · 평가 형용사 · 비교 형용사 · 존재 형용사'로 세분할 수 있다.

(22) ㄱ. 괴롭다, 그립다, 기쁘다, 슬프다, 싫다, 아프다, 언짢다, 우울하다, 좋다, 흥겹다
     ㄴ. 가깝다, 검다, 낮다, 넓적하다, 높다, 둥글다, 멀다, 푸르다 ; 고요하다, 소란스럽다, 시끄럽다, 조용하다 ; 고리다, 노리다, 매캐하다, 비리다, 향긋하다 ; 거칠다, 미끄럽다, 매끈하다, 따뜻하다, 차다, 포근하다 ; 달다, 맵다, 새콤하다, 쓰다, 짜다
     ㄷ. 똑똑하다, 모질다, 바보스럽다, 멍청하다, 성실하다, 슬기롭다, 아름답다, 얌전하

다, 착하다

    ㄹ. 같다, 비슷하다, 닮다, 다르다, 낫다, 못하다

(23) ㄱ. 감방 안에는 많은 재소자가 <u>있었다</u>.

    ㄴ. 아버님께서는 지금 학교에 <u>계시다</u>.

    ㄷ. 이제 나에게는 남은 돈이 <u>없다</u>.

(22)에서 (ㄱ)의 단어는 '심리 형용사'로서 화자의 주관적인 감정이나 심리 상태를 나타낸다. (ㄴ)은 '감각 형용사'로서 눈, 귀, 코, 피부, 혀 등의 기관을 통해서 느낀 감각(시각, 청각, 후각, 촉각, 미각)을 나타낸다. (ㄷ)은 '평가 형용사'로서 어떠한 대상의 성질이나 속성에 대한 주관적인 평가를 나타낸다. (ㄹ)은 '비교 형용사'이다. 이들은 '같다, 비슷하다, 닮다, 다르다'처럼 어떤 두 개의 대상이 서로 같거나 다름을 나타내거나, '낫다'와 '못하다'처럼 두 대상 간의 우열 관계를 표현한다. 그런데 성상 형용사에는 (23)의 '있다, 계시다, 없다'처럼 주어로 표현되는 대상의 존재 유무를 표현하는 것도 있는데, 이들 형용사를 '존재 형용사'라고 한다.

  둘째, 형용사 중에는 주어로 표현되는 대상의 성질이나 상태를 직시(直示)하거나 대용(代用)하는 것이 있는데, 이러한 형용사를 '지시 형용사(指示形容詞)'라고 한다.

(24) ㄱ. 이러하다(이렇다), 그러하다(그렇다), 저러하다(저렇다)

    ㄴ. 이떠하다(어떻다)

    ㄷ. 아무러하다(아무렇다)

(ㄱ)의 '이러하다(이렇다), 그러하다(그렇다), 저러하다(저렇다)'는 대명사인 '이, 그, 저'에서 파생된 형용사인데, 이들 지시 형용사에는 '정칭(定稱)'의 기능이 있다. 반면에 (ㄴ)의 '어떠하다'에는 '미지칭(未知稱)'의 기능이 있고, (ㄷ)의 '아무러하다'에는 '부정칭(不定稱)'의 기능이 있다.

  '이러하다, 그러하다, 저러하다'는 대명사와 마찬가지로 직시 기능으로 쓰일 뿐만 아니라 대용 기능으로도 쓰일 수 있다.

(25) ㄱ. 무슨 <u>저런</u> 인간이 다 있어?

    ㄴ. 인영이는 매우 **예쁘다**. 말자도 <u>그러하다</u>.

(ㄱ)의 '저런(저렇다)'은 발화 현장에 있는 특정한 사람의 상태를 직접 가리키므로 직시 기능의 형용사이다. 이에 반해서 (ㄴ)의 '그러하다'는 앞선 문맥에 실현된 성상 형용사인 '예쁘다'를 가리키므로 대용 기능의 형용사이다.

(나) 보조 용언

(나)-1. 보조 용언의 개념

〈개념〉 일반적으로 용언은 자립성이 있으므로 문장 속에서 홀로 쓰일 수가 있다. 그런데 용언 중에는 문장 속에서 홀로 설 수 없어서 반드시 그 앞의 다른 용언에 붙어서 문법적인 의미를 더해 주는 것이 있는데, 이러한 용언을 '보조 용언(補助用言)'이라고 한다. 그리고 보조 용언의 앞에서 실현되는 자립적인 용언을 '본용언(本用言)'이라고 한다.

(26) ㄱ. 의사는 환자의 손을 <u>잡아</u> <u>보았다</u>.
　　 ㄴ. 원숭이는 바나나를 다 <u>먹어</u> <u>버렸다</u>.

(26)의 문장에 실현된 '잡다'와 '먹다'는 자립할 수도 있으며 실질적인 의미를 나타내고 있다. 곧 (ㄱ)에서 '잡다'는 '손으로 움키고 놓지 않다.'라는 실질적인 의미를 나타내고 있으며, (ㄴ)에서 '먹다'는 '음식 따위를 입을 통하여 배 속에 들여보내다.'라는 실질적인 의미를 나타낸다. 이에 반해서 '잡다'와 '먹다' 뒤에 실현된 '보다'와 '버리다'는 실질적인 의미는 나타내지 않고 문법적인 의미만 나타낸다. 곧 (ㄱ)의 '보다'는 '잡다'가 나타내는 일을 '경험했음'을 뜻하는 문법적인 의미를 나타내고, (ㄴ)의 '버리다'는 '먹다'가 나타내는 일이 '이미 끝났음'을 뜻하는 문법적 의미를 나타낸다. 이처럼 보조 용언은 본용언에 매여서 쓰이면서 본용언에 특정한 문법적인 의미를 더하는 용언이다.

〈특징〉 본용언의 뒤에 매여서 쓰이는 보조 용언에는 다음과 같은 특징이 있다.

첫째, 보조 용언은 실질적인 의미를 나타내지 않고 문법적인 의미만 나타낸다.

(27) ㄱ. 아이는 새 신발을 신어 <u>보았다.</u> 　　　　['신는 일'을 경험했다]
　　 ㄴ. 인부들은 헌집을 부수어 <u>버렸다.</u> 　　　　['부수는 동작'을 이미 끝냈다]

(27)에서 본용언인 '신다'와 '부수다'는 실질적인 의미를 유지하고 있다. 반면에 보조 용언인 '보다'와 '버리다'는 원래의 실질적인 의미는 잃어 버리고 각각 본용언인 '신다'와 '부수다'에 '경험하다'와 '이미 끝났음'의 문법적인 의미를 덧붙인다.

둘째, 보조 용언은 자립성이 없기 때문에 반드시 앞의 본용언에 매여서만 쓰인다.

> (28) ㄱ. 아이는 새 신발을 <u>신었다</u>.　　(29) ㄱ. [?]아이는 새 신발을 <u>보았다</u>.
> 　　 ㄴ. 인부들은 헌집을 <u>부수었다</u>.　　　　 ㄴ. [?]인부들은 헌집을 <u>버렸다</u>.

앞의 (27)에서 보조 용언인 '보다'와 '버리다'를 생략하여 (28)처럼 표현할 경우에는 본용언인 '신다'와 '부수다'의 의미가 그대로 유지된다. 반면에 (27)에서 본용언인 '신다'와 '부수다'를 생략하고 (29)처럼 보조 용언만을 표현할 경우에는, '보다'와 '버리다'는 문법적인 의미를 잃고 실질적인 의미를 나타내게 된다. 따라서 보조 용언은 단독으로 쓰이지 못하며 반드시 그 앞의 본용언에 매여서만 쓰인다는 것을 알 수 있다.

셋째, 본용언과 보조 용언은 두 단어이지만 문장에서 하나의 문법적 단위로 기능한다.

> (30) ㄱ. 그들도 밥을 <u>먹고</u> <u>갔다</u>.　　(31) ㄱ. 그들도 <u>늙어</u> <u>갔다</u>.
> 　　 ㄴ. 그들도 밥을 <u>먹고</u> **집으로** <u>갔다</u>.　　 ㄴ. [?]그들도 <u>늙어</u> **집으로** <u>갔다</u>.

(30)의 (ㄱ)에서 '먹고 갔다'는 본용언과 본용언으로 구성된 말이다. 본용언과 본 용언은 독립적으로 기능하기 때문에, (ㄴ)처럼 두 단어 사이에 다른 성분인 '학교로'가 끼어들어도 문법적인 문장이 된다. 반면에 (31)에서 본용언인 '늙어'와 보조 용언인 '갔다'가 결합된 구성은 하나의 문법적인 단위로 기능하므로, (ㄴ)처럼 다른 성분이 끼어들면 비문법적인 문장이 되거나 원래의 문장과는 다른 의미로 쓰인다.[1] 따라서 본용언과 보조 용언이 문장에 쓰일 때에는 그 사이에 다른 성분이 끼어들 수 없다.

넷째, 보조 용언이 본용언에 결합될 때에는 본용언의 어간에 특정한 보조적 연결 어미만 실현되는 제약이 있다.

---

1) (30ㄱ)의 '먹고 갔다'는 [본용언 + 본용언]의 구성으로 두 개의 서술어로 처리된다. 따라서 (30ㄱ)의 문장은 속구조에서 '그들은 점심을 먹었다'와 '그들은 갔다'가 결합해서 형성된 '이어진 문장'이다. 반면에 본용언과 보조 용언은 합쳐져서 하나의 문법적 단위로 기능하므로, (31ㄱ)의 '늙어 갔다'는 [본용언 + 보조 용언]의 짜임으로 된 하나의 서술어로 처리한다. 이에 따라 (31ㄱ)의 문장은 주어와 서술어가 각각 한 번씩 실현된 '홑문장'으로 처리된다.

(32) ㄱ. 어머니가 바구니를 들-**고** <u>가셨다</u>.

ㄴ. 철수는 차차 배가 꺼져(꺼지-**어**) <u>갔다</u>.

(33) ㄱ. 나는 동생에게 앨범을 보-**고** <u>주었다</u>.

ㄴ. 이번 판에서는 내가 죽-**어** <u>주겠다</u>.

(32)의 (ㄱ)에서 '들고 가다'는 [본용언 + 본용언]의 구성인데 이때는 연결 어미로서 '-고'를 취한다. 이에 반해서 (ㄴ)에서 '꺼져 가다'는 [본용언 + 보조 용언]의 구성으로, 본용언 뒤에 실현되는 연결 어미로서 '-어'만을 취한다. (33)의 (ㄱ)의 [본용언 + 본용언]의 구성에서는 연결 어미로 '-고'를 취하는 반면에, (ㄴ)의 [본용언 + 보조 용언]의 구성에서는 연결 어미로 '-어'를 취한다. 이러한 점을 감안하여 (32)나 (33)에 실현된 '-어'처럼 본용언에 특정한 보조 용언을 연결하는 연결 어미를 '보조적 연결 어미'로 처리하여, '대등적 연결 어미'나 '종속적 연결 어미'와 구분한다.

(나)-2. 보조 용언의 종류

'보조 용언'은 문법적인 특징에 따라서 '보조 동사(補助動詞)'와 '보조 형용사(補助形容詞)'로 구분한다. 보조 동사와 보조 형용사를 구분하는 기준은 동사와 형용사를 구분하는 일반적인 기준과 동일하다.

여기서는 보조 동사와 보조 형용사로 두루 쓰이는 '-지 아니하다(않다)'를 대상으로 하여 현재 시제의 선어말 어미의 실현 여부를 점검함으로써, 보조 동사와 보조 형용사를 구분하는 방법을 알아본다.

(34) ㄱ. 철수는 사과를 먹지 <u>않는다</u>.

ㄴ. *철수는 사과를 먹지 <u>않다</u>.

(35) ㄱ. 오늘 사 온 사과는 싱싱하지 <u>않다</u>.

ㄴ. *오늘 사 온 사과는 싱싱하지 <u>않는다</u>.

현재 시제를 표현할 때에는 동사에는 현재 시제의 선어말 어미 '-는-/-ㄴ-'이 붙는 데에 반해서 형용사에는 아무런 시제 형태소가 붙지 않는 것이 일반적이다. (34)에서 (ㄱ)처럼 '먹지 않는다'로 표현하면 문법적이지만 (ㄴ)처럼 '*먹지 않다'로 표현하면 비문법적이다. 그리고 (35)에서 (ㄱ)처럼 '싱싱하지 않다'로 표현하면 문법적인 데에 반해서 (ㄴ)처럼 '*싱싱하지 않는다'로 표현하면 비문법적이다. 이러한 점을 고려하면 '먹지 않는다'의 '않다'는 보조 동사이고, '싱싱하지 않다'의 '않다'는 보조 형용사인 것을 확인할 수 있다.

최현배(1980:397)에서는 보조 용언을 보조 동사와 보조 형용사로 구분하고, 개별 보조 용언이 나타내는 의미에 따라서 보조 용언의 종류를 다음과 같이 나열하였다.

범주	의미	형태	보기
보조 동사	부정	-지 아니하다(않다)	온 누리 사람들이 남의 형편은 돌보지 아니한다.
		-지 못하다	날개 없이는 날지 못한다.
		-지 말다	새야 새야 파랑새야, 녹두밭에 앉지 마라.
	사동	-게 하다	하루에 두 시간씩 공부하게 한다.
		-게 만들다	그이가 그 일을 잘 되게 만들었어요.
	피동	-아/어 지다	이런 덫에도 범이 잡아지느냐?
		-게 되다	그 날부터 그 영악한 범도 자유를 잃게 되었다.
	진행	-아/어 오다	그 사람이 여태껏 그 고생을 겪어 왔다.
		-아/어 가다	그 사람이 다 죽어 간다.
		-고 있다	아이가 나팔을 불고 있다.
	종결 (완료)	-아/어 내다	네가 그 고초(苦楚)를 견뎌 내겠니?
		-아/어 버리다	기차를 놓쳐 버렸다.
	봉사	-아/어 주다	철수는 영수에게 공을 던져 주었다.
		-아/어 드리다	어버이의 방에 불을 때어 드린다.
	시행	-아/어 보다	좀 먹어 보아라.
	강세	-아/어 쌓다	아이들이 와 쌓는다.
		-아/어 대다	참 짬 없이 웃어 대네.
	당위	-아야/어야 하다	너도 이 약을 먹어야 한다.
	시인	-기는 하다	내가 여행을 좋아하기는 한다.
	완결 지속	-아/어 놓다	문을 열어 놓았다.
		-아/어 두다	자네도 이 말을 들어 두게.
		-아/어 가지다	나는 기계학을 배워 가지고 고국으로 돌아가겠다.

[표 1. 보조 동사의 종류와 의미]

보조 형용사	희망	-고 싶다	너는 장래에 무엇이 되고 싶으냐?
	부정	-지 아니하다(않다)	동해에 떠오르는 달, 거룩하지 아니한가?
		-지 못하다	그 사람이 별로 넉넉하지 못하다.
	시인	-기는 하다	그 집이 크기는 하다.
	추측	{-나, -ㄴ.가, -ㄹ까} 보다	꽃이 떨어지나 보다.
			이것이 저것보다 무거운가 보다.
			내가 그런 시시한 영화를 볼까 보냐?
		{-나, -ㄴ가, -ㄹ까} 싶다	밖에 비가 오나 싶다.
			열둘은 너무 많은가 싶다.
			어쩌면 될까 싶다.
	상태	-아/어 있다	하루 종일 이곳에 앉아 있습니다.

[표 2. 보조 형용사의 종류와 의미]

(다) 불완전 용언

용언 중에서는 어간에 붙을 수 있는 어미가 매우 한정되어 있어서 극소수의 활용형만 성립하는 것이 있는데, 이러한 용언을 '불완전 용언(不完全用言)'이라고 한다.

어미 어간	-아/어	-되	-고	-았다/었다	-을까	-아라/어라	-자
먹-	먹어	먹되	먹고	먹었다	먹을까	먹어라	먹자
자-	자	자되	자고	잤다	잘까	자라	자자
가로-	*가로아	가로되	*가로고	*가로았다	*가롤까	*가로라	*가로자
더불-	더불어	*더불되	*더불고	*더불었다	*더불까	*더불어라	*더불자
데리-	데려	*데리되	데리고	*데렸다	*데릴까	*데려라	*데리자

[표 3. 불완전 용언의 활용 모습]

[표 3]에서 '먹다'와 '자다'와 같은 일반 용언은 대부분의 활용형이 다 나타나지만, '가로다, 더불다, 데리다' 등은 활용형에 빈칸이 많이 생긴다.

'불완전 용언'으로는 '가로다, 더불다, 데리다' 외에도 다음과 같은 예가 있다.

(36) ㄱ. 오늘은 자치회에 <u>대한</u> 안건을 토론한다.(대하여, 대해서)

ㄴ. 우리에게는 거북선을 <u>비롯한</u> 자랑거리가 많다.(비롯하여)

ㄷ. 본보는 창간 오십 돌에 <u>즈음하여</u> 지면을 배로 늘렸다.(즈음한)

ㄹ. 김 교수는 최근에 실업 대책에 <u>관한</u> 논문을 여러 편 썼다.(관하여)

(37)에 쓰인 '대하다, 비롯하다, 관하다, 위하다, 의하다, 말미암다, 즈음하다, …' 등도 불완전 용언의 예이다. '불완전 용언'에 나타나는 이러한 특징은 동사에만 나타나므로, '불완전 용언'을 '불완전 동사'라고도 한다.

2.4.3. 활용

국어는 실질 형태소에 문법 형태소가 붙어서 문장을 짜 이루는 것이 특징인데, 용언은 실질 형태소인 어간에 다양한 어미가 실현되어서 문법적인 기능을 나타낸다.

(가) 활용의 개념

용언이 문장 속에 쓰일 때에는 어간에 어미가 붙어서 활용함으로써 다양한 문법적인 기능을 나타낸다.

(37) ㄱ. 저 어른이 혼자서 도둑들을 막<u>는다.</u>

ㄴ. 저 어른이 도둑을 막<u>으니</u> 도둑들이 물러갔다.

ㄷ. 저 어른이 도둑들을 막<u>기</u>가 어려웠다.

ㄹ. 저 어른이 막<u>는</u> 도둑들은 물러갈 것이다.

ㅁ. 저 어른이 도둑들을 막<u>으셨다.</u>

(38) ㄱ. { **막-** } + { -는다, -으니, -기, -는, -으셨다 }

ㄴ. { **희-** } + { -다, -니, -기, -ㄴ, -으셨다 }

(37)에서 용언인 '막다'는 문장 속에서 '막는다, 막으니, 막기, 막는, 막으셨다' 등으로 활용한다. 이때 '막-'처럼 용언에서 실질적인 의미를 나타내면서 변하지 않는 부분을 '어간(語幹, stem)'이라고 한다. 반면에 '-는다, -으니, -기, -는, -으셨다'는 문법적인 기능을 나타내면서 변화하는 부분인데, 이렇게 어간에 붙어서 여러 가지 문법적 기능을

나타내는 부분을 '어미(語尾, ending)'라고 한다. 그리고 (38)에서 '막-'과 '희-'에 '-는다, -으니, -기, -는/-ㄴ, -으셨다'가 붙는 것처럼, 어간에 어미가 실현되어서 여러 가지의 문법적인 기능을 나타내는 현상을 '활용(活用)'이라고 한다.

활용하는 단어를 '활용어'라고 하는데 이러한 활용어에는 동사와 형용사, 그리고 서술격 조사인 '-이다'가 있다. 그리고 활용어의 어간에 어미 '-다'를 붙인 활용형을 '기본형'이라고 한다. 기본형은 용언의 활용형 중에서 기본(대표) 형태로 삼으며 국어 사전에서 표제어의 형태로 삼기도 한다.

(나) 어미의 유형

용언과 서술격 조사의 어간에는 어미가 붙어서 문법적인 기능을 나타내는데, 어미는 그것이 실현되는 위치에 따라서 '어말 어미'와 '선어말 어미'로 나눌 수 있다.

(나)-1. 어말 어미와 선어말 어미

'어말 어미(語末語尾)'는 어미 중에서 단어의 끝에서 실현되는 어미이다. 반면에 '선어말 어미(先語末語尾)'는 단어의 끝에서는 나타나지 못하고 어간과 어말 어미 사이에서 실현되는 어미이다.

(39) 활용어 = 어간 + [(선어말 어미) + 어말 어미]어미

(40) ㄱ. 호랑이는 죽어서 가죽을 <u>남기고</u> 사람은 죽어서 이름을 남긴다.
　　ㄴ. 아버님께서 도둑을 <u>때리시었겠더라</u>.
　　ㄷ. 이것은 선생님께서 <u>만드셨던</u> 책상이다.
　　ㄹ. 우리는 형님께서 이미 감옥에서 <u>탈출하셨음</u>을 확신한다.

용언이 활용을 할 때에 어미가 실현되는 모습은 (39)와 같다. 곧 용언의 어간에는 어말 어미는 반드시 실현되지만, 특정한 선어말 어미는 실현되지 않을 수도 있으며 때로는 둘 이상의 선어말 어미가 함께 실현될 수도 있다. (40)의 문장에서 밑줄 그은 용언에 실현된 어미의 구조를 분석해 보면 다음과 같다.

(ㄱ)	남기-	-고
	어간	어말 어미

(ㄴ)	때리-	-시-	-었-	-겠-	-더-	-라
	어간	선어말 어미	선어말 어미	선어말 어미	선어말 어미	어말 어미

(ㄷ)	만들-	-시-	-었-	-던
	어간	선어말 어미	선어말 어미	어말 어미

(ㄹ)	탈출하-	-시-	-었-	-음
	어간	선어말 어미	선어말 어미	어말 어미

[표 4. 어미의 유형]

(나)-2. 어말 어미의 유형

어말 어미는 용언의 끝 자리에 실현되는 어미인데, 어말 어미는 그 기능에 따라서 '종결 어미, 연결 어미, 전성 어미'로 나누어진다.

〈종결 어미〉'종결 어미(終結語尾)'는 문장을 끝맺도록 기능하는 어말 어미이다. 종결 어미는 문장을 끝맺는 방식에 따라서 '평서형 어미, 의문형 어미, 명령형 어미, 청유형 어미, 감탄형 어미'로 구분할 수 있다.

(41) 밥을 { ㄱ. 먹는다. ㄴ. 먹느냐? ㄷ. 먹어라. ㄹ. 먹자. ㅁ. 먹는구나. }

(ㄱ)의 '평서형 어미(平敍形語尾)'는 화자가 자신의 생각을 청자에게 단순하게 진술하면서 문장을 끝맺는데, 평서형 어미로는 '-다, -습니다, -어' 등이 있다. (ㄴ)의 '의문형 어미(疑問形語尾)'는 화자가 청자에게 질문하여 대답을 요구하면서 문장을 끝맺는데, 의문형 어미로는 '-느냐, -니, -습니까' 등이 있다. (ㄷ)의 '명령형 어미(命令形語尾)'는 화자가 청자에게 어떠한 행동을 하도록 요구하면서 문장을 끝맺는데, 명령형 어미로는 '-아라, -거라, -너라, -여라' 등이 있다. (ㄹ)의 '청유형 어미(請誘形語尾)'는 화자가 청자에게 어떠한 행동을 함께 하도록 요구하면서 문장을 끝맺는데, 청유형 어미로는 '-자, -세, -읍시다' 등이 있다. 끝으로 (ㅁ)의 '감탄형 어미(感歎形語尾)'는 화자가 처음으로 안 일에 대하여 자신의 감정을 직접적으로 표출하면서 문장을 끝맺는데, 감탄형 어미로는 '-구나, -구려, -아라' 등이 있다.

〈연결 어미〉 '연결 어미(連結語尾)'는 절과 절을 잇거나, 본용언과 보조 용언을 잇는 어미이다. 연결 어미는 의미와 기능에 따라서 '대등적 연결 어미, 종속적 연결 어미, 보조적 연결 어미'로 나누어진다.

첫째, '대등적 연결 어미(對等的 連結語尾)'는 이어진 문장의 앞절과 뒷절을 독립적인 의미 관계로 잇는 연결 어미다.

　　(42) ㄱ. 철수는 빵을 먹었고 영수는 국수를 먹었다.
　　　　 ㄴ. 아버지는 파마머리를 싫어했지만 어머니는 파마머리를 좋아했다.
　　　　 ㄷ. 어른 앞에서 술을 마시거나 담배를 피울 수는 없다.

'대등적 연결 어미'로는 '-고, -으며 ; -지만, -으나 ; -거나, -든지' 등이 있다. 이들 중에서 '-고'와 '-으며'는 '나열'의 뜻을, '-지만'과 '-으나'는 '대조'의 뜻을, '-거나'와 '-든지'는 '선택'의 뜻을 나타내면서 앞절과 뒷절을 이어 준다.

둘째, '종속적 연결 어미(從屬的 連結語尾)'는 이어진 문장에서 앞절이 뒷절에 의미적으로 이끌리는 관계로 잇는 연결 어미이다.

　　(43) ㄱ. 흰 눈이 오면 강아지가 마당을 뛰어 다녔다.
　　　　 ㄴ. 겨울이 되니까 날씨가 추워진다.

종속적 연결 어미로는 '-으면, -을진대, -지언정, -을수록, -더라도, -어도, -아야, -려면, -아서, -으므로, -니까' 등이 있는데 그 종류가 매우 다양하다. 예를 들어서 (48)에서 '-면'과 '-니까'는 각각 앞절을 뒷절에 '조건'과 '원인'의 의미 관계로 잇고 있는데, 앞절의 내용이 뒷절의 내용에 이끌리는 것이 특징이다.

셋째, '보조적 연결 어미(補助的 連結語尾)'는 본용언과 보조 용언을 이어서 하나의 문법적 단위(= 서술어)로 쓰이게 한다.

　　(44) ㄱ. 철수 씨는 영희가 준 과자를 혼자서 다 먹어 버렸다.
　　　　 ㄴ. 사냥꾼은 열심히 멧돼지를 찾고 있다.

'-어'와 '-고'는 보조적 연결 어미인데, (ㄱ)에서 '-어'는 본용언인 '먹다'와 보조 용언인 '버렸다'를 이어 주며, (ㄴ)에서 '-고'는 본용언인 '찾다'와 보조 용언인 '있다'를 이어 준다. 이와 같은 보조적 연결 어미의 예로는 '-아/-어, -게, -지, -고' 등이 있다.

〈전성 어미〉 '전성 어미(轉成語尾)'는 용언이 서술 기능을 그대로 유지하면서, 동시에 명사, 관형사, 부사 등의 다른 품사처럼 기능하도록 용언의 문법적인 기능을 바꾸는 어미이다. 곧 특정한 성분 절 속에서 서술어로 쓰이는 용언에 전성 어미가 실현되면, 그 절이 명사, 관형사, 부사 등과 동일하게 기능하게 된다. 이러한 전성 어미로는 '명사형 전성 어미, 관형사형 전성 어미, 부사형 전성 어미'가 있다.

첫째, '명사형 전성 어미(名詞形轉成語尾)'는 명사절 속에서 서술어로 쓰이는 용언에 실현되어서, 그 절을 명사처럼 쓰이게 하는 어미이다.

(45) ㄱ. 우리는 [그 건물이 조선시대에 지어졌음]을 확인했다.
ㄴ. 어머니는 [아들의 병이 낫기]를 빌었다.

(45)에서는 '짓다'와 '낫다'에 명사형 어미 '-음'과 '-기'가 실현되었다. '-음'과 '-기'는 각각 그 앞에 실현된 절인 '그 건물이 조선시대에 지어졌(다)'와 '아들의 병이 낫(다)'에 명사와 같은 기능을 부여하여 명사절이 되게 한다. 명사형 어미 중에서 '-음'은 주로 '완료된 일'을 표현할 때에 쓰이고, '-기'는 '완료되지 않은 일'을 표현할 때에 쓰인다. 곧 (ㄱ)에서 '건물이 지어진 것'은 화자가 그것을 인식하기 전에 이미 완료된 일이므로 명사형 어미로서 '-음'이 실현되었다. 반면에 (ㄴ)에서 '아들의 병이 낫는 것'은 어머니가 비는 행위를 하기까지는 아직 완료되지 않은 일이므로 명사형 어미로서 '-기'가 실현된 것이다.

둘째, '관형사형 전성 어미(冠形詞形轉成語尾)'는 관형절 속에서 서술어로 쓰이는 용언에 실현되어서, 그 절을 관형사처럼 쓰이게 하는 어미이다.

(46) ㄱ. 그것은 [내가 사용하{ -는, -(으)ㄴ, -(으)ㄹ, -던 }] **연필**이다.
ㄴ. 나는 [눈이 맑{ -(으)ㄴ, -던 }] **소녀**를 잊을 수 없다.

(46)에 쓰인 '-는, -은, -을, -던'은 모두 관형사형 어미인데, 그 앞에 실현된 '내가 사용하(다)'와 '눈이 맑(다)'에 관형사와 같은 기능을 더하여서 '관형절(冠形節)'이 되게 한다. 그런데 관형사형 어미는 시간에 대한 표현을 겸하고 있다. 먼저 (ㄱ)의 '사용하다'처럼 관형절의 서술어가 동사인 경우에는 '-는'이 현재 시제를 나타내며, '-은'은

과거 시제를 나타낸다. 그리고 '-을'은 미래 시제를 나타내고, '-던'은 과거의 일을 회상함을 나타낸다. 다음으로 (ㄴ)의 '맑다'처럼 관형절의 서술어가 형용사의 경우에는 '-은'은 현재 시제를 나타내고, '-던'은 과거의 일을 회상함을 나타낸다.

셋째, '부사형 전성 어미(副詞形轉成語尾)'는 부사절 속에서 서술어로 쓰이는 용언에 실현되어서, 그 절을 부사처럼 쓰이게 하는 어미이다.

> (47) ㄱ. 장미꽃이 아름답<u>게</u> 피었다.
>   ㄴ. 영희는 헬스장에서 운동을 땀이 나<u>도록</u> 열심히 했다.
>   ㄷ. 하늘에서 돈이 비가 오<u>듯이</u> 떨어졌다.

'-게, -도록, -듯이' 등은 부사형 어미인데, 각각 성분절인 '(장미꽃이) 아름답-', '땀이 나-', '비가 오-'에 붙어서 부사와 같은 기능을 더하여서 '부사절(副詞節)'이 되게 한다.

지금까지 살펴본 어말 어미의 체계를 정리하여 그림으로 보이면 다음과 같다.

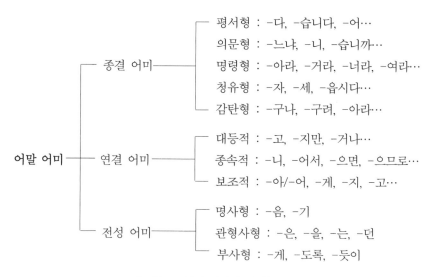

[그림 1. 어말 어미의 체계]

(나)-3. 선어말 어미의 유형

'선어말 어미(先語末語尾)'는 어간과 어말 어미 사이에 실현되므로, 용언의 끝(= 어말)에서는 실현되지 않는 어미이다.

〈**주체 높임의 선어말 어미**〉 문장에서 주어로 표현되는 대상을 '주체(主體)'라고 하는데, '주체 높임의 선어말 어미'인 '-으시-'는 주체를 높이는 기능을 한다.

  (48) ㄱ. **큰아버님**께서 내일 저녁에 시골에서 올라오<u>신</u>다.
      ㄴ. **선생님**께서 도둑을 잡<u>으셨</u>다.

(ㄱ)에서 서술어로 쓰인 '올라오다'에 선어말 어미인 '-시-'가 실현되었는데, 이때 '-시-'는 주체인 '큰아버님'을 높였다. 또한 (ㄴ)에서 '잡았다'에 실현된 '-으시-' 또한 주체인 '선생님'을 높였다.

〈**시간 표현의 선어말 어미**〉 시간을 표현하는 선어말 어미로는 '-았-, -더-, -는-, -겠-, -으리-' 등이 있다.

  ⓐ **과거 시제 표현의 선어말 어미** : 선어말 어미 '-았-'과 '-더-'는 과거 시제를 표현한다.
  첫째, '과거 시제 표현의 선어말 어미'인 '-았-/-었-/-였-'은 문장을 발화하는 때(발화시, 發話時)를 기준으로 하여, 그 이전에 일어난 사건을 표현할 때에 실현된다.

  (49) ㄱ. 철수가 방금 방문을 닫<u>았</u>다.
      ㄴ. 우리는 어제 수박을 많이 먹<u>었</u>다.
      ㄷ. 김구는 젊은 시절에 독립 운동을 열심히 하<u>였</u>다.

(49)의 '-았-/-었-/-였-'은 '과거 시제 선어말 어미'인데, 이는 문장으로 표현되는 사건이 발화시보다 앞서서 일어났음을 나타낸다. 과거 시제 선어말 어미는 (ㄱ)의 '닫다'처럼 어간 끝 음절의 모음이 양성 모음일 때에는 '-았-'의 형태로 실현되고, (ㄴ)의 '먹다'처럼 어간의 끝 음절의 모음이 음성 모음이면 '-었-'의 형태로 실현된다. 그리고 (ㄷ)의 '하다'처럼 '하다' 형 용언 다음에는 '-였-'의 형태로 실현된다.

  그리고 과거 시제의 선어말 어미가 겹쳐서 '-았었-/-었었-'으로 실현될 수도 있다.

  (50) ㄱ. 나벼리 씨는 대학생일 때에 농구 선수<u>였었</u>다.
      ㄴ. 지난해 이곳에는 홍수가 <u>났었</u>다.

'-았었-/-었었-'은 사건이 발화시보다 훨씬 전에 발생하여 현재와는 확연하게 다른 사건을 표현한다. 곧 문장으로 표현되는 일이 과거에 일어나기는 했지만, 지금은 그러한 상황이 달라졌다는 뜻을 더해 준다.

둘째, '회상(回想)의 선어말 어미'인 '-더-'는 발화시를 기준으로 하지 않고, 발화시이전의 어떤 때(과거의 때)로 생각을 돌이켜서, 그때를 기준으로 사건이 일어난 시간을 표현한다.

> (51) ㄱ. (어제 점심때 보니까) 철수가 학교에서 운동을 하더라.   [회상 현재]
> ㄴ. (어제 점심때 보니까) 철수가 학교에서 운동을 했더라.   [회상 과거]
> ㄷ. (어제 점심때 보니까) 철수가 학교에서 운동을 하겠더라.   [회상 미래]

(51)의 문장은 과거의 시간인 '어제 점심 때'로 생각을 돌이켜서(回想), 그때를 기준으로 사건이 일어난 시간을 표현한다. 곧 (ㄱ)의 '하더라'는 회상 당시의 일을, (ㄴ)의 '했더라'는 회상 당시 이전에 일어난 일을, (ㄷ)의 '하겠더라'는 회상 당시 이후에 일어날 것으로 예상된 일을 표현한다.

　ⓑ **현재 시제 표현의 선어말 어미** : '현재 시제 표현의 선어말 어미'인 '-는-/-ㄴ-'은 발화시에 일어나고 있는 사건을 표현할 때에 실현된다.

> (52) ㄱ. 나는 지금 김밥을 먹는다.
> ㄴ. 철수는 지금 미국에서 공부한다.

(52)에서 '-는-/-ㄴ-'은 '먹다'와 '공부하다'로 표현되는 일이 발화하는 당시에 일어남을 나타낸다. '-는-'과 '-ㄴ-'은 동사에만 실현되는 것이 특징인데, '먹-'처럼 자음 뒤에서는 '-는-'의 형태로 실현되고, '공부하-'처럼 모음 뒤에서는 '-ㄴ-'의 형태로 실현된다.

　ⓒ **미래 시제 표현의 선어말 어미** : '미래 시제 표현의 선어말 어미'인 '-겠-'과 '-으리-'는 발화시 이후에 일어날 것으로 예상되는 사건을 표현할 때에 실현된다.

> (53) ㄱ. 나는 내일 부산에 가겠다.
> ㄴ. 나는 내일까지는 숙제를 끝내리라.

(53)의 '-겠-'과 '-으리-'는 발화시 이후에 일어날 것으로 예상되는 사건에 대하여, '추측, 의도, 가능성' 등과 같은 화자의 '심적인 태도'를 나타낸다.

　〈 **공손 표현의 선어말 어미** 〉 '공손 표현의 선어말 어미'는 '-옵-/-오-'와 '-사옵-/-사오-'의 형태로 실현되는데, 화자가 청자에게 공손의 뜻을 표현한다.

(54) ㄱ. 부처님께서는 아난이를 칭찬하시옵고, 다시 설산으로 떠나셨습니다.
　　ㄴ. 19일에 석가탑의 모형을 만드오니 많이들 기대해 주십시오.
　　ㄷ. 저는 언제나 당신을 믿사옵고 따릅니다.
　　ㄹ. 어쩔 수 없이 당신을 붙잡사오니 부디 용서해 주소서.

공손 표현의 선어말 어미가 (ㄱ)에서는 '-옵-'의 형태로, (ㄴ)에서는 '-오-'의 형태로 실현되었으며, (ㄷ)에서는 '-사옵-'으로, (ㄹ)에서는 '-사오-'의 형태로 실현되었다. 곧 (ㄱ)과 (ㄴ)의 '-옵-/-오-'는 모음이나 /ㄹ/의 뒤에 실현되는데, 이들 중에서 (ㄱ)의 '-옵-'은 매개 모음이 없는 자음의 어미 앞에, (ㄴ)의 '-오-'는 (매개)모음으로 시작하는 어미 앞에 실현된다. 반면에 (ㄴ)과 (ㄷ)의 '-사옵-'과 '-사오-'는 /ㄹ/을 제외한 자음의 뒤에 실현되는데, (ㄷ)의 '-사옵-'은 매개 모음이 없는 자음의 어미 앞에, (ㄹ)의 '-사오-'는 (매개)모음으로 시작하는 어미 앞에 실현된다. 공손 표현의 선어말 어미의 변이 형태와 실현 환경을 정리하면 다음과 같다.

앞 형태소의 환경	형태	뒤 형태소의 환경	보기
모음이나 /ㄹ/	-옵-	매개 모음이 없는 자음	칭찬하시옵고, 만드옵소서[2)
모음이나 /ㄹ/	-오-	(매개)모음	열리오니, 만드오니, 만드와
/ㄹ/을 제외한 자음	-사옵-	매개 모음이 없는 자음	믿사옵고, 잡사옵다가
/ㄹ/을 제외한 자음	-사오-	(매개)모음	믿사오니, 붙잡사오며, 믿사와

[표 5. 공손 표현의 선어말 어미의 변이 형태]

'공손 표현의 선어말 어미'는 현대어의 일반적인 구어체에서는 잘 쓰이지 않으며, 대부분 예스러운 문체로 쓰인 편지 글이나 종교 행사에 쓰이는 기도문 등에서 쓰인다는 특징이 있다.

〈 **선어말 어미의 실현 순서** 〉 선어말 어미를 대략적으로 구분하면 다음과 같은데, 이러

---

2) 명령형 어미인 '-으소서'는 매개 모음을 취하지만, 예외적으로 공손 표현의 선어말 어미가 '-옵-, -사옵-'의 형태로 실현되어서 '만드옵소서, 가옵소서, 믿사옵소서'로 된다.

한 선어말 어미는 실현되는 순서가 정해져 있다.

   (55) ㄱ. 주체 높임의 선어말 어미 : -시-
       ㄴ. 시간 표현의 선어말 어미 : -었-〉 -겠-〉 -더-　　　　　cf. -는/-ㄴ
       ㄷ. 공손 표현의 선어말 어미 : -사옵- / -사오- / -옵- / -오-

   (56) ㄱ. 아버님께서도 책을 <u>읽으셨겠더라</u> (**읽**- + -으시- + -었- + -겠- + -더- + -라)
       ㄴ. 할아버님께서 범을 <u>잡으셨사옵니다</u> (**잡**- + -으시- + -었- + -사오- + -ㅂ니다)
       ㄷ. 큰아버님께서 돈을 <u>주신다</u> (**주**- + -시- + -ㄴ- + -다)

선어말 어미는 대략 '주체 높임의 선어말 어미−시간 표현의 선어말 어미−공손 표현
의 선어말 어미'의 순서로 실현된다.

(다) 규칙 활용과 불규칙 활용

〈규칙 활용〉 대부분의 용언은 활용할 때에 어간이나 어미의 기본 형태가 그대로 유
지되거나, 혹은 다른 형태로 바뀌어도 그 현상을 일정한 규칙으로 설명할 수 있다.
이러한 활용 형태를 '규칙 활용(規則活用)'이라고 하고, 규칙적으로 활용하는 용언을
'규칙 용언(規則用言)'이라고 한다.
   다음은 활용할 때에 어간과 어미의 형태가 바뀌지 않는 '규칙 활용'의 예이다.

   (57) ㄱ. 자- + {-다, -니, -더라, -고, -니까, …}
       ㄴ. 뛰- + {-다, -니, -더라, -고, -니까, …}

(ㄱ)의 '자다'는 어간 '자-'에 어미인 '-다, -니, -더라, -고, -니까'가 붙어서 활용할
때에 어간과 어미의 꼴이 변하지 않는다. (ㄴ)에서 '뛰다'도 '자다'와 마찬가지로 활용
할 때에 어간과 어미의 꼴이 변하지 않는다. 이처럼 활용할 때에 어간과 어미의 형태
가 변하지 않는 활용을 '규칙 활용'이라고 한다.
   반면에 활용할 때에 어간이나 어미의 형태가 바뀌더라도, 일정한 환경 아래에서는
예외 없이 자동적으로 바뀌는 것이 있다. 이러한 경우에는 비록 어간이나 어미의 꼴
이 바뀌더라도 규칙 활용으로 처리한다.

(58) ㄱ. 먹- + -는다 → /멍는다/   (59) ㄱ. 먹 + -만 → /멍만/

ㄴ. 속- + -느냐 → /송느냐/   ㄴ. 속 + -만 → /송만/

(58)에서 '먹다'와 '속다'의 어간인 '먹-'과 '속-'에 어미인 '-는다' 혹은 '-느냐'가 붙어서 활용할 때, 어간의 끝소리 /ㄱ/이 같은 자리에서 나는 비음인 /ㅇ/으로 바뀌게 된다. 그런데 (58)의 어간과 어미가 결합할 때에 일어나는 변동은 (59)처럼 체언과 조사가 결합할 때에도 일어난다. 곧 동일한 음운적인 환경에 있는 형태소의 결합에서는 예외 없이 모두 일어나는 '보편적인 변동'인 동시에, 화자의 개별적인 언어 습관과는 관계없이 반드시 일어나는 '필연적인 변동'이다. (58)처럼 보편적이며 필연적인 변동을 하는 활용에서는 어간이나 어미의 변동이 자동적으로 일어난다. 따라서 이에 대한 변동 규칙만 알고 있으면 변동의 양상을 예측할 수 있으므로 어간이나 어미의 꼴이 변하였음에도 불구하고 규칙 활용으로 간주한다.

〈불규칙 활용〉 일부의 용언 가운데는 활용할 때에 어간과 어미의 기본 형태가 유지되지 않을 뿐만 아니라, 그 현상을 일반적인 변동 규칙으로 설명할 수 없는 것이 있다.

(60) ㄱ. 백설 공주는 피부가 너무 <u>고와서</u> 남들이 늘 부러워했다.

ㄴ. 농부는 무를 <u>뽑아서</u> 한 입 베어 물었다.

(61) ㄱ. 아직 10리를 더 <u>걸어야</u> 정동진 바닷가가 나온다.

ㄴ. 비가 오면 재빨리 빨래를 <u>걷어야</u> 빨래가 비에 젖지 않지.

(60)에서 (ㄱ)의 '고와서'는 '곱다'의 어간 '곱-'에 어미 '-아서'가 붙어 활용하는 과정에서 어간의 끝소리 /ㅂ/이 /ㅗ/로 변했는데, 이런 변동은 일반적인 변동 규칙으로 설명할 수 없다. 왜냐하면 (ㄴ)에서 '뽑아서'는 '고와서'와 동일한 음운론적 환경에 있지만 어간의 /ㅂ/이 /ㅗ/로 변하지 않기 때문이다. 그리고 (61)에서 (ㄱ)의 '걸어야'는 '걷다(步)'의 어간 '걷-'이 활용하면서 끝소리 /ㄷ/이 /ㄹ/로 변했는데, 이러한 현상도 일반적인 변동 규칙으로 설명할 수 없다. (ㄴ)의 '걷다(收)'는 동일한 음운론적 환경에 놓여 있는 (ㄱ)의 '걸어야'와는 달리 어간의 끝소리 /ㄷ/이 /ㄹ/로 변하지 않기 때문이다.

이처럼 용언이 활용할 때에 일어나는 변동 중에서, 일반적인 변동(음운) 규칙으로 설명할 수 없는 방식으로 변동하는 활용을 '불규칙 활용(不規則 活用)'이라고 한다. 그리고 이렇게 불규칙하게 활용하는 용언을 '불규칙 용언(不規則 用言)'이라고 한다.

활용 부분	갈래	불규칙 활용의 양상	불규칙 활용의 예	규칙 활용의 예
어간이 바뀜	'ㅅ' 불규칙	어간의 끝소리 /ㅅ/이 모음 어미 앞에서 탈락한다.	잇 + 어 → 이어 짓 + 었 + 다 → 지었다	벗 + 어 → 벗어 씻 + 었 + 다 → 씻었다
	'ㄷ' 불규칙	어간의 끝소리 /ㄷ/이 모음 어미 앞에서 /ㄹ/로 바뀐다.	묻(問) + 어 → 물어 걷(步) + 었 + 다 → 걸었다	묻(埋) + 어 → 묻어 얻 + 었 + 다 → 얻었다
	'ㅂ' 불규칙	어간의 끝소리 /ㅂ/이 모음 어미 앞에서 /ㅗ/나 /ㅜ/로 바뀐다.	눕 + 어 → 누워 돕 + 았 + 다 → 도왔다	접 + 어 → 접어 뽑 + 았 + 다 → 뽑았다
	'르' 불규칙	어간의 끝소리 /르/가 /ㅓ/로 시작하는 어미 앞에서 /ㄹㄹ/의 형태로 바뀐다.	흐르 + 어 → 흘러 빠르 + 았 + 다 → 빨랐다	따르 + 아 → 따라 치르 + 었 + 다 → 치렀다
	'우' 불규칙	'푸다'의 어간의 끝소리인 /ㅜ/가 /ㅓ/로 시작하는 어미 앞에서 탈락한다.	푸 + 어서 → 퍼 푸 + 었 + 다 → 펐다	주 + 어 → 주어 누 + 었 + 다 → 누었다
어미가 바뀜.	'여' 불규칙	'하다' 뒤에 오는 어미 '-아'가 '-여'로 바뀐다.	하 + 아 → 하여 일하 + 았 + 다 → 일하였다	파 + 아 → 파 가 + 았 + 다 → 갔다
	'러' 불규칙	어간의 끝소리인 /르/가 /ㅓ/로 시작하는 어미에 붙을 때, 어미의 /ㅓ/가 /러/로 바뀐다.	이르(至) + 어 → 이르러 누르(黃) + 어 → 누르러 푸르 + 었 + 다 → 푸르렀다	따르 + 아 → 따라 치르 + 어 → 치러 뜨 + 었 + 다 → 떴다
	'너라' 불규칙	'오다' 뒤에 오는 명령형 어미 '-아라, -거라'가 '-너라'로 바뀐다.	오 + 아라 → 오너라 오 + 거라 → 오너라	있 + 어라 → 있어라 가 + 거라 → 가거라
	'오' 불규칙	'달다' 뒤에 오는 명령형 어미인 '-아라, -거라'가 '-오'로 바뀐다.	달 + 아라 → 다오 달 + 거라 → 다오	주 + 어라 → 주어라 주 + 거라 → 주거라
어간과 어미가 바뀜.	'ㅎ' 불규칙	/ㅎ/으로 끝나는 어간에 /ㅏ/, /ㅓ/로 시작하는 어미가 붙으면, 어간의 /ㅎ/이 탈락하고 어미의 형태도 바뀐다. 단, 매개 모음이나 '-네'가 붙으면 어간의 /ㅎ/만 탈락한다.	노랗 + 아서 → 노래서 노랗 + 았 + 다 → 노랬다 노랗 + 으니 → 노라니 노랗 + 네 → 노라네	좋 + 아서 → 좋아서 좋 + 았 + 다 → 좋았다 좋 + 으니 → 좋으니 좋 + 네 → 좋네

[표 6. 불규칙 활용의 유형]

【 더 배우기 】

1. '있다', '없다', '계시다'의 품사

〈'있다'와 '없다'의 의미와 문법적인 특징〉 '있다(계시다), 없다, 계시다'는 '사물이나 사람의 존재 여부'를 서술하기 때문에, 이들 단어의 의미를 동작의 범주에 넣기도 어렵고 상태의 범주에 넣기도 어렵다. 그리고 활용의 형태를 고려해도 동사적인 성격과 형용사적인 성격이 모두 나타나기 때문에 '있다, 계시다, 없다'의 품사를 결정하기가 어렵다. 따라서 '있다(계시다)'와 '없다'는 어떠한 대상의 '존재' 유무를 표현한다는 의미적인 특수성이 있고, 형태적인 측면에서 볼 때도 동사와 형용사의 특징이 모두 나타난다.

〈'있다'와 '없다'의 품사 처리〉 이완응(1929:105~111), 박승빈(1935:218~221), 이희승(1949:105, 1956:381~388)에서는 '있다, 없다'를 묶어서 용언의 한 범주로서 존재사(存在詞)를 설정한다. 곧 이들 '있다(계시다)'와 '없다'가 동사처럼 활용할 수도 있고 형용사처럼 활용할 수도 있다는 것과 이들 단어들이 '동작'이나 '상태'가 아니고 '존재'를 나타낸다는 의미상의 특수성을 근거로 '존재사'를 설정한 것이다. 이처럼 '있다'와 '없다'를 존재사로 처리하는 견해는 '있다'와 '없다'의 형태와 의미적인 특징을 고려한 것이다. 하지만 이러한 처리 방식은 '있다'와 '없다'를 문법적으로 처리하기 위하여 전체 품사에 새로운 품사(존재사)를 추가해야 하는 문제가 있다.

이에 반해서 최현배(1980:185~187)에서는 용언의 여러 활용형 가운데 '베풂꼴(평서형)'을 가장 기본적인 활용형으로 보고, '있다(계시다)'와 '없다'가 평서형에서 형용사와 동일하게 활용한다는 점을 들어서 이들 단어들을 형용사로 처리하였다. 현행의 고등학교 문법(2010)에서도 최현배의 처리 방법과 같이 '있다(계시다)'와 '없다'를 모두 형용사로 처리하고 있다. 하지만 평서형의 형태만으로 전체 용언의 활용형을 대표할 수 있는지는 여전히 문제로 남는다.

2. '어근-접사'와 '어간-어미'의 차이

〈어근과 접사〉 일반적으로 '어근'과 '(파생)접사'는 단어 형성법에서 단어의 짜임새를 설명할 때에 쓰이는 용어다. 곧 어근은 한 단어의 중심 의미를 나타내는 실질 형태소이며, (파생)접사는 어근에 붙어서 새로운 단어를 만들어 주는 형식 형태소이다.

  (1) ㄱ. 헛소리 = 헛-(파생 접사) + 소리(어근)
      ㄴ. 먹이다 = 먹-(어근) + -이-(파생 접사)- + -다

(ㄱ)에서 '헛소리'는 어근인 '소리'에 파생 접사인 '헛-'이 붙어서 새로운 단어가 파생되었으며, (ㄴ)에서 '먹이(다)'는 어근인 '먹(다)'에 파생 접사인 '-이-'가 붙어서 파생되었다. 곧 어근은 새로운 단어가 파생될 때의 밑말이 되는 요소이며, 파생 접사는 어근에 붙어서 새로운 단어를 파생시키는 요소이다.

〈**어간과 어미**〉 '어간(줄기, stem)'과 '어미(씨끝, ending)'는 용언에서 나타나는 굴곡(활용)의 양상을 설명할 때에 쓰는 용어이다.

(2) 용언 = [(접두사) 어근 (접미사)]어간 + 어미

용언이나 서술격 조사와 같은 활용어는 어간 부분과 어미 부분으로 구분할 수 있다.

(3) ㄱ. 짓밟혔다 → [짓-_접두_ + **밟**-_어근_ + -히-_접미_]_어간_ + -었다_어미_
    ㄴ. 치받았다 → [치-_접두_ + **받**-_어근_]_어간_ + -았다_어미_
    ㄷ. 깨뜨리시겠다 → [**깨**-_어근_ + -뜨리-_접미_]_어간_ + -시겠다_어미_
    ㄹ. 싸웠다   → [**싸우**-_어근_]_어간_ + -었다_어미_

여기서 '어간(줄기, stem)'은 용언을 구성하는 형태소 중에서 어휘적 의미를 나타내는 형태소 전체를 일컫는다. 그리고 '어미(씨끝, ending)'는 어간 뒤에서 실현되며 문법적 의미를 나타내는 형태소로 구성되어 있는데, 다른 품사에서는 실현되지 않고 용언의 어간 뒤에서만 실현된다. 곧, 어간은 용언이 활용할 때에 쓰이는 어휘적인 뜻을 나타내는 불변 요소이며, 어미는 용언의 문법적인 기능을 나타내는 가변 요소이다.

3. 명사형 어미 '-음', '-기'와 명사 파생 접미사 '-음, -기'의 구분

용언의 명사형 어미인 '-음', '-기'와 명사 파생 접미사인 '-음', '-기'는 형태가 동일하여서 이 둘을 잘 구분하지 못하는 경우가 있다.

첫째, 명사 파생 접미사인 '-음'과 명사형 어미인 '-음'이 실현되는 모습은 다음과 같다.

(1) ㄱ. 우리가 도착한 날 밤에 원주민들은 격렬한 <u>춤</u>을 우리에게 선보였다.
    ㄴ. 아가씨들은 벨리댄스를 흥겹게 <u>춤</u>으로써 잔치의 분위기를 띄웠다.
(2) ㄱ. 백설 공주는 깊은 <u>잠</u>에서 깨어나자마자 왕자에게 사랑을 고백했다.
    ㄴ. 선수들은 일찍 <u>잠</u>으로써 내일의 시합에 대비했다.

용언의 어근에 명사 파생 접미사 '-음'이 붙으면 원래의 용언은 명사로 파생된다. 이렇게 용언에서 파생된 명사는 용언이 가진 원래의 문법적인 성질을 잃어버리고 명사로 바뀌게 된다. 예를 들어서 (1~2)의 (ㄱ)에서 '춤'과 '잠'은 각각 동사인 '추다'와 '자다'의 어근에 명사 파생 접미사 '-음'이 붙어서 완전히 명사로 파생된 말이다. 이렇게 명사로 파생된 말은 '격렬한'이나, '깊은'과 같은 관형어의 수식을 받을 수 있다. 이에 반해서 용언의 어간에 명사형 어미 '-음'이 붙으면 용언이 본래의 성질이 변하지 않아서 서술어로 쓰일 수 있는 기능을 그대로 유지하고 있다. 따라서 (1~2)의 (ㄴ)에서 '춤'과 '잠'은 '아가씨들은 흥겹게 벨리댄스를 추다.'와 '선수들은 일찍 자다.'와 같이 문장에서 서술어로 쓰이고 있을 뿐만 아니라, '흥겹게'와 '일찍'과 같은 부사어의 수식을 받을 수 있다.

둘째, 명사 파생 접미사인 '-기'와 명사형 어미인 '-기'가 실현되는 모습은 다음과 같다.

    (3) ㄱ. 철수와 영희는 어제 열린 달리기 시합에서 1등과 2등을 했다.
        ㄴ. 아이들은 금정산 꼭대기까지 일제히 달리기 시작했다.

    (4) ㄱ. 동네 아이들과 하는 술래잡기에서는 언제나 내가 술래가 되었다.
        ㄴ. 철수는 달아나는 술래를 혼자서 잡기가 쉽지 않았다.

(3~4)에서 (ㄱ)의 '달리기'와 '술래잡기'는 동사인 '달리다'와 '술래잡다'의 어근에 명사 파생 접미사인 '-기'가 붙어서 된 파생 명사이다. 반면에 (ㄴ)의 '달리기'와 '잡기'는 명사절 속에서 서술어로 쓰이므로, 동사인 '달리다'와 '잡다'의 어간에 명사형 어미인 '-기'가 붙어서 활용한 형태이다.

2.5. 수식언

문장 속에서 체언이나 용언을 수식하면서 그 의미를 한정하는 단어를 '수식언'이라고 한다. 수식언으로는 '관형사'와 '부사'가 있다.

2.5.1. 관형사

(가) 관형사의 개념

〈 개념 〉 관형사(冠形詞)는 체언을 수식하면서 그 의미를 한정하는 단어의 갈래이다.

    (1) ㄱ. 아이들은 문방구에서 <u>새</u> **공책**을 샀다.
        ㄴ. 선생님께서는 <u>두</u> **제자**에게 편지를 썼다.

(1)에서 관형사인 '새'와 '두'는 각각 그 뒤의 체언인 '공책'과 '제자'를 수식하고 있다. 그런데 (1)에서 '새 공책'과 '두 제자'가 지시하는 대상의 범위는 '공책'과 '제자'가 지시하는 대상의 범위에 비해서 훨씬 제한(한정)적이다. 이처럼 관형사는 통사적인 면에서는 체언 앞에서 그것을 수식하며, 의미적인 측면에서는 체언이 지시하는 대상의 범위를 한정(제한)한다.

〈 특징 〉 관형사에는 다른 품사와 구분되는 특징이 나타난다. 첫째, 관형사는 문장에서 관형어로만 기능하며, 꼴바꿈이 없는 불변어이다. (1)의 문장에서 (ㄱ)의 '새'와 (ㄴ)의 '두'는 관형어로 쓰였으며, 그 자체로 형태 변화가 일어나지 않는다. 둘째, 관형사는 '새 공책'과 '두 제자'처럼 그 뒤에 실현되는 체언과 함께 명사구를 형성하여, 문장 안에서 동일한 문장 성분으로 기능한다.

(나) 관형사의 유형

관형사는 기능에 따라서 '성상 관형사, 수 관형사, 지시 관형사'로 구분된다.

〈 성상 관형사 〉 '성상 관형사(性狀冠形詞)'는 성질이나 상태의 의미를 나타내면서, 그 뒤에 실현되는 체언을 실질적인 의미로 수식하는 관형사이다. 성상 관형사로는 다음과 같은 것이 있다.

(2) ㄱ. <u>지지난</u>(날, 시절, 때, 달, 해), <u>옛</u>(사람, 생각, 집, 동산) ; <u>오른</u>(손목, 다리, 무릎),
  <u>왼</u>(손목, 다리, 무릎)

  ㄴ. <u>맨</u>(꼭대기, 먼저, 구석, 가장자리), <u>몹쓸</u>(것, 사람, 병, 일), <u>새</u>(사람, 희망, 탁자, 대
  통령), <u>애먼</u>(사람, 징역, 짓), <u>외딴</u>(섬, 집, 절, 곳), <u>한</u>(20만 원, 30분쯤), <u>한다하는</u>
  (사람, 가문, 학자), <u>허튼</u>(일, 말, 놈, 약속), <u>헌</u>(학교, 대문, 호미, 자동차)

(2)의 예들은 모두 순우리말로 된 '성상 관형사'이다. (ㄱ)에서 '지지난, 옛, 오른, 왼'
등의 관형사는 시간이나 공간적인 위치의 의미를 나타내면서 체언을 수식하며, (ㄴ)
의 '몹쓸, 새, 애먼, 외딴, 한, 한다하는, 허튼, 헌' 등은 성질이나 상태의 의미를 나타내
면서 체언을 수식한다.

〈수 관형사〉'수 관형사'는 수량 혹은 순서의 의미를 나타내면서, 그 뒤에 실현되는
체언을 수식하는 관형사이다.

(3) ㄱ. 한, 두, 세(석, 서), 네(녁, 너), 다섯(닷), 여섯(엿), 일곱, 여덟, 아홉, 열, 열한, 열
  두, 열세(석, 서), 열네(녁, 너), … 스무, 서른, 마흔, 쉰, 예순, 일흔, 여든, 아흔,
  백, 천, 만, 억

  ㄴ. 한두, 두세, 서너, 두서너, 댓(다섯쯤), 너더댓(4, 5), 네댓(4, 5), 대여섯(5, 6), 예닐
  곱(6, 7), 일여덟(7, 8), 열아홉(8, 9), ……, 몇, 몇몇, 여러, 모든, 온, 온갖, 뭇, 갖은

(4) ㄱ. 첫, 첫째, 둘째, 셋째, 넷째, 다섯째, ……

  ㄴ. 한두째, 두어째, 두세째, 서너째, ……

(3)의 예는 수량을 나타내는 양수(量數)의 관형사이다. (ㄱ)은 수량이 확정된 정수(定數)
를 나타내는 관형사이며, (ㄴ)은 수량이 확정되지 않은 부정수(不定數)를 나타내는 관
형사이다. 그리고 (4)의 예는 순서를 나타내는 서수(序數)의 관형사인데, (ㄱ)은 정수를
나타내며 (ㄴ)은 부정수를 나타낸다.

〈지시 관형사〉'지시 관형사'는 발화 현장에 실제로 존재하거나 문맥 속에 실현된
대상을 가리키거나 대용하면서 체언을 수식하는 관형사이다.

(5) ㄱ. 이, 그, 저 ; 요, 고, 조 ; 이런, 그런, 저런

  ㄴ. 이까짓(돈, 물건), 요까짓, 그까짓 ; 고까짓, 조까짓, 네까짓(놈, 녀석)

  ㄷ. 딴, 여느, 다른(他)

(6) ㄱ. 어느(집, 가게), 무슨(일, 과일), 웬(사람, 여자, 노인), 어떤(일, 문제, 사람)

ㄴ. 아무(집, 책)

(5)의 관형사는 확정된 대상을 가리키거나 대용하는 '정칭의 지시 관형사'이다. (ㄱ)의 '이, 그, 저'에서 '이'는 화자에 가까운 대상을 가리킬 때에, '그'는 청자에게 가까운 대상을 가리킬 때에, '저'는 화자와 청자 모두에게 먼 대상을 가리킬 때에 사용한다. 그리고 '요, 고, 조'는 각각 '이, 그, 저'로 표현되는 체언을 낮잡아서 부르거나 귀엽게 부르는 말이며, '이런, 그런, 저런'은 각각 형용사 '이렇다, 저렇다, 그렇다'의 관형사형이 관형사로 굳어진 말이다. (ㄴ)의 '이까짓, 요까짓, 그까짓 ; 고까짓, 조까짓, 네까짓' 등은 모두 '이(요), 그(고), 저(조), 네'에 접미사 '-까짓'이 붙어서 파생된 관형사인데, 이들도 뒤의 체언을 낮잡아서 부르는 말이다. (ㄷ)에서 '딴, 여느, 다른'은 '이것이 아닌 것, 곧 그밖의 것(他)'이라는 뜻을 나타내면서 체언의 의미를 한정한다. 그리고 (6)에서 (ㄱ)의 '어느, 무슨, 웬, 어떤'은 미지칭(未知稱)의 기능으로, (ㄴ)의 '아무'는 부정칭(不定稱)의 기능으로 쓰여서 뒤의 체언의 의미를 한정한다.

2.5.2. 부사

'부사'는 용언이나 문장을 비롯하여 여러 가지의 문법적인 단위를 수식하거나 이어 주는 단어의 갈래이다.

(가) 부사의 개념

〈 개념 〉부사(副詞, 어찌씨, adverb)'는 용언이나 문장을 비롯하여 다양한 문법적인 단위를 수식하면서 그 의미를 한정하거나, 단어나 문장을 이어 주는 단어의 갈래이다.

(7) ㄱ. 아이들은 눈이 펑펑 **내리는** 겨울 들판에서 힘껏 **내달렸다.**

ㄴ. 아마 김 선생님께서는 부상하지 않으셨을 것이다.

(8) ㄱ. 대한민국의 영토는 한반도 **및** **부속** **도서**로 한다.

ㄴ. 순신은 과거 시험에 불합격했다. 그러나 순신은 다시 한번 과거에 도전했다.

(7)에서 (ㄱ)의 '펑펑, 힘껏'은 서술어로 쓰이는 용언을 수식하며, (ㄴ)의 '아마'는 그 뒤에 실현되는 문장 전체의 내용을 수식한다. 그리고 (8)의 '및'과 '그러나'는 문장이나 단어를 잇는 기능을 한다. 부사는 용언이나 문장뿐만 아니라 '부사, 체언, 관형사' 등을 수식하거나, 문장과 문장을 잇거나 단어와 단어를 잇는 기능을 한다.

〈특징〉 부사는 다음과 같은 점에서 다른 품사와 구분이 되는 특징이 있다.

첫째, 부사는 형태의 변화가 없으며, 격조사나 접속 조사와 결합하지 않는다는 점에서 용언이나 체언과는 다른 특징을 보인다.(단, 보조사와는 결합이 가능하다.)

> (9) ㄱ. *빨리를 가거라.
> ㄴ. *빨리와 간다.

> (10) ㄱ. 그 사람이 우리 가게에 자주는 안 와도 가끔은 온다.
> ㄴ. 배가 아프다더니 밥을 많이도 먹네.
> ㄷ. 밖에서 잠깐만 기다려 줘.

둘째, 부사는 문장에서 부사어로만 기능한다. (7)과 (8)의 문장에 쓰인 '펑펑, 힘껏, 너무 설마, 아마' 등은 모두 부사어로 쓰였다.

셋째, 부사는 '용언, 체언, 관형사, 부사, 절, 문장' 등의 다양한 언어 단위를 수식한다.

> (11) ㄱ. 아기가 <u>조용히</u> **잔다**.
> ㄴ. 철수야 <u>더</u> **빨리** 달려라.
> ㄷ. 건물의 <u>바로</u> **앞**에 우리가 찾고 있던 노인이 서 있었다.
> ㄹ. 그녀가 한 말은 <u>정말</u> **허튼** 소리에 지나지 않는다.
> ㅁ. <u>만일</u> **대통령이 사직하면** 이 나라의 운명은 어찌 될까?
> ㅂ. <u>과연</u> **브라질 축구 팀이 경기를 잘하는구나.**

(11)에서 밑줄 그은 단어는 모두 부사이다. 먼저 (ㄱ)에서 '조용히'는 용언인 '잔다'를 수식하고 (ㄴ)에서 '더'는 부사인 '빨리'를 수식한다. (ㄷ)에서 '바로'는 명사인 '앞'을 수식하며 (ㄹ)에서 '정말'는 관형사인 '허튼'를 수식한다. 끝으로 (ㅁ)과 (ㅂ)에서 '만일'과 '과연'은 각각 그 뒤에 실현되는 절과 문장을 수식한다. 관형사가 체언만을 수식하는 데에 반해서 부사는 여러 가지 문법적 단위를 수식할 수 있는 것이 특징이다.

(나) 부사의 유형

부사는 그것이 수식하는 언어적 단위에 따라서 특정한 성분을 수식하는 '성분 부사'와 문장을 수식하는 '문장 부사'로 구분한다.

```
부 사 ┬── 성분 부사 ─────── 성상 부사, 지시 부사, 부정 부사
      └── 문장 부사 ─────── 양태 부사, 접속 부사
```

[그림 1. 부사의 유형]

성분 부사는 의미에 따라서 '성상 부사, 지시 부사, 부정 부사'로 구분되며, 문장 부사는 문장에서 담당하는 기능(역할)에 따라서 '양태 부사'와 '접속 부사'로 나누어진다.

(나)-1. 성분 부사

'성분 부사'는 문장 속에서 특정한 문장 성분을 수식하는 부사이다. 성분 부사는 의미에 따라서 '성상 부사'와 '지시 부사', 그리고 '부정 부사'로 구분된다.

〈**성상 부사**〉 '성상 부사'는 그 뒤에 실현되는 용언을 주로 성질이나 상태의 뜻을 나타내면서 <u>실질적 의미로 수식</u>하는 부사이다.

(12) ㄱ. 아이가 밥을 <u>많이</u> **먹는다**.
　　 ㄴ. <u>귀뚤귀뚤</u> **우는** 귀뚜라미 소리에 가을의 고적함을 느낀다.

(12)에 쓰인 부사들은 모두 특정한 용언을 실질적인 뜻으로 수식하는 부사들이다. (ㄱ)의 '많이'는 용언인 '먹는다'를 수식하고 있으며, (ㄴ)의 '귀뚤귀뚤'은 '울다'를 수식하고 있다. 특히 '귀뚤귀뚤'이나 '깡충깡충'은 특별히 '의성 부사'와 '의태 부사'라고 하는데, 이들 부사는 상징 부사로서 사물의 소리와 모양을 흉내낸다는 점이 특징이다.

성질이나 상태의 의미로 용언을 수식하는 성상 부사로는 다음과 같은 것이 있다.

(13) ㄱ. 일찍, 이미, 하마, 벌써, 방금, 늘, 항상, 잠시, 오래, 곧, 영영, 먼저, 가끔, 자주, 비로소, 아직, 드디어, 번번이
　　 ㄴ. 멀리, 가까이, 곳곳이, 집집이, 샅샅이

ㄷ. 매우, 훨씬, 퍽, 끔찍이, 대단히, 심히, 극히, 너무, 하도, 가장, 자못, 꽤, 조금, 좀, 약간, 거의

ㄹ. 함께, 같이

ㅁ. 빨리, 깊이, 높이, 길이, 천천히, 삼가, 가만히, 잘

ㅂ. 붕붕, 멍멍, 덜커덩, 매끈매끈, 뭉게뭉게, 솔솔, 줄줄, 쿵덩쿵덩, 출랑출랑, 출렁출렁

성상 부사는 (13)처럼 의미적으로 분류할 수 있는데, (ㄱ)은 시간, (ㄴ)은 장소, (ㄷ)은 비교, (ㄹ)은 공동, (ㅁ)은 수단(양태)의 뜻을 나타내며, (ㅂ)은 상징 부사로서 어떠한 대상의 소리나 모양을 흉내낸다.

성상 부사는 용언뿐만 아니라, 관형사나 부사를 수식할 수도 있다.

(14) ㄱ. <u>꼭</u> **저** 사람이 범인이라고는 말을 안 했다.

ㄴ. 책장 안에는 <u>단</u> **한** 권의 책도 없었다.

ㄷ. 운동장에는 청중들이 <u>겨우</u> **세** 명이 모였다.

ㄹ. 이 책이 <u>가장</u> **새** 것이오.

ㅁ. 인호 씨는 <u>아주</u> **헌** 컴퓨터를 들고 왔다.

(15) ㄱ. 비행기가 <u>매우</u> **빨리** 날아간다.

ㄴ. 오늘은 <u>조금</u> **일찍** 일어났다.

(14)에서 '꼭, 단, 겨우, 가장, 아주'는 관형사를 수식하고 있으며, (15)에서 '매우'와 '조금'은 부사를 수식하고 있다.

성상 부사 중에서 '겨우, 바로, 특히, 곧, 오직, 다만, 단지' 등은 용언이나 부사를 수식할 뿐만 아니라, 특별히 체언을 수식하기도 한다.

(16) ㄱ. 병사들이 <u>겨우</u> **하루**를 못 견디고 달아나 버렸다.

ㄴ. 우리 집 <u>바로</u> **이웃**에 그가 삽니다.

ㄷ. 우리나라에서는 <u>특히</u> **학생**들이 부지런하다.

ㄹ. 사랑이 있는 나라, <u>곧</u> **천국**에서 우리 다시 만나자.

ㅁ. 지금 김 선비가 가진 것은 <u>오직(다만, 단지)</u> **동전 한 닢**뿐이다.

(17)에서 밑줄 친 부사들은 그 뒤의 체언을 수식하기도 하는데, 이와 같이 체언을 수

식하는 것은 관형사의 고유한 기능이다. 『고등학교 교사용 지도서 문법(2010:142)』에서는 '겨우, 바로, 특히, 곧, 오직, 다만, 단지' 등을 부사로 처리하고 (17)의 부사들이 모두 체언 수식의 기능을 겸하고 있다고 설명한다.

〈지시 부사〉 '지시 부사(指示副詞)'는 발화 현장에서 특정한 장소나 시간을 직접 가리키거나, 앞선 문맥에서 이미 표현된 말을 대용하는 부사이다.

> (17) ㄱ. 너희들은 <u>여기</u> **앉아라.**
>   ㄴ. 연수생들은 미국으로 <u>내일</u> **떠난다.**

(17)에서 '여기, 내일'은 지시 부사인데 그 뒤에 부사격 조사 없이 단독으로 쓰여서 특정한 장소나 시간을 가리키면서 용언인 '앉아라'와 '떠난다'를 수식하고 있다.

'지시 부사'는 그것이 지시하는 대상이나 기능에 따라서 '정칭의 지시 부사', '미지칭의 지시 부사', '부정칭의 지시 부사'로 나눌 수 있다.

첫째, 정칭의 지시 부사는 장소를 가리키는 '장소 지시 부사'와 시간을 가리키는 '시간 지시 부사'가 있다.

> (18) ㄱ. 여기(요기), 거기(고기), 저기(조기) ; 이리(요리), 그리(고리), 저리(조리)
>   ㄴ. 어제, 오늘, 내일, 모레, ······

(ㄱ)의 '여기, 거기, 저기'는 '장소'를 가리키는 부사이다. '여기'는 화자에게 가까운 장소를, '거기'는 청자에 가까운 장소를, '저기'는 화자와 청자 양자에게 먼 장소를 가리킨다. 그리고 '이리, 그리, 저리'는 방향을 가리키는 지시 부사이다. '요기, 고기, 조기'와 '요리, 고리, 조리'는 각각 '여기, 거기, 저기'와 '이리, 그리, 저리'를 얕잡아서 가리키는 말이다. (ㄴ)의 '오늘, 어제, 내일, 모레' 등은 특정한 발화 장면이 일어나는 '때'를 기준으로 해서 앞이나 뒤의 시간을 가리키는 지시 부사이다.

둘째, 지시 부사 중에는 '미지칭의 지시 부사'와 '부정칭의 지시' 부사도 있다.

> (19) ㄱ. 어찌, 어디, 언제
>   ㄴ. 아무리

'어찌, 어디, 언제'는 화자가 어떠한 일에 대한 '방법, 장소, 시간'을 모르기 때문에 그에 대한 정보를 청자에게 요구하는 '미지칭'의 지시 부사이다. 그리고 '아무리'는 '어떠한 방법을 가리지 않음'의 뜻을 나타내는 '부정칭'의 지시 부사이다.

〈부정 부사〉 '부정 부사(否定副詞)'로는 '안'과 '못'이 있는데, 이들 부정 부사가 문장에 실현되면 긍정문이 부정문으로 바뀌게 된다.

첫째, '아니/안'은 문장으로 표현된 내용을 단순하게 부정하거나 혹은 주체의 '의지'를 부정한다.

(20) ㄱ. 오늘은 기분이 정말 안 좋다.　　　　　　[단순 부정]
　　　ㄴ. 나는 아이스크림은 아니 먹는다.　　　　[단순 부정, 의지 부정]

(ㄱ)에서는 '안'을 통하여 주체의 '의지'와는 관련 없이 문장의 내용을 단순하게 부정하였고, (ㄴ)에서는 '아니'를 통하여 아이스크림을 먹으려는 화자의 '의지'를 부정하였다. '아니'와 '안'은 서술어로서 동사와 형용사를 모두를 취할 수 있지만, 대체로 동사 앞에는 자연스럽게 쓰고 형용사 앞에는 잘 쓰이지 않는 특징이 있다.

둘째, '못'은 '할 수 없음(불가능성)'의 의미를 덧붙이면서, 문장의 내용을 부정한다. (서정수 1996:961)

(21) ㄱ. 어제는 태풍이 불어서 비행기가 못 떠났다.　　　[능력 부정]
　　　ㄴ. 배가 아파서 점심을 못 먹었다.　　　　　　　　[능력 부정]

위의 문장에는 부정 부사 '못'이 실현됨으로써 서술어로 표현되는 행위에 대하여 '할 수 없음(불가능성)'의 의미를 덧붙인다. 이처럼 '못'에는 불가능성의 의미 특질이 있기 때문에 '못'은 동사만 수식하고 형용사는 수식하지 않는다.

(나)-2. 문장 부사

문장 부사는 문장이나 절 전체를 수식하거나 문장과 문장, 단어와 단어를 이어주는 부사이다. 문장 부사는 기능에 따라서 '양태 부사'와 '접속 부사'로 구분할 수 있다.

〈양태 부사〉 '양태 부사(樣態副詞)'는 문장이나 절의 전체 내용에 대하여, '추측, 필연, 가정, 양보, 기원, 부정, 의혹, 당위'와 같은 화자의 태도나 주관적인 판단을 표현하는 부사이다.(최현배 1980:600 참조.)

(22) ㄱ. <u>아마</u> 지금쯤은 선수들이 서울에 도착했**겠**다.　　　　　　[추측]

　　ㄴ. 이번에는 김자옥 씨가 <u>반드시</u> 회장이 되**어야 한다**.　　　[필연]

　　ㄷ. <u>아무쪼록</u> 건강하게 지내**소서**.　　　　　　　　　　　[기원]

　　ㄹ. 이순신은 <u>결코</u> 정치판에 뛰어들**지 않는다**.　　　　　　[부정]

　　ㅁ. <u>설마</u> 한강에 괴물이 나타나겠**는가**?　　　　　　　　　[의혹]

　　ㅂ. 아이들은 <u>마땅히</u> 공부를 열심히 해**야 한다**.　　　　　[당위]

　　ㅅ. <u>만일</u> 김태호 선수가 우승한다**면** 돈을 많이 벌 수 있을 텐데.　[가정]

　　ㅇ. <u>비록</u> 우리가 게임에 지**더라도** 희망을 버려서는 안 된다.　[양보]

(ㄱ)에서 '아마'는 그 뒤의 문장의 내용인 '지금쯤은 선수들이 서울에 도착하다'에 대한 화자의 '추측'을 표현하고, (ㄴ)에서 '반드시'는 그 뒤의 문장인 '이번에는 김자옥 씨가 회장이 되다'가 '필연적'인 사실임을 표현한다.

이러한 양태 부사에는 성분 부사나 접속 부사와는 다른 두 가지 특징이 나타난다.

첫째, 양태 부사는 문장 속의 특정한 문법 요소와 의미적으로 서로 호응한다. 예를 들어서 (ㄱ)에서 '아마'는 추측의 선어말 어미인 '-겠-'과 의미적으로 호응하며, (ㄴ)의 '반드시'는 필연성을 나타내는 '-어야 한다'와 호응한다. 그리고 (ㅅ)에서 '만일'은 '가정'의 뜻을 나타내는 연결 어미인 '-면'과 호응하며, (ㅇ)의 '비록'은 '양보'를 나타내는 '-더라도'와 호응한다.

둘째, 양태 부사는 성분 부사에 비하여 문장에서 실현되는 위치가 비교적 자유롭다는 특징이 있다.

(23) ㄱ. <u>아마도</u> 아버님께서는 중동에서 돈을 많이 버셨을 거야.

　　ㄴ. 아버님께서는 <u>아마도</u> 중동에서 돈을 많이 버셨을 거야.

　　ㄷ. 아버님께서는 중동에서 돈을 <u>아마도</u> 많이 버셨을 거야.

　　ㄹ. 아버님께서는 중동에서 돈을 많이 버셨을 거야. <u>아마도</u>.

양태 부사는 문장 전체를 수식하는 문장 부사의 일종이기 때문에 (ㄱ)처럼 문장의 맨 앞에서 실현되는 것이 원칙이다. 하지만 화자의 의도에 따라서는 (ㄴ~ㄹ)과 같이 부사가 문장 속에서 이동할 수 있다.

〈**접속 부사**〉'접속 부사(接續副詞)'는 단어와 단어를 이어 주거나 혹은 앞의 문장과 뒤의 문장을 이어 주는 말이다.

첫째, '단어 접속 부사'는 단어와 단어를 이어서 하나의 명사구를 만들어 준다.

(24) ㄱ. 대한민국의 영토는 [한반도 및 부속 도서]로 한다.
    ㄴ. [하루 내지 이틀]만 더 기다려 보아라.
    ㄷ. [철수 또는 영수]가 그 일을 맡아서 하기로 했습니다.
    ㄹ. [호텔 혹은 민박]을 빌려서 자야겠소.

위의 문장에서 '및, 내지(乃至), 또는, 혹은'은 접속 조사와 마찬가지로 체언과 체언을 이어서 하나의 체언 구를 형성한다. 단어를 이어주는 이러한 접속 부사의 기능은 다른 성분을 수식하는 일반적인 부사의 기능과는 다르다.

둘째, '문장 접속 부사'는 두 문장의 사이에 실현되어서 문장과 문장을 이어 준다.

(25) ㄱ. 숙희 양은 매우 착하다. 그리고 그녀는 공부도 열심히 한다.
    ㄴ. 김 형사는 여관의 구석구석을 뒤져 보고 싶었다. 하지만 성급하게 굴다가는 오히려 일을 망쳐 버릴 것 같았다.

(25)에서 '그리고'와 '하지만'은 앞의 문장과 뒤의 문장을 일정한 의미적인 관계로 이어 주고 있다. (ㄱ)의 '그리고'는 '첨가'의 의미적인 관계를 나타내면서, (ㄴ)의 '하지만'은 '대립'의 의미 관계를 나타내면서 앞의 문장과 뒤의 문장을 이어 준다.

그런데 문장을 이어 주는 접속 부사 중에는 '접속 기능'과 함께 앞선 문장의 내용을 가리키는 '대용 기능'을 겸하는 것이 있다.

(26) ㄱ. 그래서, 그러나, 그러면, 그러므로, 그렇지마는, 그리고, …
    ㄴ. 곧, 더구나, 도리어, 따라서, 또, 또한, 오히려, 즉(卽), 하물며, 하지만, …

(ㄱ)의 '그래서, 그러나, 그리고' 등은 접속 기능과 함께 앞의 문장을 가리키는 대용 기능을 겸하고 있다. '그래서, 그러나, 그리고' 등의 접속 부사는 그 내부에 지시 대명사인 '그'가 어근으로 실현되어 있기 때문에, 접속 기능과 함께 대용 기능이 있다. 이와는 달리 (ㄴ)의 '곧, 더구나, 하지만' 등과 같이 그 내부에 '그'를 포함하지 않는 접속 부사는 대용 기능은 없고 접속 기능만 있다.

2.6. 독립언

'독립언(獨立言)'은 자립성이 매우 강하여, 문장 속에서 다른 말과 관련이 없이 홀로 독립어로 쓰이는 단어이다. 독립언에 속하는 단어로는 '감탄사'가 있다.

2.6.1. 감탄사의 개념

〈개념〉 '감탄사(感歎詞)'는 화자가 '기쁨, 슬픔, 놀람, 불만' 등과 같은 감정이나, '대답, 다짐, 부름, 시킴' 등의 의지를 직접적으로 표출하는 단어이다.

(1) ㄱ. <u>아이고</u>! 내 인생이 이렇게 허무하게 끝날 줄이야.
ㄴ. 철수는 집에 갔지. <u>그지</u>?
ㄷ. 그 사람이 끝까지 말리는데, 집을 뛰쳐나와 버렸지, <u>뭐</u>.

(2) ㄱ. <u>예</u>, 다섯 시까지 가기로 했어요.
ㄴ. <u>워리</u>, 이리 와.
ㄷ. <u>쉿</u>, 조용히 해.

(3) ㄱ. 나는 <u>말이야</u> 그 여자를 <u>말이야</u> 절대로 용서하지 못 해.
ㄴ. <u>에</u>, 저로 말할 것 같으면……
ㄷ. <u>저어</u>, 그게 글쎄.

(1)의 '아이고, 그지, 뭐' 등은 '슬픔, 다짐, 불만' 등의 감정을 직접적으로 표현하는 말이다. 이에 반하여 (2)의 '예, 워리, 쉿' 등은 화자가 '대답, 부름, 시킴' 등 자기의 의지를 청자에게 직접적으로 전달하는 말이다. 마지막으로 (3)의 '말이야, 에, 저어' 등은 실질적 의미나 문법적 기능이 없이 쓰이는 버릇말이다. 이처럼 화자의 감정이나 의지 등을 직접적으로 전달하는 단어를 '감탄사'라고 한다.

〈특징〉 감탄사는 자립성이 강한 독립언으로서 다음과 같은 특징이 있다.

첫째, 감탄사는 문장에서 독립어로만 기능하며, 형태의 변화가 일어나지 않는다.

둘째, 감탄사는 품사 가운데서 자립성이 제일 강하다. 곧 문장 속에서 다른 요소와 어떠한 통사적인 관계를 맺지 못하며(= 독립어), 어떠한 경우에는 한 문장이 감탄사만으로 성립하기도 한다.

(4) ㄱ. <u>아이고</u>, 억울해 죽겠구먼.

　　ㄴ. <u>네</u>, 그렇습니다.

(5) ㄱ. <u>아이고</u>.

　　ㄴ. <u>네</u>.

(4)의 '아이고'와 '네'는 뒤의 문장 속의 다른 성분과 통사적인 관계를 맺지 못하므로
독립어로 기능한다. 감탄사는 이처럼 자립성이 강하기 때문에 (5)에서처럼 단독적으
로 발화되어서 쓰이기도 한다. 감탄사에 나타나는 뚜렷한 자립성을 고려하여서, 감탄
사를 '소형문(小形文, minor sentence)'으로 다루기도 한다.

　　셋째, 감탄사는 발화 상황에 대한 의존성이 강하다. 감탄사는 글말 언어보다는 입
말 언어에서 더 활발하게 쓰이고, 어조나 표정, 손짓과 같은 언어 외적인 요소와 함께
실현된다. 그리고 감탄사는 그 자체로 특정한 의미를 나타내는 것이 아니므로, 감탄
사가 나타내는 구체적인 의미는 발화 상황에 따라서 다양하게 해석될 수 있다.

(6) ㄱ. <u>아</u>, 광복이라니.

　　ㄴ. <u>아</u>, 세월이 유수와 같군.

　　ㄷ. <u>아</u>, 기막힌 경관이로다.

　　ㄹ. <u>아</u>, 내가 틀렸군.

　　ㅁ. <u>아</u>, 등록금이 올랐군.

　　ㅂ. <u>아</u>, 덥구나.

(7) ㄱ. <u>예</u>, 그렇습니다.

　　ㄴ. <u>아니요</u>, 그렇지 않습니다.

　　ㄷ. <u>글쎄요</u>, 잘 모르겠습니다.

(6)에서 감탄사 '아'는 화자의 감정을 표출하기는 하지만 '아'가 어떠한 감정을 표출하
였는지는 '아' 자체만으로는 이해할 수 없다. 곧 '아'는 '기쁨, 허무함, 경탄, 자책, 거
부, 짜증' 등으로 다양하게 해석할 수 있는데, 여기서 '아'가 구체적으로 어떠한 감정
을 표출하는지는 화자의 의도나 발화 상황에 따라서 달라진다. 그리고 (7)에서 '예,
아니요, 글쎄요'는 앞서 발화된 상대말의 말에 대하여, '긍정, 부정, 판단의 유보' 등의
태도를 나타낼 뿐이다. 따라서 감탄사로 표현된 판단에 대한 구체적인 내용은 앞선

문맥의 내용을 확인해 보아야만 알 수 있다.

2.6.2. 감탄사의 유형

감탄사는 그 기능에 따라서 '감정 감탄사'와 '의지 감탄사' 그리고 '말버릇 감탄사'로 나눌 수 있다.

(가) 감정 감탄사

'감정 감탄사'는 화자가 자신의 감정을 표출하는 데에 그치는 감탄사이다.

(8) ㄱ. <u>아이고</u>, 할아버지께서 돌아가셨구나!
ㄴ. <u>아</u>, 시험에 또 떨어졌구나!
ㄷ. <u>오</u>, 아름다운 자연이여!
ㄹ. <u>어머(나)</u>, 벌써 꽃이 피었네!
ㅁ. <u>애걔</u>, 그릇을 깨뜨렸네!
ㅂ. <u>아차</u>, 우산을 놓고 왔구나!
ㅅ. <u>이런</u>, 방이 얼음장이군.

(8)의 '아이고, 아, 오, 어머(나), 애걔, 아차, 이런' 등의 감탄사는 주로 화자가 청자를 고려하지 않는 발화 상황에서 자기의 감정을 표현하는 데에 그치는 말이다.
이러한 '감정 감탄사'에는 다른 유형의 감탄사에 비하여 다음과 같은 특징이 있다.
첫째, 감정 감탄사는 실질적인 의미를 나타내지 않는다.

(9) ㄱ. <u>아이고</u>, 이게 웬 돈이냐!
ㄴ. <u>아</u>, 드디어 합격했구나!

'아이고'와 '아'는 실질적인 뜻을 나타내지 못하기 때문에 (8)과 (9)처럼 정반대의 감정을 표현하는 문장에서 실현되어도 자연스러운 문장이 된다. 곧 (8)과 (9)에서 '아이고'나 '아'가 자체적으로 슬픔이나 반가움 등의 의미를 나타내는 것이 아니라, 그 뒤에 실현되는 문장의 내용에 따라서 슬픔이나 반가움의 뜻을 유추해 낼 수 있을 뿐이다.

둘째, 감정 감탄사는 대체로 느낌의 의미를 나타내는 '-구나, -구먼, -군, -구료' 등의 감탄형 종결 어미가 실현된 문장(= 감탄문)과 함께 쓰인다. 이러한 사실을 감안하면 (8)과 (9)에서 감탄사 '아이고, 아' 등은 화자의 내적 감정의 표출 기능과 밀접한 관계가 있음을 알 수 있다. 이러한 점을 감안하면, 감정 감탄사는 감탄문의 첫머리에 실현되어서 그 감탄문을 도입하는 구실을 하는 말이라고 할 수 있다.

셋째, 감정 감탄사의 기본적인 의미는 '처음 앎'의 의미이다.(장경희 1985:95~108, 신진연 1988) 즉 감정 감탄사는 실질적인 의미를 나타내는 것이 아니라 문장의 명제적인 내용을 '처음 알았다'는 의미를 나타낸다. (8)과 (9)처럼 감정 감탄사가 대체로 감탄문과 함께 실현된다는 사실에서도 감정 감탄사의 기본적인 의미가 '처음 앎'이라는 것을 알 수 있다.

(나) 의지 감탄사

'의지 감탄사'는 화자가 발화 현장에서 청자에게 자기의 요구나 판단을 적극적으로 표현하여 전달하는 감탄사이다.

   (10) ㄱ. <u>아서라</u>, 이 사람아.
       ㄴ. <u>에비</u>, 그 물건에 손대지 마라.
       ㄷ. <u>아무렴</u>, 그렇구 말구.
       ㄹ. <u>천만에</u>, 절대로 그런 일은 일어나지 않을 걸세.

(10)에 쓰인 '아서라, 에비, 아무렴, 천만에' 등의 의지 감탄사는 '위협' 혹은 '금지', 그리고 '동의', '부정', '거부' 등의 구체적인 의미를 나타낸다.

이러한 의지 감탄사는 감정을 표출하는 기능보다는 의사를 전달하는 기능이 더 강하므로, 이들 감탄사는 표출 기능과 관련이 있는 감탄문과 함께 나타날 수 없다.

   (11) ㄱ. *<u>아서라</u>, 영의정 나리가 오시는구나!
       ㄴ. *<u>에비</u>, 뜨겁구나!
       ㄷ. *<u>아무렴</u>, 그렇구나!
       ㄹ. *<u>천만에</u>, 그런 일은 절대로 일어나지 않는구나!

(11)처럼 감탄문의 첫머리에 이와 같은 감탄사를 실현하면 비문법적인 문장이 된다. 이러한 현상은 의지 감탄사의 의사 전달 기능과 감탄문의 감정 표출 기능이 서로 충돌하기 때문에 일어난 것으로 추측된다.

의지 감탄사는 '시킴 기능'의 감탄사와, '대답 기능'의 감탄사, 그리고 '부름 기능'의 감탄사 등으로 분류된다.

첫째, '시킴 기능'의 감탄사는 청자에게 어떠한 행위를 시킬 때에 쓰는 단어이다.

   (12) ㄱ. 아서라, 에비
       ㄴ. 쉿
       ㄷ. 도리도리, 죄암죄암, 곤지곤지
       ㄹ. 우워(워), 이러(끼랴) ; 이개, 요개

(ㄱ)의 '아서라'는 그렇게 하지 말라고 금지할 때에 하는 말이며, (ㄴ)의 '쉿'은 소리를 내지 말라는 뜻으로 급하게 내는 말이다. 그리고 (ㄷ)의 '도리도리, 죄암죄암, 곤지곤지'는 어린 아이에게 특정한 몸 동작을 시키는 말이며, (ㄹ)의 '우워, 이러, 이개, 요개'는 말이나 소와 같은 가축을 부리거나 내쫓을 때에 쓰는 말이다.

둘째, '대답 기능'의 감탄사는 상대방의 말에 대하여 반응을 보이거나, 물음에 대답을 할 때에 쓰는 단어이다.

   (13) ㄱ. 그래, 아무렴, 암, 예, 오냐, 옳소, 응
       ㄴ. 아니요, 아니, 천만에
       ㄷ. 글쎄

(ㄱ)의 '그래, 아무렴, 암, 예, 오냐, 옳소, 응' 등은 상대말의 말에 반응을 보이거나 긍정(肯定)의 판단을 표현하는 말이다. 그리고 (ㄴ)의 '아니요, 아니, 천만에'는 부정의 의사를 나타내는 말이며, (ㄷ)의 '글쎄'는 남의 물음이나 요구에 대하여 분명하지 않은 태도를 나타낼 때에 쓰는 말이다.

셋째, '부름 기능'의 감탄사는 화자가 상대방을 부를 때에 쓰는 단어이다.

   (14) ㄱ. 여보, 여보세요, 이애(애), 이봐
       ㄴ. 워리, 구구, 오래오래, 아나나비야

(ㄱ)의 '여보, 여보세요, 이애, 이봐'는 사람을 부르는 말이며, (ㄴ)의 '워리, 구구, 오래 오래, 아나나비야'는 짐승을 부르는 말이다.

(다) 말버릇 감탄사

문장 속에서 음성으로 발화되기는 하지만 구체적인 뜻 없이 쓰이는 감탄사를 '말버릇 감탄사'라고 한다.

(15) ㄱ. <u>에, 에</u>, 저로 말할 것 같으면 신전리의 이장(里長)이올시다.
　　 ㄴ. 아버지, <u>있잖아요</u>, 우리 학교에서 불우 이웃 돕기를 한대요.
　　 ㄷ. 철수가 <u>말이야</u>, 그 돈을 <u>말이야</u>, 이미 다 써 버렸어.
　　 ㄹ. <u>저어</u>, 지난번에 말씀드린 일 말인데요.
　　 ㅁ. <u>에 또</u>, 이번 인사 문제 말이야.

(16) ㄱ. 저로 말할 것 같으면 신전리의 읍장이올시다.
　　 ㄴ. 아버지, 우리 학교에서 불우 이웃 돕기를 한대요.
　　 ㄷ. 철수가 그 돈을 이미 다 써 버렸어.
　　 ㄹ. 지난번에 말씀드린 일 말인데요.
　　 ㅁ. 이번 인사 문제 말이야.

(15)에서 밑줄 친 말은 발화해야 할 말이 언뜻 떠오르지 않아서 발화 준비를 위한 시간을 벌어야 할 때 사용하는 첨가어이거나, 화자가 의도하지는 않았지만 전달 내용에 관계없이 습관적으로 발화하는 군말이다. 이들 말버릇 감탄사는 (16)처럼 문맥에 표현하지 않더라도 원래의 문장과 의미적인 차이도 나지 않을 뿐만 아니라, 오히려 원래의 문장보다 더 자연스러운 문장이 되는 것이 특징이다. 곧, 말버릇 감탄사는 음성으로 발화되기는 했지만 청자의 입장에서 보면 의사소통에 도움이 되지 않으므로 '잉여 표현(剩餘表現)' 혹은 '군더더기 표현'으로 처리한다.(나찬연 2004:44 참조.)

말버릇 감탄사의 종류로는 '머, 뭐(무어), 그래, 말이지, 말이어, 말이요, 말입니다. 어, 에, 저, 거시기, 음, 에헴, 애햄, ……' 등이 있다.

【더 배우기】

{ 품사의 통용 }

어떤 단어는 두 가지 이상의 문법적 성질이 있어서, 그것이 문장 속에서 쓰이는 양상에 따라서 품사가 다를 수가 있다.

(1) ㄱ. 그릇에 담긴 소금을 <u>모두</u> 쏟았다.
    ㄴ. 그 일은 <u>모두</u>에게 책임이 있다.

(2) ㄱ. <u>그</u> 사람은 이제 다시는 고향에 돌아오지 못할 것이다.
    ㄴ. 나는 <u>그</u>의 편지를 읽고 많이도 울었다.

(3) ㄱ. 사과가 참 <u>크네</u>.
    ㄴ. 이 아이는 참 잘 <u>큰다</u>.

(1)에서 '모두'는 부사와 명사의 두 가지 성질이 있다. 마찬가지로 (2)에서 '그'는 관형사와 대명사의 성질이 있고, (3)에서 '크다'는 형용사와 동사의 성질이 있다.

　　남기심·고영근(1993:186)과 고등학교 교사용 지도서 문법(2010:142)에서는 이러한 현상을 '품사의 통용'으로 설명한다. 이때 '품사의 통용'이란 동일한 단어에 원래부터 두 가지의 문법적인 성질이 있어서, 한 단어가 문장 속에서 두 가지 이상의 품사로 두루 쓰이는 현상을 말한다.

```
모두 ┬─ 부사        그 ┬─ 관형사      크다 ┬─ 형용사
     └─ 명사            └─ 대명사           └─ 동 사
```

곧 (1)에서 (ㄱ)의 '모두'와 (ㄴ)의 '모두'는 각각 부사와 명사로 통용된다. 곧 (ㄱ)의 '모두'는 부사로서 동사 앞에서 그를 직접 수식하고, (ㄴ)의 '모두'는 명사로서 부사격 조사에 결합하였다. (2)에서 '그'는 관형사와 대명사로 통용된다. 곧 (ㄱ)에서 '그'는 관형사로서 체언 앞에서 단독으로 실현되어서 그 체언을 수식하였고, (ㄴ)의 '그'는 대명사로서 그 뒤에 관형격 조사인 '-의'가 결합하였다. 끝으로 (3)의 '크다'는 형용사와 동사로 통용되는데, (ㄱ)은 상태를 나타내는 형용사이며 (ㄴ)은 움직임을 나타내는 동사이다.

고등학교 문법(2010:106)에서는 (1~3)의 단어를 모두 '품사의 통용'으로 처리하고 있다. 이렇게 '품사의 통용'으로 처리할 수 있는 단어들은 다음과 같은 것들이 있다.

형태	품사	예 문
만큼, 대로, 뿐	명 사	아는 <u>만큼</u> 보인다.
	조 사	철수<u>만큼</u> 공부하면 누구나 교사가 될 수 있다.
명사 + -的	명 사	김홍도의 그림은 <u>한국적</u>이다.
	관형사	이 그림은 <u>한국적</u> 정취가 물씬 풍긴다.
	부 사	<u>가급적</u> 빨리 물건을 보내 주세요.
평생, 서로, 모두, 다	부 사	형님은 <u>평생</u> 모은 돈을 노름으로 날렸다.
	명 사	그 천재는 시골에서 <u>평생</u>을 보내었다.
거기, 여기, 저기	대명사	<u>여기</u>가 바로 김수로 왕이 하늘에서 내려온 곳이다.
	부 사	자, 모두들 <u>여기</u> 앉으세요.
한/하나, 두/둘, 세/셋, 네/넷, 다섯…	관형사	이 일은 <u>한</u> 사람이 하기에는 너무 양이 많다.
	수 사	주몽은 돌맹이 <u>하나</u>를 들고 적과 대적했다.
붉다, 밝다, 설다, 늦다, 군다	형용사	사무실 안이 너무 <u>밝다</u>.
	동 사	이제 조금만 있으면 날이 <u>밝는다</u>.
보다, 같이, 더러	조 사	다이아몬드<u>보다</u> 단단한 물질은 없을까?
	부 사	프로 기사가 되려면 바둑판을 <u>보다</u> 넓게 볼 줄 알아야 한다.
이, 그, 저	대명사	<u>그</u>는 이제 우리편이 아니다.
	관형사	<u>그</u> 가방은 어제 백화점에서 사온 것이다.
아니	부 사	아직까지 수업료를 <u>아니</u> 낸 학생이 있는가?
	감탄사	<u>아니</u>, 벌써 날이 밝았나?
만세	명 사	고지를 점령한 후에 병사들은 일제히 <u>만세</u>를 불렀다.
	감탄사	대한민국 <u>만세</u>!

[품사 통용의 단어]

제3장 단어의 형성

3.1. 단어의 짜임새

〈 **어근과 접사** 〉 단어는 하나의 형태소로 이루어질 수도 있지만, 여러 형태소가 결합하여 이루어질 수도 있다. 이렇게 특정한 단어를 짜 이루는 형태소를 그 성질에 따라서 어근과 접사로 구분할 수 있다.

(1) 고구마, 논, 그, 하나 ; 새(新), 아무(某), 다(全, 完), 아주 ; 어머나

(2) ㄱ. 헛손질   : [헛- + **손** + -질]
    ㄴ. 깨뜨리시었다 : [**깨**- + -뜨리-]- + -시- + -었- + -다

(1)의 단어들은 모두 하나의 형태소로 되어 있는데 이들 단어를 짜 이루는 형태소는 모두 실질 형태소이다. 그리고 (2)에서 '헛손질'과 '깨뜨리시었다'에서 '손'과 '깨-'는 실질적인 의미를 나타낸다. 이와 같이 단어 속에서 의미의 중심이 되면서 실질적인 의미를 나타내는 형태소를 '어근(語根, root)'이라고 한다.

이에 반해서 (2)에서 '헛-, -질, -뜨리-, -시-, -었-, -다'는 실질적인 의미를 나타내지 못하는 형식 형태소이다. 이와 같이 단어 속에서 실질적인 뜻을 나타내지 못하는 형식 형태소를 '접사(接辭, affix)'라고 한다. 접사 중에서 '헛-, -질, -뜨리-'처럼 어근에 새로운 의미를 더하거나 단어의 품사를 바꿈으로써, 새로운 단어를 만들어 주는 것을 '파생 접사(派生接辭, derivative affix)'라고 한다. 그리고 '-시-, -었-, -다'처럼 문법적인 기능을 나타내는 것을 '굴절 접사(屈折接辭, inflectional affix)'라고 하는데, 국어에서는 어미와 조사가 굴절 접사에 해당한다. 그리고 파생 접사를 그것이 실현되는 위치에 따라서 접두사와 접미사로 구분하기도 한다. (2)에서 (ㄱ)의 '헛-'처럼 어근의 앞에 실현되는 파생 접사를 '접두사(接頭辭, prefix)'라고 하고, (ㄱ)의 '-질'과 (ㄴ)의 '-뜨리-'처럼 어근의 뒤에 실현되는 파생 접사를 '접미사(接尾辭, suffix)'라고 한다.

〈 **단일어와 복합어** 〉 단어는 짜임새에 따라서 '단일어'와 '복합어'로 나뉘고, '복합어'는 '파생어'와 '합성어'로 나뉜다.

(3) ㄱ. 마을, 해(日) ; 아주, 퍽 ; 아이쿠 ; 높(다), 검(다)

ㄴ. 지붕, 먹이, 밀치(다), 먹히(다) ; 덧신, 풋사랑, 드높(다), 치밀(다)

ㄷ. 집안, 짚신 ; 높푸르(다), 뛰놀(다)

(3)에서 (ㄱ)의 '마을, 해, 아주, 퍽, 아이쿠'와 '높다, 검다'는 어근만으로 이루어진 단어인데, 이와 같은 단어를 '단일어(單一語, simple word)'라고 한다. 이에 반해서 (ㄴ)의 '지붕(집 + -웅), 먹이(먹- + -이), 밀치다(밀- + -치- + -다), 먹히다(먹- + -히- + -다)'는 어근에 접미사가 결합하여서 된 단어이고, '덧신(덧- + 신), 풋사랑(풋- + 사랑), 드높다(드- + 높- + 다), 치밀다(치- + 밀- + 다)'는 어근에 접두사가 붙어서 된 단어이다. 이렇게 어근에 파생 접사가 붙어서 된 단어를 '파생어(派生語, derived word)'라고 한다. 그리고 (ㄷ)에서 '집안(집 + 안), 짚신(짚 + 신) ; 높푸르다(높- + 푸르다), 뛰놀다(뛰 + 놀다)'는 어근과 어근이 결합하여서 된 단어인데, 이처럼 둘 이상의 어근이 결합하여서 된 단어를 '합성어(合成語, compound word)'라고 한다. 그리고 (3)의 단어처럼 둘 이상의 어근이 결합하여 구성되거나 어근에 파생 접사가 붙어서 짜인 단어를 '복합어(複合語, complex word)'라고 한다.

〈 **파생법과 합성법** 〉 파생어나 합성어는 형태소와 형태소가 결합하여 생겨난 말이다. 이처럼 어근에 파생 접사가 결합하여 파생어를 만들어 내는 문법적인 방법을 '파생법(派生法, derivation)'이라고 하고, 어근과 어근이 결합하여 합성어를 만드는 단어 형성의 방법을 '합성법(合成法, compounding)'이라고 한다. 그리고 합성법과 파생법을 아울러서 '조어법(造語法, 단어 형성법, word-formation)'이라고 한다.

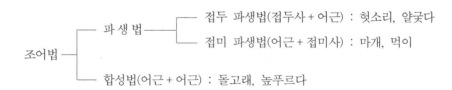

3.2. 합성어

어근과 어근이 합쳐져서 새로운 단어를 형성하는 절차를 '합성법'이라고 하고, 합성법에 의해서 형성된 단어를 '합성어'라고 한다.

3.2.1. 합성어의 분류 방식

합성어는 '합성어의 품사, 어근의 의미적 관계, 어근의 배열 방식'에 따라서 여러 가지 유형으로 나누어진다.

(가) 품사에 따른 분류

합성어를 분류하는 일반적인 방식은 합성어의 품사를 기준으로 분류하는 것이다.

> (1) ㄱ. 밤-낮(밤과 낮), 칼-날, 첫-눈, 날-짐승, 늦-벼, 꺾-쇠
>   ㄴ. 빛-나다, 잡아-매다, 들어-가다, 오르-내리다, 듣-보다
>   ㄷ. 맛-나다, 맛-있다, 입-바르다, 한결-같다, 높-푸르다, 굳-세다
>   ㄹ. 밤-낮(늘), 곧-잘, 그-대로, 주룩-주룩, 흔들-흔들

위의 예들은 모두 어근과 어근이 합쳐져서 된 합성어인데, 이들 합성어의 품사를 살펴보면 (ㄱ)은 명사이며, (ㄴ)은 동사, (ㄷ)은 형용사, (ㄹ)은 부사이다.

(나) 어근의 의미 관계에 따른 분류

합성어는 어근 사이의 의미적인 관계에 따라서, '대등적 합성어, 종속적 합성어, 융합적 합성어'로 분류하기도 한다.

〈대등적 합성어〉 '대등적 합성어'는 두 어근이 독립된 뜻을 나타내면서, 서로 같은 자격으로 어울려서 이루어진 합성어이다.

> (2) ㄱ. 마-소, 앞-뒤, 안-팎(← 안ㅎ + 밖), 논-밭, 물-불
>   ㄴ. 오-가다, 오르-내리다, 검-붉다

'마소'는 '말과 소'의 뜻을 나타내므로, '마소'를 짜 이루는 어근인 '말'과 '소'는 의미적으로 대등한 관계를 이룬다. '오가다'도 '오고 가다'의 뜻을 나타내므로 '오가다'를 이루는 어근인 '오다'와 '가다'는 대등한 관계로 짜여 있다. 대등적 합성어를 짜 이룬 어근이 체언인 경우에는 속뜻으로 조사 '-와/-과'를 통해서 이어질 수 있는 관계이

며, 어근이 용언인 경우에는 연결 어미 '-고'를 통해서 이어질 수 있는 관계이다.

〈 종속적 합성어 〉 '종속적 합성어'는 두 어근이 각각 독립된 뜻을 나타내기는 하지만, 앞 어근의 의미가 뒤 어근의 의미를 수식하는 합성어이다.

(3) ㄱ. 칼-날, 시골-집, 겨울-비, 술-집, 늦-벼, 누비-이불, 새-집, 이-것, 늙은-이, 잔-소리
ㄴ. 긁어-모으다, 들어-가다, 얻어-먹다, 얕-보다, 붙-잡다, 늦-되다

(ㄱ)의 '칼날'은 '칼의 날'이라는 뜻으로, (ㄴ)의 '긁어모으다'는 '긁어서 모으다'의 뜻이며, '얕보다'는 '얕게 보다'의 뜻으로 쓰이면서, 앞의 어근이 뒤의 어근의 의미를 수식하는 관계로 짜였다. 종속적 합성어를 짜 이룬 어근이 체언인 경우에는 관형격 조사 '-의'로 이어질 수 있는 관계이며, 어근이 용언인 경우에는 연결 어미 '-어서'나 '-게'로 이어질 수 있는 관계이다.

〈 융합적 합성어 〉 '융합적 합성어'는 앞의 어근과 뒤의 어근의 의미가 서로 녹아 붙어서, 각 어근의 본래의 뜻이 유지되지 않고 새로운 의미를 나타내는 합성어이다.

(4) ㄱ. 밤낮, 춘추(春秋), 강산(江山), 삼촌(三寸)
ㄴ. 캐내다, 날뛰다, 돌보다, 감돌다

(4)의 합성어는 개별 어근의 기본적인 뜻이 유지되어서 '대등적 합성어'나 '종속적 합성어'로 쓰일 수도 있지만, 개별 어근의 뜻과는 다른 제3의 새로운 뜻으로 바뀔 수도 있다. 곧 (ㄱ)에서 '밤낮'이 '항상'의 뜻으로, '춘추'가 '나이'의 뜻으로, '강산'이 '자연'의 뜻으로, '삼촌'이 '아버지의 형제'의 뜻으로 쓰이면 융합적 합성어이다. 그리고 (ㄴ)에서 '캐내다'가 '자세히 따져서 속 내용을 알아내다'의 뜻으로, '날뛰다'가 '함부로 덤비거나 거칠게 행동하다'의 뜻으로, '돌보다'가 '보살피다'의 뜻으로, '감돌다'가 '어떤 기체나 기운이 가득 차서 떠돌다'의 뜻으로 쓰일 때는 융합적 합성어이다.

(다) 어근의 배열 방식에 따른 분류

합성어는 합성어를 구성하는 어근의 배열 방식이 국어의 통사적인 특징에 맞게 되었느냐 아니냐에 따라서, '통사적 합성어'와 '비통사적 합성어'로 구분할 수 있다.

(다)-1. 통사적 합성어

'통사적 합성어(統辭的 合成語, syntactic compound)'는 그것을 구성하는 어근들이 결합되는 방식이 국어의 통사적인 짜임새와 같은 합성어이다. 달리 말해서 통사적 합성어는 문장 속에서 문장 성분들이 결합하는 방식(통사적 짜임새)과 동일한 방식으로 어근이 결합된 합성어이다.

(5) ㄱ. 땅콩, 이것저것, 한둘
　　ㄴ. 첫눈, 길짐승, 늙은이
　　ㄷ. 빛나다, 힘쓰다
　　ㄹ. 짊어지다, 돌아오다
　　ㅁ. 지진(地震), 일몰(日沒), 예방(豫防), 몰살(沒殺), 명산(名山), 양서(良書)

(5)는 어근과 어근이 결합하여 하나의 단어로 굳은 '통사적인 합성어'의 예인데, 이들 '통사적 합성어' 속에서 어근이 결합하는 방식은 구가 구성되는 방식과 동일하다. 곧, (ㄱ)의 '땅콩, 이것저것, 한둘'에서 어근을 구성하는 방식은 〈체언 + 체언〉의 구성이다. (ㄴ)에서 '첫눈'은 〈관형사 + 체언〉으로 구성되어 있고, '길짐승'과 '늙은이'는 〈용언의 관형사형 + 체언〉으로 구성되어 있다. 그리고 (ㄷ)의 '빛나다' 등은 모두 〈체언 + 용언〉으로 구성되어 있는 합성어이며, (ㄹ)에서 '짊어지다, 돌아오다' 등은 〈용언의 연결형 + 용언〉의 짜임으로 된 합성어이다. 끝으로 (ㅁ)과 같이 한자어 가운데 '지진(地震), 일몰(日沒), 예방(豫防), 몰살(沒殺), 명산(名山), 양서(良書)' 등은 '땅이 떨다, 해가 지다, 미리 막다, 모조리 죽이다, 이름난 산, 좋은 책'과 같이 국어의 어순에 맞게 합성어가 구성되었으므로 통사적 합성어에 해당한다.

(다)-2. 비통사적 합성어

'비통사적 합성어(非統辭的 合成語, asyntactic compound)'는 국어의 통사적인 구성 방식에 맞지 않는 방식으로 어근이 결합된 합성어이다. 곧 비통사적 합성어는 어근의 결합 방식이 문장 속에서 문장 성분이 결합하는 방식과는 다른 합성어이다.

(6) ㄱ. 늦벼, 꺾쇠, 싫증
　　ㄴ. 뻐꾹새, 부슬비, 선들바람

ㄷ. 오르내리다, 보살피다 ; 높푸르다, 굳세다

ㄹ. 살충(殺蟲), 독서(讀書) ; 하산(下山), 승선(乘船)

(6)의 합성어는 비통사적 합성어의 예이다. 먼저 (ㄱ)에서 '늦벼, 꺾쇠, 싫증'은 용언의 어간 뒤에 어미가 실현되지 않은 채로 체언을 수식하고 있다. 이 단어들이 국어의 통사적인 구조에 맞는 표현되려면 '*늦은벼, *꺾은쇠, *싫은증'과 같은 형태가 되어야 한다. (ㄴ)에서 '뻐꾹새, 부슬비, 선들바람'은 부사인 '뻐꾹, 부슬(부슬), 선들(선들)'의 뒤에 체언이 바로 결합된 합성어인데, 부사가 체언을 수식하는 것은 국어의 일반적인 통사 규칙에 어긋난다. (ㄷ)에서 '오르내리다, 보살피다, 높푸르다, 굳세다'는 용언의 어근 끼리 결합한 합성어이다. 만일 이들 용언의 어근들이 통사적 구조에 맞게 연결되려면, 앞 용언의 어간 뒤에 연결 어미가 실현되어서 '*오르고내리다, *보며살피다, *높고푸르다, *굳고세다'와 같은 형태로 합성어를 이루어야 한다. 끝으로 (ㄹ)에서처럼 한자어 합성어 가운데 '살충(殺蟲), 독서(讀書) ; 하산(下山), 승선(乘船)' 등은 한문의 문장 구조에 영향을 받아서 형성된 합성어로서, 합성어로서, 국어에서 실현되는 어순과는 어긋나므로 비통사적 합성어이다.

3.2.2. 품사에 따른 합성어의 유형

일반적으로 합성어의 유형은 합성어 자체의 품사에 따라서 정해진다. 이러한 기준으로 나눈 합성어의 유형으로는 '체언 합성어', '용언 합성어', '수식언 합성어', '독립언 합성어' 등이 있다.

(가) 체언 합성어

〈 명사 합성어 〉 명사 합성어는 어근과 어근이 결합하여 형성된 명사이다.

첫째, 통사적 합성법으로 형성된 명사 합성어로는 다음과 같은 것이 있다.

(7) ㄱ. 고추-잠자리, 밤-낮, 먹을-거리, 물-불, 칼-날, 좁-쌀, 윗-입술 ; 곳-곳, 집-집, 구석-구석, 마디-마디, 사이-사이

ㄴ. 첫-눈, 새-집, 옛-날, 헌-책

ㄷ. 들-것, 쥘-손, 날-숨, 늙은-이, 궂은-비 ; 구름-판, 구움-판, 버팀-목, 비빔-밥

(ㄱ)의 단어는 〈명사 + 명사〉로 된 합성 명사이다. 여기서 '곳곳, 집집, 구석구석, 마디마디, 사이사이'는 동일한 형태의 명사가 되풀이되어서 형성된 '반복 합성어'이다. (ㄴ)의 단어는 〈관형사 + 명사〉로 합성된 단어이며, (ㄷ)의 단어들은 〈용언의 활용형 + 명사〉의 짜임으로 된 합성어이다.

둘째, 비통사적 합성법으로 형성된 명사 합성어로는 다음과 같은 것이 있다.

(8) ㄱ. 늦-벼, 묵-밭, 먹-거리, 꺾-쇠, 싫-증
ㄴ. 뻐꾹-새, 부슬-비, 뭉게-구름, 선들-바람

(ㄱ)의 합성 명사는 〈용언 + 명사〉의 구성으로 된 합성 명사인데, 이들 단어는 용언의 어간이 체언에 바로 결합하였다. 그리고 (ㄴ)의 합성 명사는 〈부사 + 명사〉의 구성으로 된 합성 명사로서 부사가 체언을 수식하고 있다. 따라서 (8)의 합성어는 어근이 결합하는 방식이 국어의 통사 구조에 맞지 않으므로 비통사적 합성어이다.

〈 대명사와 수사 합성어 〉 대명사와 수사의 합성어는 어근과 어근이 결합하여 형성된 대명사와 수사이다.

(9) ㄱ. 여러-분, 이-분, 그-분, 저-분
ㄴ. 이-것, 그-것, 저-것

(10) ㄱ. 한둘, 두셋, 서넛, 너덧, 예닐곱, 일여덟, 열아홉
ㄴ. 하나하나

(9)는 관형사인 '여러, 이, 그, 저'와 의존 명사인 '분, 것'이 합쳐져서 된 합성 대명사이며, (10)은 수사와 수사가 결합하여 된 합성 수사이다. 이들 합성 대명사와 합성 수사는 통사적 합성어이다.

(나) 용언 합성어

〈 동사 합성어 〉 동사 합성어는 어근과 어근이 결합하여 형성된 동사이다.

① 통사적 합성어 : 통사적 합성법으로 형성된 명사 합성어로는 다음과 같은 것이 있다.

첫째, 〈명사 + 동사〉의 구조로 형성된 동사 합성어가 있다.

(11) ㄱ. 값-나가다, 때-묻다, 바람-나다
ㄴ. 결정-짓다, 끝-맺다, 등-지다, 숨-쉬다, 애-쓰다, 욕-보다, 흉-보다
ㄷ. 깃-들다, 겉-묻다, 끝-닿다, 다음-가다, 뒤-서다, 앞-서다 ; 거울-삼다, 겉-늙다, 벗-삼다, 일-삼다

(11)의 합성어를 구성하는 '명사'와 '동사'는 각각 〈주어-서술어〉, 〈목적어-서술어〉, 〈부사어-서술어〉의 통사적 관계로 결합되어 있다. 먼저 (ㄱ)에서 '값나가다'는 '값이 나가다'로 해석되므로 〈주어-서술어〉의 관계로, (ㄴ)에서 '결정짓다'는 '결정을 짓다'로 해석되므로 〈목적어-서술어〉의 관계로, (ㄷ)의 '깃들다'와 '거울삼다'는 각각 '깃에 들다'와 '거울로 삼다'로 해석되므로 〈부사어-서술어〉의 관계로 결합되었다.
둘째, 〈용언의 연결형 + 용언〉의 구조로 형성된 동사 합성어가 있다.(통사적 합성어)

(22) ㄱ. 싸고-돌다, 견고-틀다, 타고-나다
ㄴ. 굽어-보다, 날아-가다, 들어-가다, 쓸어-버리다
ㄷ. 넘어다-보다, 내려다-보다, 바라다-보다

먼저 (ㄱ)의 '싸고돌다'는 앞 용언의 어간인 '싸-'에 연결 어미 '-고'가 결합되고 그 뒤에 '돌다'가 결합되어서 이루어진 합성어이다. (ㄴ)의 '굽어보다'는 앞 용언의 어간인 '굽-'에 연결 어미 '-어'가 결합되고 여기에 '보다'가 붙어서 형성된 합성 동사이다. 그런데 (ㄷ)의 '넘어다보다'는 '넘다'의 어간에 연결 어미 '-어다(동작의 계기성)'가 붙고 여기에 '보다'가 결합하여서 된 합성어이다.
셋째, 〈부사 + 용언〉의 구조로 형성된 동사 합성어가 있다.(통사적 합성어)

(13) 가로-막다, 갓-나다, 가만-두다, 가만-있다, 그만-두다, 잘-되다, 곧이-듣다

'가로막다'와 '갓-나다'는 각각 부사인 '가로'와 '갓'에 동사인 '막다'와 '나다'가 결합하여 형성된 합성 동사이다.
② **비통사적 합성어** : 〈용언의 어간 + 용언〉의 비통사적 짜임새로 형성된 동사 합성

어가 있다.

(14) 굶-주리다, 나-가다, 나-들다, 날-뛰다, 낮-보다, 늦-되다, 돋-보다, 들-보다, 들-놓
다, 들-오다, 보-살피다, 붙-잡다, 빌-붙다, 얕-보다, 엎-지르다, 오-가다, 오르-내
리다, 우-짖다, 지-새다

(14)의 합성 동사는 앞 어근(용언)의 어간에 연결 어미가 실현되지 않고 뒤 어근(용언)
에 직접 연결된 합성어이므로 비통사적 합성어이다.

〈 형용사 합성어 〉 형용사 합성어는 어근과 어근이 결합하여 형성된 새로운 형용사이다.
첫째, 통사적 합성법으로 형성된 형용사 합성어가 있다.

(15) ㄱ. 맛-나다, 터무니-없다, 입-싸다, 배-부르다, 값-싸다, 값-없다, 재미-있다, 재
미-없다, 맛-있다 ; 남-부끄럽다, 손-쉽다, 흥-겹다, 남-다르다, 꿈-같다, 철통
-같다
ㄴ. 깎아-지르다, 게을러-빠지다
ㄷ. 다시-없다, 한결-같다 ; 잘-나다, 못-나다, 막-되다
ㄹ. 다디-달다, 떫디-떫다, 머나-멀다, 기나-길다, 하고-많다

(ㄱ)의 예는 모두 〈명사 + 용언〉의 짜임으로 된 합성 형용사이다. 이 가운데 '맛나다,
터무니없다' 등은 '맛이 나다, 터무니가 없다'와 같이 어근들이 〈주어-서술어〉의 관계
로 짜였다. '남부끄럽다, 손쉽다, 남다르다' 등은 '남에게 부끄럽다, 손에 쉽다, 남과
다르다'와 같은 의미·통사적인 관계이므로, 합성어의 어근들이 〈부사어-서술어〉의
관계로 짜였다. (ㄴ)의 예는 용언과 용언이 결합해서 된 합성 형용사이다. (ㄷ)의 예는
부사와 용언이 결합하여 형성된 합성 형용사이다. 이 가운데에서 '다시없다'와 '한결
같다' 등은 〈부사 + 형용사〉의 짜임으로 된 합성 형용사인 반면에, '잘나다', '못나다',
'막되다' 등은 〈부사 + 동사〉의 짜임으로 된 합성 형용사이다. 끝으로 (ㄷ)의 예는 동
일한 형용사 어근이 반복적으로 실현된 합성 형용사인데, 어근의 의미가 강조된다.
둘째, 비통사적 합성법으로 형성된 형용사 합성어가 있다.

(16) 높-푸르다, 검-푸르다, 검-붉다, 희-멀겋다, 곧-바르다, 넓-둥글다, 맵-차다, 굳-세
다, 재-빠르다

(16)의 합성어는 앞 어근(형용사)의 어간이 연결 어미가 실현되지 않고 뒤의 어근(형용사)에 직접적으로 결합된 합성 형용사이다.

(다) 수식언 합성어

〈**관형사 합성어**〉 관형사 합성어는 어근과 어근이 결합하여 형성된 새로운 관형사이다. 합성법으로 형성된 관형사는 그리 많지 않다.

(17) ㄱ. 한-두, 서-너, 네-댓, 대-여섯, 예-닐곱, 여-남은

ㄴ. 단-돈, 온-갖 ; 몹-쓸

(18) 몇-몇

(17)의 (ㄱ)에서 '한두, 서너, 대여섯, 예닐곱'은 수 관형사와 수 관형사가 합쳐졌으며, '여남은'은 수사인 '열'과 동사 '남다'의 관형사형인 '남은'이 결합하였다. (17)의 (ㄴ) '단돈'과 '온갖'은 각각 관형사인 '단'과 '온'에 명사인 '돈, 갖(가지)'가 결합하였으며, '몹쓸'은 부사 '못'에 동사 '쓰다'의 관형사형인 '쓸'이 결합하였다. 그리고 (18)의 '몇몇'은 관형사인 '몇'이 되풀이된 '반복 합성어'이다.

〈**부사 합성어**〉 부사 합성어는 어근과 어근이 결합하여 형성된 새로운 부사이다. 첫째, 일반적인 부사 합성어로서 다른 형태의 어근이 결합해서 된 부사 합성어가 있다.

(19) ㄱ. 밤-낮(늘), 차례-차례, 다음-다음

ㄴ. 만(萬)-날, 만(萬)-판, 백(百)-날, 한-결, 한-바탕, 한-참, 한-층, 온-종일, 어느-덧, 어느-새, 요-즈음, 접-때

ㄷ. 이른-바, 이를-테면

ㄹ. 곧-잘, 잘-못, 좀-더

(ㄱ)의 예는 〈명사 + 명사〉의 짜임으로 된 부사이다. 예를 들어서 '밤낮'은 명사인 '밤'과 '낮'이 합쳐져서 된 말인데, 이 말이 '늘'이라는 뜻을 나타내는 부사가 되었다. (ㄴ)은 〈관형사 + 명사〉의 짜임으로 된 부사이다. '만날, 만판, 백날'은 '만(萬)'과 '백(百)'과 같은 수 관형사가 명사와 결합되었다. '접때'는 지시 관형사인 '저'와 명사인 '때'가 결합하였는데, '접'은 '저'의 형태론적 변이 형태이다. (ㄷ)은 〈용언의 관형사형 + 의존

명사)의 짜임으로 된 합성 부사이다. '이른바'는 동사 '이르다(謂)'의 관형사형인 '이른'에 의존 명사인 '바'가 결합하여 된 합성 부사이다. 그리고 '이를테면'은 '이르다'의 관형사형인 '이를'에 의존 명사인 '터'가 결합한 뒤에, 서술격 조사인 '-이다'의 연결형인 '-이면'이 결합하여서 된 합성 부사이다. (ㄹ)의 '곧잘, 잘못, 좀더'는 부사와 부사가 결합하여서 된 합성 부사이다. (19)의 합성 부사들은 모두 통사적인 합성어이다.

둘째, 동일한 형태의 어근이 되풀이되어서 형성된 '반복 부사 합성어'가 있다.

    (20) ㄱ. 가리-가리, 끼리-끼리, 송이-송이, 차례-차례 ; 가닥-가닥, 군데-군데, 굽이-굽이, 도막-도막, 조각-조각
       ㄴ. 하나-하나
       ㄷ. 가끔-가끔, 고루-고루, 대충-대충, 부디-부디, 어서-어서, 오래-오래, ……
       ㄹ. 두고-두고 ; 가나-오나, 들락-날락, 오다-가다, 오락-가락, 왔다-갔다, 자나-깨나, …

(ㄱ)의 예들은 명사와 명사, (ㄴ)은 수사와 수사, (ㄷ)은 부사와 부사가 되풀이되어서 합성 부사가 되었다. (ㄹ)의 예들은 동사의 어간에 연결 어미인 '-고, -나, -을락, -다'가 결합하여서 합성어가 되었다. 이들 가운데에서 '두고두고'는 동일한 형태의 동사가 되풀이된 합성어인 데에 반해서, '가나오나, 들락날락, 오다가다, 오락가락, 왔다갔다, 자나깨나' 등은 서로 대립되는 뜻을 나타내는 두 동사가 연결 어미에 의해서 합성된 말이다. (20)의 합성 부사들도 어근들이 국어의 통사적 구조와 일치하는 방법으로 합성되었기 때문에 통사적 합성어이다.

'반복 부사 합성어' 중에는 소리를 흉내내는 말인 '의성 부사(擬聲副詞)'와 모양을 흉내내는 말인 '의태 부사(擬態副詞)'가 있다.

    (21) 곰실-곰실, 구물-구물, 미끈-미끈, 빙긋-빙긋, 빤질-빤질, 소곤-소곤, 실룩-실룩, 움직-움직, 주룩-주룩, 출렁-출렁, 팔랑-팔랑, 펄럭-펄럭, 흔들-흔들, 희뜩-희뜩

    (22) 갈팡-질팡, 곤드레-만드레, 다짜-고짜, 뒤죽-박죽, 실룩-샐룩, 알롱-달롱, 알뜰-살뜰, 오순-도순, 우물-쭈물, 왈가닥-달가닥

(21)의 의성·의태 부사들은 '주룩주룩'처럼 앞의 어근과 뒤의 어근이 완전히 동일한

반복 합성어이다. 그리고 (22)의 의성·의태 부사들은 '갈팡질팡'처럼 앞의 어근과 뒤의 어근의 형태가 부분적으로 동일한 합성어이다. 이들 의성 부사와 의태 부사는 '주룩주룩'과 같은 일부 단어들을 제외하고는 어근이 단독으로 쓰이지 않는 특징이 있다.

(라) 독립언 합성어

'감탄사 합성어'는 어근과 어근이 결합하여 형성된 새로운 감탄사이다.

> (23) ㄱ. 이-개, 요-개 ; 웬-걸
>   ㄴ. 여-보, 여-봐라, 여-보게
>   ㄷ. 아이고-머니, 애고-머니

(ㄱ)에서 '이개'와 '요개'는 각각 지시 관형사 '이'와 '요'에 명사 '개'가 합성되었으며, '웬걸'은 관형사 '웬'에 의존 명사인 '것'과 조사인 '-을'이 합성되었다. (ㄴ)에서 '여보'는 지시 대명사인 '여('여기'의 준말)'에 '보다'의 하게체 명령형인 '보오'가 결합하여서 된 감탄사이다. 그리고 '여봐라, 여보게'는 지시 대명사인 '여'에 '보다'의 해라체 명령형인 '봐라'와 하게체 명령형인 '보게'가 결합되었다. (ㄷ)에서 '아이고머니'와 '애고머니'는 감탄사인 '아이고'와 '애고'에 '어머니'의 준말인 '머니'가 결합되었다.

감탄사 합성어 중에는 동일한 형태의 어근이 결합하여 형성된 반복 합성어도 있다.

> (24) ㄱ. 도리-도리, 쬠-쬠 ; 구-구, 오래-오래
>   ㄴ. 얼씨구-절씨구, 얼씨구나-절씨구나, 에야-디야

이들 반복 합성어 중에서 (ㄱ)은 동일한 형태가 반복된 것이며, (ㄴ)은 어근의 일부분이 반복된 것이다.

3.3. 파생어

파생어는 어근에 파생 접사가 붙어서 형성된 새로운 단어이다. 파생어에는 파생 접사가 어근에 붙는 위치에 따라서 '접두 파생어'와 '접미 파생어'로 나뉜다.

3.3.1. 파생 접사의 기능

파생 접사는 그것이 나타내는 문법적인 기능에 따라서 '한정적 접사'와 '지배적 접사'로 구분한다.

〈 한정적 접사, 어휘적 접사 〉 '한정적 접사(限定的 接辭, restrictive affix)' 혹은 '어휘적 접사(語彙的 接辭, lexical affix)'는 파생어를 형성하는 과정에서 원래의 말(어근)의 문법적인 성질은 바꾸지 않고, 특정한 의미만을 덧붙이는 기능을 하는 접사이다.

> (1) ㄱ. 헛손질, 애호박, 치받다
> ㄴ. 잎사귀, 눈치, 밀치다, 깨뜨리다

(ㄱ)에서 '헛-, 애-, 치-'의 파생 접사는 어근인 '손, 호박, 받다'에 어떠한 의미를 덧붙이는 기능만을 한다. 그리고 (ㄴ)에서 '-사귀, -치, -치-, -뜨리-'도 마찬가지로 어근인 '잎, 눈, 밀(다), 깨(다)'에 특정한 의미만을 덧붙인다. 이러한 접사는 어근에 어휘적인 의미만 덧붙인다는 점에서 '한정적 접사' 혹은 '어휘적인 접사'라고 하고, '한정적 접사'가 어근에 특정한 의미를 덧붙이는 기능을 '한정적 기능'이라고 한다.

〈 지배적 접사, 통사적 접사 〉 파생 접사 가운데는 어근에 특정한 뜻만 덧붙이는 것이 아니라, 문장의 통사적 구조를 바꾸거나 혹은 어근의 품사를 바꾸는 기능을 하는 것도 있다. 이러한 기능을 하는 파생 접사를 '지배적 접사(支配的 接辭, governing affix)' 혹은 '통사적 접사(統辭的 接辭, syntactic affix)'라고 한다.

첫째, 지배적 접사가 붙어서 형성된 단어가 쓰이면 문장의 구조가 바뀔 수가 있다.

> (2) ㄱ. 호랑이가 토끼를 먹는다.
> ㄴ. 토끼가 호랑이에게 먹힌다.
> ㄷ. 사육사가 호랑에게 토끼를 먹인다.

(2)에서 '먹히다'와 '먹이다'는 각각 어근 '먹(다)'에 파생 접미사 '-히-'와 '-이-'가 결합되어서 된 파생어이다. 그런데 '먹다'가 서술어로 쓰인 문장은 기본적으로 (ㄱ)처럼 '주어 + 목적어 + 서술어'의 구조를 취한다. 이에 반해서 '먹히다'가 서술어로 쓰인 문장은 (ㄴ)에서처럼 〈주어 + 부사어 + 서술어〉의 구조를 취하며, '먹이다'가 서술어로

쓰인 문장은 (ㄷ)처럼 〈주어 + 부사어 + 목적어 + 서술어〉의 구조를 취한다. 이처럼 파생 접사인 '-히-'와 '-이-'는 어근에 붙어서 그것이 쓰인 문장의 통사적인 구조를 바꾸는 기능을 한다.

둘째, 지배적 접사는 어근과는 다른 품사의 파생어를 형성하기도 한다.

(3) 먹-_동 + -이 → 먹이_명   잦-_형 + -우 → 자주_부

(3)에서 '먹이'는 동사인 어근 '먹-'에 파생 접사 '-이'가 붙어서 된 명사이며, '자주'는 형용사인 어근 '잦-'에 파생 접사 '-우'가 붙어서 된 부사이다. 곧 파생 접사 '-이'와 '-우'는 어근의 품사를 바꾸는 기능을 한다. 결국 (2~3)의 파생 접사 '-히-, -이- ; -이, -우'는 모두 지배적 접사가 되는데, 지배적 접사에서 나타나는 기능을 '지배적 기능'이라고 한다.

앞의 (1)에서처럼 어근에 한정적 접사가 붙어서 새로운 파생어를 만드는 방법을 '어휘적 파생법(語彙的 派生法, lexical derivation)'이라고 하고, (2~3)에서처럼 어근에 지배적 접사가 붙어서 파생어를 형성하는 방법을 '통사적 파생법(統辭的 派生法, syntactic derivation)'이라고 한다.

3.3.2. 접두 파생어

어근의 앞에 붙어서 새로운 단어를 만드는 문법적인 절차를 '접두 파생법'이라고 하고, 접두 파생법에 따라서 만들어진 파생어를 '접두 파생어'라고 한다.

(가) 접두 파생어의 특징

접두 파생어는 접미 파생어에 비하여 다음과 같은 세 가지의 특징이 나타난다.

첫째, 접두 파생어는 접미 파생어에 비해서 생산성이 약하다. 곧 접두 파생법으로 형성된 파생어의 종류는 접미 파생법으로 이루어진 파생어의 종류보다 훨씬 적은데, 이는 각각의 접두사와 결합하는 어근이 매우 한정되어 있기 때문이다.

둘째, 접두 파생어에서 접두사에는 일반적으로 어근의 품사를 바꾸거나 통사 구조를 바꾸는 '지배적 기능'은 없고, 어근의 의미를 제한하는 '한정적 기능'만 있다.

(4) ㄱ. 접두사 + 명사   → 파생 명사   : <u>강</u>더위, <u>개</u>살구, <u>군</u>소리

　　ㄴ. 접두사 + 동사   → 파생 동사   : <u>빗</u>맞다, <u>되</u>새기다, <u>헛</u>갈리다

　　ㄷ. 접두사 + 형용사 → 파생 형용사 : <u>구</u>슬프다, <u>새</u>까맣다, <u>애</u>젊다

(ㄱ)에서 '강더위, 개살구, 군소리'는 어근인 명사 '더위, 살구, 소리'에 파생 접두사인 '강-, 개-, 군-'이 붙어서 된 말이지만 품사의 변화는 일어나지 않는다. (ㄴ)의 '빗맞다, 되새기다, 헛갈리다'는 동사 어근에 접두사인 '빗-, 되-, 헛-'이 붙었고, (ㄷ)의 '구슬프다, 새까맣다, 애젊다'는 형용사 어근에 접두사인 '구-, 새-, 애-'가 붙어서 파생어가 되었지만 품사는 바뀌지 않는다. 이렇게 접두사가 붙어도 파생어의 품사가 바뀌지 않는 것은 접두사가 어근에 앞서서 실현되기 때문이다.

　이처럼 접두사에는 한정적 기능만 있을 뿐이지 지배적인 기능은 없는 것이 보통인데, 예외적으로 접두 파생어의 품사가 어근의 품사와 다른 것도 있다.(지배적 기능)

(5) ㄱ. 메- + 마르다 (동사)   → 메마르다   　(형용사)

　　ㄴ. 숫- + 되다　 (동사)   → 숫되다　 　(형용사)

　　ㄷ. 걸- + 맞다　 (동사)   → 걸맞다　 　(형용사)

(5)에서 (ㄱ)의 '메마르다'는 동사 어근인 '마르다'에 접두사 '메-'가 붙어서 된 형용사이다. 그리고 (ㄴ)의 '숫되다'는 동사 어근인 '되다'에 접두사인 '숫-'이 붙어서 된 형용사이며, (ㄷ)의 '걸맞다'는 동사 어근인 '맞다'에 접두사인 '걸-'이 붙어서 된 형용사이다. 이들 단어는 모두 동사 어근에 접두사가 붙었는데도 파생어의 품사가 형용사로 바뀌었는데, 이러한 예로는 '메마르다, 강마르다 ; 숫되다, 암되다, 엇되다, 올되다, 좀되다, 헛되다 ; 걸맞다, 알맞다' 등이 있다.(왕문용·민현식 1996:76)

　셋째, 접두사는 체언과 용언의 어근에만 붙는 것이 특징인데, '덧-, 짓-, 치-, 헛-'처럼 동일한 형태의 접두사가 체언이나 용언의 어근에 두루 붙어서 파생어를 형성하는 경우도 있다.

(6) ㄱ. 덧-구두, 덧-날, 덧-널, 덧-문, 덧-버선, 덧-빗, 덧-새벽, 덧-신, 덧-저고리, 덧-장판, 덧-줄, 덧-토시, 덧-니, 덧-거리

　　ㄴ. 덧-나다, 덧-붙다, 덧-깔다, 덧-신다, 덧-바르다, 덧-걸다, 덧-묻다, 덧-걸치다, 덧-거칠다

위의 예는 모두 접두사 '덧-'이 붙어서 된 파생어들이다. 이 가운데 (ㄱ)의 예는 '덧-'이 명사로 된 어근에 붙어서 된 파생 명사이고, (ㄴ)의 예는 '덧-'이 용언에 붙어서 된 파생 동사이다.

(나) 접두 파생어의 유형

접두 파생법으로 파생되는 단어는 체언과 용언에 한정되는데, 접두 파생어의 대표적인 예를 품사별로 정리하면 다음과 같다.

첫째, 체언 앞에 접두사가 붙어서 형성된 체언 파생어가 있다. 이러한 접두사는 체언의 의미를 한정한다는 점에서 관형사와 비슷하게 기능한다.

(7) 갓-스물, 강-다짐, 개-나리, 군-것, 날-것, 덧-니, 돌-미나리, 들-깨, 막-일, 맏-아들, 맞-담배, 맨-손, 맨-꼭대기, 메-밀, 못-사내, 민-대가리, 선-머슴, 수탉(수-닭), 숫-처녀, 암퇘지(암-돼지), 애-송이, 애-당초, 엇-셈, 올-벼, 올-무, 잣-주름, 찰-거머리, 참-기름, 짓-고생, 치-사랑, 풋-고추, 핫-바지, 햇-콩, 헛-걸음, 홀-아비

(8) ㄱ. 덧신 :   덧-   신   ㄴ. 헌 가방 :   헌   가방

(7)의 접두 파생어는 체언인 어근에 접두사가 붙어서 된 파생어이므로 파생어의 최종 품사도 체언이 된다. 그리고 (8ㄱ)에서 체언인 어근 앞에 붙는 접두사 '덧-'은 '신'의 의미를 한정한다는 점에서 (8ㄴ)의 관형사 '헌'과 비슷한 역할을 한다. 그러므로 '덧신'의 '덧-'처럼 체언 앞에서 실현되는 접두사를 '관형사성 접두사'라고 한다.

둘째, 용언 앞에 접두사가 붙어서 이루어진 용언 파생어가 있다. 이러한 접두사는 용언의 의미를 한정한다는 점에서 부사와 비슷하게 기능한다.

(9) 강-마르다, 거-세다, 걸-맞다, 곱-씹다, 구-슬프다, 깔-보다, 깡-마르다, 냅-뛰다, 대-차다, 덧-나다, 도-맡다, 되-감다, 뒤-엎다, 드-높다, 들-끓다, 들이-닥치다, 몰-밀다, 벋-대다, 뻗-대다, 비-꼬다, 새-까맣다, 샛-노랗다, 시-꺼멓다, 싯-누렇다, 설-익다, 악-물다, 얄-밉다, 얼싸-안다, 엿-듣다, 올-곧다, 짓-누르다, 처-박다, 치-받다, 해-말갛다, 헛-되다, 휘-둥그렇다, 휘-두르다, 휩-싸다

(10) ㄱ. 강마르다 :   강-   마르다   ㄴ. 많이 먹다 :   많이   먹다

(9)의 접두 파생어는 용언인 어근에 접두사가 붙어서 된 파생어이므로 최종 품사도 용언이 된다. 그리고 (10ㄱ)에서 용언의 어근 앞에 붙는 접두사 '강-'은 어근인 '마르다'의 의미를 한정한다는 점에서 (10ㄴ)의 부사 '많이'와 비슷한 역할을 한다. 그러므로 '강마르다'의 '강-'처럼 용언 앞에서 실현되는 접두사를 '부사성 접두사'라고 한다.

3.3.3. 접미 파생어

어근의 뒤에 붙어서 새로운 단어를 만드는 문법적인 절차를 '접미 파생법'이라고 하고, 접미 파생법에 따라서 만들어진 파생어를 '접미 파생어'라고 한다.

(가) 접미 파생어의 특징

어근에 파생 접미사가 붙어서 형성된 접미 파생어에는 다음과 같은 특징이 있다. 첫째, 접두사가 한정적인 기능만 나타나는 데에 반하여, 접미사는 한정적 기능뿐만 아니라 지배적 기능도 나타낸다. 곧 어근에 접미사가 붙음으로써 어근의 품사를 바꾸거나 문장의 통사 구조를 바꿀 수도 있다.

(11) ㄱ. 패-거리, 눈-깔, 말썽-꾸러기 ; 밀-치-다, 깨-뜨리-다, 발갛다(밝-앟-다)
　　 ㄴ. 먹-이, 기쁨(기쁘-ㅁ), 밝-히-다 ; 죽-이-다, 잡히다, 물-리-다

(11)에서 (ㄱ)의 '패거리'와 '밀치다' 등은 각각 체언과 용언의 어근에 접미사가 붙어서 된 단어들이다. (ㄱ)의 단어들은 어근에 접미사가 붙어서 새로운 단어로 파생되었지만 어근의 품사도 바뀌지 않았고 또한 문장 속에서 어근만이 쓰일 경우에 비하여 문장의 구조도 바뀌지 않았다. 따라서 (ㄱ)에 쓰인 '-거리, -깔, 꾸러기, -치-, 뜨리-, -앟-' 등의 접미사는 한정적 접사이다. 이에 반해서 (11)에서 (ㄴ)의 '먹이, 기쁨, 밝히다'는 어근에 접미사가 붙음으로써 어근의 품사와 달라졌다. 그리고 '죽이다, 잡히다, 물리다'는 어근에 접미사가 붙음으로써 사동사나 피동사로 바뀌었다. 그럼으로써 어근이 문장에 쓰였을 때에 비하여 문장의 구조가 바뀔 수도 있다. 따라서 (ㄴ)에 쓰인 '-이, -ㅁ, -히-, -리-' 등의 접미사는 '지배적 접사'로 기능한다.

둘째, 접미사는 접두사에 비하여 종류도 많고 파생되는 품사도 매우 다양하다.

(12) 잎-사귀, 물-음 ; 밀-치-다, 일-하-다 ; 높-다랗-다, 슬기-롭-다 ; 다른(다르-ㄴ), 갖-
　　은 ; 정말-로, 많-이, 비로소(비롯-오) ; -밖에(밖-에), -부터(붙-어), -조차(좇-아)

(12)의 예는 모두 어근에 접미사가 붙어서 된 파생어들인데, 이들의 최종 품사를 보면
'잎사귀'는 명사, '밀치다'는 동사, '높다랗다'는 형용사, '다른'은 관형사, '정말로'는 부
사, '-밖에'는 조사이다. 따라서 접미사는 접두사와는 달리 다양한 품사의 단어를 파생
한다는 사실을 알 수 있다.

(나) 접미 파생어의 유형

접미 파생어의 유형을 파생어의 품사를 기준으로 설정해 보면 다음과 같다.
〈 명사 파생어 〉 명사 파생어는 어근에 접미사가 붙어서 형성된 명사인데, 이때 접미
사는 한정적 기능과 지배적 기능이 다 나타난다.
첫째, 체언(명사나 대명사)인 어근에 한정적 접미사가 붙어서 다시 체언이 될 수 있다.

(13) ㄱ. 패-거리, 기름-기, 성-깔, 심술-꾸러기, 구경-꾼, 남정-네, 선생-님, 윗-도리, 꾀
　　　 -돌이, 시골-뜨기, 머리-맡, 갖-바치, 나이-배기, 꾀-보, 이마-빼기, 모양-새,
　　　 모-서리, 길-섶, 뱃-심, 솜-씨, 바가지(박-아지), 벼슬-아치, 꼬락서니(꼴-악서
　　　 니), 값-어치, 지붕(집-웅), 끄트러기(끝-으러기), 끝-장, 노인-장, 문-지기, 낚시
　　　 -질, 만 원-짜리, 인사-차, 그믐-치, 하루-치, 눈-치, 영감-태기, 그루-터기, 자-
　　　 투리, 먼지-투성이, 미련-퉁이, 가슴-패기, 달-포
　　ㄴ. 너-희, 너-희-들

(ㄱ)의 파생어는 명사 어근에 접미사가 붙어서 다시 명사가 된 파생어이고, (ㄴ)의 '너
희'는 대명사 '너'에 접미사인 '-희'가 붙어서 다시 대명사가 된 파생어이다. 이들 파
생어들은 모두 어휘적 파생법으로 만들어진 단어이다.
둘째, 용언이나 부사인 어근에 지배적 접미사가 붙어서 파생 명사가 될 수 있다.

(14) ㄱ. 덮-개, 집-게, 쓰-기, 열-매, 낚-시, 먹-성, 무덤(묻-엄), 마감(막-암), 나머지(남
-어지), 노래(놀-애), 쓰레기(쓸-에기), 웃-음, 늙-정이

ㄴ. 빠르-기, 검-댕, 검-둥이, 구두쇠(굳-우쇠), 검-정, 파랑(파랗-ㅇ), 높-이, 기쁨
(기쁘-ㅁ), 길-이

ㄷ. 막-바지, 마구-잡이 ; 기러기(기럭-이), 개구리(개굴-이), 뻐꾸기(뻐꾹-이)

(14)에서 (ㄱ)의 '덮개' 등은 동사 어근에, (ㄴ)의 '빠르기' 등은 형용사 어근에, (ㄷ)의
'막바지' 등은 부사 어근에 접미사가 붙어서 명사로 파생된 단어이다. 따라서 (14)의
단어는 통사적 파생법으로 형성된 파생 명사이다.

셋째, 어근에 접미사가 붙어서 명사로 파생되기는 했으나, 어근의 문법적 성질이
분명하지 않은 것이 있다.

(15) 동그라미(동글-아미), 멍텅-구리

(15)에서 파생어의 어근인 '동글, 멍텅'은 단독으로 쓰이는 일이 없고 반드시 파생어
의 어근으로만 쓰이기 때문에, 이들 어근의 품사를 파악하기 어렵다. 이러한 특징 때
문에 이들 어근을 '불완전 어근(특수 어근, 불규칙 어근)'이라고 부른다.

〈 동사 파생어 〉 동사 파생어는 어근에 접미사가 붙어서 형성된 동사이다.

첫째, 동사 어근에 한정적 접미사가 붙어서 다시 동사가 될 수 있다.

(16) 깨-뜨리-다, 밀-치-다, 읊-조리-다, 엎-지르-다

(16)에서 접미사 '-뜨리-, -치-, -조리-, -지르-' 등은 동사 어근에 붙어서 강한 느낌
을 주는 강조의 뜻만 덧붙이고 품사나 문장의 구조를 바꾸는 기능은 없다.

둘째, 동사가 아닌 어근에 지배적 접사가 붙어서 동사가 되거나, 어근에 사동이나
피동의 지배적 접사가 붙어서 사동사나 피동사가 된다.

(17) ㄱ. 밑-지-다, 숨-지-다, 눈물-지-다 ; 일-하-다, 말-하-다, 노래-하-다, 공부-하-다

ㄴ. 없-애-다, 바루다(바르-우-다), 높-이-다, 낮-추-다 ; 미워하다(밉-어하-다),
좋아하다(좋-아하-다), 싫어하다(싫-어하-다) ; 미워지다(밉-어지-다), 예뻐지
다(예쁘- + -어지-다), 싫어지다(싫-어지-다)

ㄷ. 아니-하-다, 못-하-다, 잘-하-다, 다-하-다, 더-하-다 ; 중얼중얼-하-다, 출렁
　　출렁-하-다, 어물어물-하-다, 펄럭펄럭-하-다, 출랑출랑-하-다

(18) ㄱ. 먹-이-다, 깨-우-다, 울-리-다(사동)
　　ㄴ. 빼앗-기-다, 열-리-다, 쓰-이-다, 먹-히-다(피동)

(17)에서 (ㄱ)은 명사 어근, (ㄴ)은 형용사 어근, (ㄷ)은 부사 어근에 접미사가 붙어서
동사로 파생된 단어이다. 이들 가운데 (ㄴ)의 '미워하다'와 '미워지다' 등은 심리 형
용사인 어근 '밉-'에 동사 파생 접미사인 '-어하-'나 '-어지-'가 결합되어서 각각 타
동사와 자동사로 파생된 것이다. (18)의 단어들은 어근에 사동과 피동의 접미사가
붙어서 된 파생어인데, 이들 파생어가 서술어로 쓰인 문장의 기본 구조는 어근인 '먹
다, 깨다, 울다 ; 빼앗다, 열다, 쓰다, 먹다'가 서술어로 쓰인 문장의 기본 구조와는
다르다.
　셋째, 불완전 어근에 동사 파생 접미사가 붙어서 동사로 파생될 수도 있다.

(19) 하늘-대-다/하늘-거리-다, 망설-이-다/망설-거리-다/망설-대-다

위의 단어들은 불완전 어근인 '하늘-, 망설-'에 접미사 '-거리-, -대-, -이-'가 붙어
서 파생 동사가 되었다.
　〈 **형용사 파생어** 〉 형용사 파생어는 어근에 접미사가 붙어서 형성된 형용사이다.
　첫째, 형용사 어근에 한정적 접사가 붙어서 다시 형용사로 파생될 수가 있다.

(20) ㄱ. 달-갑-다, 차-갑-다
　　ㄴ. 굵-다랗-다, 높-다랗-다
　　ㄷ. 바쁘다(밭-브-다)
　　ㄹ. 거멓다(검-엏-다), 가맣다(감-앟-다), 발갛다(밝-앟-다), 빨갛다(빩-앟-다)

(ㄱ)은 형용사 어근에 '-갑-'이, (ㄴ)은 형용사 어근에 '-다랗-'이, (ㄷ)은 형용사 어근
에 '-브-'가, (ㄹ)은 형용사 어근에 '-엏-/-앟-'이 붙어서 새로운 단어로 파생되었다.
　둘째, 명사, 동사, 관형사, 부사 등의 어근에 지배적 접사가 붙어서 형용사로 파생될
수가 있다.

(21) ㄱ. 사람-답-다, 살-지-다, 방정-맞-다, 인정-스럽-다, 자유-롭-다, 가난-하-다

    ㄴ. 우습다(웃-읍-다), 놀랍다(놀라-ㅂ-다), 그립다(그리-ㅂ-다) ; 고프다(곯-브-다), 미쁘다(믿-브-다), 아프다(앓-브-다)

    ㄷ. 새-롭-다

    ㄹ. 아니-하-다, 못-하-다, 가득-하-다

먼저 (ㄱ)에서는 명사 어근인 '사람, 살, 방정, 인정, 자유, 가난'에 각각 접미사 '-답-, -지-, -맞-, -스럽-, -롭-, -하'가 붙어서 형용사로 파생되었다. (ㄴ)의 '우습다, 놀랍다, 그립다'는 동사 어근에 접미사 '-읍-/-ㅂ-'이 붙어서 형용사로 파생되었으며, '고프다, 미쁘다, 아프다'는 동사 어근인 '곯(다), 믿(다), 앓(다)'에 접미사 '-브-'가 붙어서 형용사로 파생되었다. (ㄷ)의 '새롭다'는 관형사 '새'에 접미사 '-롭-'이 붙어서 형성된 것으로서 파생 형용사로는 극히 드문 예이다. 끝으로 (ㄹ)에서는 부사 어근인 '아니, 못, 가득'에 접미사 '-하-'가 붙어서 형용사가 파생되었다.

  셋째, 불완전 어근에 파생 접미사가 붙어서 형용사로 파생될 수가 있다.

(22) ㄱ. 쌀쌀-맞-다, 좀-스럽-다, 상-없-다

    ㄴ. 착-하-다, 딱-하-다, 씩씩-하-다, 똑똑-하-다, 뚜렷-하-다

끝으로 위의 예들은 불완전 어근인 '쌀쌀-, 좀-, 상-, 착-, 딱-, 씩씩-, 똑똑-, 뚜렷-'에 접미사 '-맞-, -스럽-, -없-, -하-'가 붙어서 형용사로 파생된 단어이다.

  〈 관형사 파생어 〉 관형사 파생어는 어떠한 어근에 접미사가 붙어서 형성된 관형사이다. 이처럼 파생법에 의해 생성된 관형사는 그 수가 매우 드물다.

  첫째, 대명사 어근에 한정적 접사가 붙어서 다시 관형사로 파생될 수가 있다.

(23) 이-까짓, 그-까짓, 저-까짓

(23)의 단어는 대명사 어근인 '이, 그, 저'에 접미사 '-까짓'이 붙어서 관형사로 파생되었다. 따라서 이들 파생 관형사는 지배적 파생법으로 형성된 단어이다.

  둘째, 용언 어근에 지배적 접사가 붙어서 관형사로 파생될 수가 있다.

(24) 헌(헐-ㄴ), 갖은(갖-은) ; 오른(옳-은), 다른(다르-ㄴ), 바른(바르-ㄴ)

'헌'과 '갖은'은 동사 어근인 '헐-, 갖-'에 관형사형 전성 어미에서 나온 파생 접미사 '-은'이 붙어서 관형사로 파생되었다. 그리고 '오른, 다른, 바른'은 형용사 어근인 '옳-, 다르-, 바르-'에 파생 접미사 '-은'이 붙어서 관형사로 파생되었다. 이들은 모두 통사적 파생법에 의한 파생어이다.

〈**부사 파생어**〉부사 파생어는 어근에 접미사가 붙어서 형성된 부사이다.

첫째, 부사 어근에 한정적 접미사가 붙어서 다시 부사로 파생될 수가 있다.

(25) 더욱-이, 일찍-이, 방긋-이, 벙긋-이, 곧-장

위의 단어는 부사 어근인 '더욱, 일찍, 방긋, 벙긋, 곧'에 접미사 '-이'와 '-장'이 붙어서 다시 부사가 되었다.

둘째, 부사가 아닌 어근에 지배적 접미사가 붙어서 부사로 파생될 수가 있다.

(26) ㄱ. 마음-껏, 힘껏, 봄-내, 겨우-내 ; 종일-토록, 평생-토록, 이-토록, 그-토록, 저-토록 ; 이-다지, 그-다지 ; 결단-코, 맹세-코, 무심-코
ㄴ. 몰래(모르-애), 익-히, 너무(넘-우), 마주(맞-우), 도로(돌-오)
ㄷ. 실컷(싫-껏), 곧-추, 같-이, 많-이, 밝-히, 작-히, 자주(잦-우), 바로(바르-오)

(ㄱ)의 단어는 체언 어근에 접미사 '-껏, -내, -토록, -다지, -코' 등이 붙었고, (ㄴ)의 단어는 동사 어근에 접미사 '-애, -히, -우, -오'가 붙었으며, (ㄷ)의 단어는 형용사 어근에 접미사 '-껏, -추, -이, -히, -우, -오'가 붙어서 부사로 파생된 단어이다. 이들은 부사가 아닌 어근에 지배적 접미사가 붙어서 부사로 파생된 단어이다.

셋째, 불완전 어근에 접미사가 붙어서 부사로 파생될 수가 있다.

(27) 비로소(비롯-오), 전-혀, 행-여

위의 단어들은 불완전 어근인 '비롯-, 전(全)-, 행(幸)-' 등에 접미사 '-오, -혀, -여' 등이 붙어서 파생어가 된 부사이다.

〈**조사 파생어**〉조사 파생어는 어근에 접미사가 붙어서 형성된 새로운 조사이다. 파생 조사는 그 수효가 극히 드물다.

(28) 밖-에 ; -부터(붙-어), -조차(좇-아)

(28)의 '-밖에'처럼 명사 어근인 '밖'에 조사 파생 접미사인 '-에'가 붙어서 된 것과, '-부터, -조차'처럼 동사 어근인 '붙-, 좇-'에 조사 파생 접미사인 '-어/-아'가 붙어서 된 것이 있다. 이들은 명사나 동사의 어근에 접미사가 붙어서 조사로 파생되었기 때문에 통사적 파생법으로 형성된 단어이다.

3.4. 합성어와 파생어의 겹침

합성어에 다시 파생 접사가 붙어서 파생어를 형성하거나, 파생어에 또다시 어근이 붙어서 합성어가 되는 경우도 있다.
〈 합성어가 다시 파생어가 된 경우 〉 어근과 어근이 결합하여 먼저 합성어를 이룬 다음에, 그 합성어에 파생 접사가 붙어서 된 파생어도 있다.

(1) ㄱ. 매 한 가지   ㄴ. 해 돋 이
          (합)   (합)
       (파)   (파)

(ㄱ)에서 '매한가지'는 '한'과 '가지'가 합쳐져서 '한가지'라는 합성 명사를 이루게 된다. 이렇게 형성된 '한가지'에 다시 접두사 '매-'가 붙어서 '매한가지'가 형성되었는데, 이때 '한가지'는 하나의 어근의 역할을 하게 된다. '매한가지'는 단어의 전체적인 짜임새를 고려하면 어근에 접두사가 붙어서 된 파생어이다. (ㄴ)에서 '해돋이'는 먼저 '해'와 '돋-'이 결합하여 '해돋-'이라는 합성 어근을 형성한다. 그리고 '해돋-'에 접미사인 '-이'가 붙어서 '해돋이'와 같은 파생 명사가 형성되었는데, 이때 '해돋-'은 전체 파생어의 구조 속에서 어근의 역할을 하게 된다. 결국 '매한가지'와 '해돋이'는 그것이 형성된 절차를 감안하면 합성어가 파생된 현상으로 볼 수 있다. '매한가지'와 '해돋이'의 구조는 간략하게 보이면 [매-[한-가지]]와 [[해-돋]-이]로 나타낼 수 있다.
첫째, 접두 파생어로서 모두 [접사-[어근-어근]]의 짜임새로 된 단어가 있다.

(2) ㄱ. 꽁-보리밥, 날-도둑놈, 양-숟가락, 양-잿물, 어리-굴젓, 차-좁쌀, 한-밑천, 한-밤중, 해-암탉, 허허-벌판

ㄴ. 되-돌아가다, 빗-나가다, 내-팽개치다, 내-동댕이치다

(ㄱ)의 '꿍보리밥'은 [꿍-[보리-밥]]의 짜임으로 된 파생 명사이며, (ㄴ)의 '되돌아가다'는 [되-[돌아-가(다)]]의 짜임새로 된 파생 동사이다.

둘째, 접미 파생어로서 모두 [[어근-어근]-접사]의 짜임새로 된 단어가 있다.

(3) ㄱ. 거짓말-쟁이, 곰배팔-이, 흙손-질, 술래잡-기, 피돌-기, 하루살-이, 가슴앓-이, 모내-기, 맞난-이, 귀밝-이, 발버둥-질, 무자맥-질, 육손-이, 뗄나무-꾼, 껶꽃-이, 날치-기, 드난-꾼, 나들-이, 맞보-기, 잔손-질, 잔소리-꾼, 높낮-이, 거저먹-기, 마구잡-이, 막벌-이

ㄴ. 깃들-이(다), 낯익-히(다), 약올-리(다), 발맞-추(다), 구워박-히(다), 돋보-이(다), 둘러싸-이(다), 매달-리(다), 가로막-히(다), 배배꼬-이(다)

(ㄱ)에서 '거짓말쟁이'는 [[거짓-말]-쟁이]의 짜임으로 된 파생 명사이며, (ㄴ)의 '낯익히다'는 [[낯-익]-히(다)]의 짜임으로 된 파생 동사이다.

〈 파생어가 다시 합성어가 된 경우 〉 어근에 파생 접사가 붙어서 된 파생어에 다시 어근이 결합하여, 합성어를 형성하는 경우도 있다.

(ㄱ)에서 어근 '웃-'에 파생 접사 '-음'이 붙어서 접미 파생어인 '웃음'이 형성되었고 '웃음'에 다시 어근인 '꽃'이 결합되어 최종적으로 합성어인 '웃음꽃'이 형성되었다. (ㄴ)에서는 어근인 '걸-(← 걷-)'에 파생 접미사 '-음'이 결합되어 접미 파생어인 '걸음'이 형성되고 나서, 이 '걸음'에 다시 어근인 '첫'이 결합되어 합성어인 '첫걸음'이 만들어졌다. 이들 단어의 짜임새는 [[웃-음]-꽃]과 [첫-[걸-음]]으로 나타낼 수 있다.

첫째, [[어근-접사]-어근]이나 [[접사-어근]-어근]의 짜임으로 된 합성어가 있다.

(5) ㄱ. 곰-국, 구김-살, 구름-판, 군불-솥, 글씨-체, 낚시-터, 눈깔-사탕, 눈칫-밥, 돌감-나무, 디딤-돌, 막장-일, 바깥-옷, 바느질-고리, 얼음-장, 차돌-모래, 한글-날

; 한숨-쉬다, 달음질-치다, 끊임-없다, 틀림-없다, 달음박질-치다

ㄴ. 꿈-꾸다, 끝장-나다, 눈치-보다, 몰려-다니다, 본때-있다, 앞장-서다, 올려-놓다

(ㄱ)에서 '곰국'은 [[고-ㅁ]-국]과 같이 짜인 합성 명사이며 (ㄴ)에서 '꿈꾸다'는 [[꾸-ㅁ]-꾸다]의 짜임새로 된 합성 동사이다.

둘째, [어근-[어근-접사]]의 짜임으로 형성된 합성어가 있다.

(6) ㄱ. 가로-글씨, 겉-넓이, 겉-눈썹, 겨우-살이, 나눗-셈, 너털-웃음, 늦-더위, 늦-잠, 마른-갈이, 말-눈치, 맞-바느질, 물-놀이, 밀-개떡, 반-찰떡, 밭-고랑, 뱃-노래, 봄-추위, 산-울타리, 선-걸음, 소꿉-놀이, 손-바느질, 쇠-차돌, 심심-풀이, 아귀-다툼, 아침-잠, 옷-차림, 잦은-걸음, 젖-몸살, 첫-걸음, 첫-더위, 코-웃음, 흙-빨래, 힘-겨룸

ㄴ. 기-막히다, 입-맞추다, 갈라-붙이다, 덜어-내다, 흩-날리다

(ㄱ)에서 '가로글씨'는 [가로-[글-씨]]의 짜임으로 된 합성 명사이며, (ㄴ)에서 '기막히다'는 [기-[막-히-다]]의 짜임으로 된 합성 동사이다.

이처럼 합성법과 파생법이 여러 번 되풀이되면서 더욱 복잡한 단어가 형성되는 경우가 많다. 여기서는 복잡하게 짜인 복합어 중에서 합성어인 '씨암탉걸음'과 파생어인 '물샐틈없이'를 예로 삼아서, 어근과 파생 접사가 거듭되어서 아주 복잡하게 짜인 복합어의 짜임새를 살펴보기로 한다.

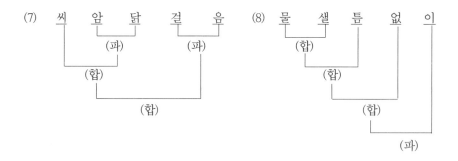

(7)에서 '씨암탉걸음'은 합성법과 파생법이 함께 적용되어서 아주 복잡한 구성을 하고 있는 복합어이다. 먼저 파생 접사 '암-'이 어근인 '닭'에 결합하여 파생 명사인

'암탉'을 형성하고, 이 '암탉'의 앞에 어근인 '씨'가 다시 결합하여 '씨암탉'이 형성된다. 그리고 한편으로는 어근인 '걷-'에 접미사 '-음'이 결합하여 '걸음'이 만들어진다. 최종적으로 합성어인 '씨암탉'과 파생어인 '걸음'이 결합하여서 '씨암탉걸음'이 형성되었다. 이 '씨암탉걸음'은 단어의 최종적인 형성 방법을 감안하면 합성어에 해당한다.

그리고 (8)에서 '물샐틈없이'는 먼저 '물'과 '새다'의 관형사형인 '샐'이 합쳐져서 합성어 '물샐'이 형성되고, 이 '물샐'에 '틈'이 붙어서 다시 합성 명사 '물샐틈'이 만들어진다. 그리고 '물샐틈'에 형용사인 '없다'의 어간 '없-'이 결합하여 형용사의 어간인 '물샐틈없(다)'를 이룬 다음에, 마지막으로 접미사 '-이'가 붙어서 부사인 '물샐틈없이'가 파생되었다. 단어의 최종적인 형성 방법을 감안하면 '물샐틈없이'는 파생어이다.

3.5. 복합어의 음운 변동

어근에 접사가 붙어서 파생어가 되거나 어근과 어근이 결합하여 합성어가 되는 과정에서, 어근이나 접사의 형태가 바뀔 수 있다. 이러한 현상을 '복합어의 음운 변동'이라고 한다.

3.5.1. 합성어의 음운 변동

어근과 어근이 합쳐져서 합성어가 되는 과정에서 어근의 형태가 바뀔 수 있다.

첫째, 어근과 어근이 결합하여 하나의 합성 명사를 이룰 때에, 그 사이에 특정한 소리가 첨가되거나 어근의 형태가 교체될 수가 있다.

(1) ㄱ. 촛불(초 + 불 → /초뿔/), 뱃사공(배 + 사공 → /배싸공/), 밤길(밤 + 길 → /밤낄/)

ㄴ. 봄비(봄 + 비 → /봄삐/), 촌사람(촌 + 사람 → /촌싸람/), 물독(물 + 독 → /물똑/)

(2) ㄱ. 잇몸(이 + 몸 → /인몸/), 콧날(코 + 날 → /콘날/)

ㄴ. 집일(집 + 일 → /짐닐/), 솜이불(솜 + 이불 → /솜니불/), 물약(물 + 약 → /물냑/ → /물략/)[1] ; 뒷일(뒤 + 일 → /뒨닐/), 댓잎(대 + 잎 → /댄닙/)

---

1) '물약'은 사잇소리 현상에 따라서 /ㄴ/이 덧생겨서 /물냑/으로 변동한 뒤에, 또다시 자음 동화

(1)과 (2)는 이른바 사잇소리 현상의 예이다. 먼저 (1)의 예는 뒤 어근의 첫소리가 된소리로 교체되는 예이다. 곧 '촛불, 뱃사공, 밤길 ; 봄비, 촌사람, 물독'처럼 앞 어근의 끝소리가 울림소리(유성음)이고 뒤 어근의 첫소리가 안울림(무성)의 예사소리이면, 뒤의 예사소리가 된소리로 바뀔 수가 있다. 다음으로 (2)의 예는 어근과 어근 사이에 /ㄴ/이 첨가된 예이다. (ㄱ)의 '잇몸, 콧날'처럼 앞 어근이 모음으로 끝나고 뒤 어근이 /ㅁ, ㄴ/으로 시작되면, /ㄴ/ 소리가 첨가될 수 있다. 그리고 (ㄴ)의 '집일, 솜이불, 물약 ; 뒷일, 댓잎'처럼 뒤의 어근이 모음 /i/나 반모음 /j/로 시작될 때도, /ㄴ/이 하나 혹은 둘이 겹쳐서 첨가될 수 있다.2)

둘째, 끝소리가 /ㄹ/인 앞 어근에 뒤 어근이 합쳐져서 합성어가 될 때에, 앞 어근의 끝소리인 /ㄹ/이 /ㄷ/로 교체되거나 탈락할 수 있다.

> (3) ㄱ. 반짇고리(바느질 + 고리), 사흗날(사흘 + 날), 삼짇날(삼질 + 날), 섣달(설 + 달), 숟가락(술 + 가락), 이튿날(이틀 + 날), 푿소(풀 + 소), 잗주름(잘- + 주름) ; 섣부르다(설- + 부르다), 잗다듬다(잘- + 다듬다)
> ㄴ. 마소(말 + 소), 마되(말 + 되), 무자위(물 + 자위), 부나비(불 + 나비), 부삽(불 + 삽), 부손(불 + 손), 소나무(솔 + 나무), 싸전(쌀 + 전), 우짖다(울- + 짖다), 화살(활 + 살)

(ㄱ)에서 '반짇고리'는 체언 어근인 '바느질'과 '고리'가 합쳐져서 합성 명사가 되는 과정에서 앞 어근의 끝소리인 /ㄹ/이 /ㄷ/으로 교체되었다. '섣부르다'는 용언 어근인 '설다'와 '부르다'가 합쳐져서 합성 동사가 되는 과정에서 /ㄹ/이 /ㄷ/으로 교체되었다. 그리고 (ㄴ)에서 '마소'는 체언 어근인 '말'과 '소'가 합쳐져서 합성 명사가 되는 과정에서, 그리고 '우짖다'는 용언 어근인 '울다'와 '짖다'가 합쳐져서 합성 동사가 되는 과정에서 앞 어근의 끝소리 /ㄹ/이 탈락하였다. 이처럼 앞 어근의 끝소리인 /ㄹ/이 탈락되는 현상은, 뒤 어근의 첫소리가 잇몸소리(치조음)인 /ㄴ, ㄷ, ㅅ/이나 센입천장소리(경구개음)인 /ㅈ/인 때에 일어난다.

셋째, 어근과 어근이 합쳐져서 하나의 합성어가 되는 과정에서 /ㅂ/, /ㅎ/ 등이 첨가될 수 있다.

현상에 따라서 /물략/으로 변동하였다.
2) 고등학교 문법(2010:73)에서는 어근과 어근이 결합하여 합성 명사를 형성하는 과정에서 일어나는 이러한 음운 변동 현상을 '사잇소리 현상'이라고 한다.

(4) ㄱ. 좁쌀(조 + 쌀), 댑싸리(대 + 싸리), 입때(이 + 때), 볍씨(벼 + 씨) ; 내립떠보다(내리
　　 – + 뜨– + –어 + 보다)

　　ㄴ. 머리카락(머리 + 가락), 살코기(살 + 고기), 안팎(안 + 밖), 마파람(마 + 바람)

(ㄱ)의 '좁쌀'은 '조'와 '쌀'이 합쳐지면서 두 어근 사이에 /ㅂ/이 첨가되었으며, (ㄴ)의 '머리카락'은 '머리'와 '가락'이 합쳐지면서 /ㅎ/이 덧생겼다.

　이처럼 합성어가 되는 과정에서 앞 어근의 /ㄹ/이 /ㄷ/으로 교체되거나 탈락할 수도 있고, 어근과 어근 사이에 /ㅎ/이나 /ㅂ/이 첨가될 수도 있는데, 이러한 변동 현상은 파생어가 형성되는 과정에서 일어나는 변동 현상과 동일하다.

　이처럼 합성어나 파생어가 형성되는 과정에서 일어나는 음운의 변동은 개별 단어에서 일어나는 한정적 변동이다.

(5) ㄱ. 철새(철 + 새), 물지게(물 + 지게), 발등(발 + 등)

　　ㄴ. 푿소(풀 + 소), 잗주름(잘– + 주름), 섣달(설 + 달)

　　ㄷ. 마소(말 + 소), 무자위(물 + 자위), 다달이(달 + 달 + 이)

(5)에 제시된 합성어는 동일한 음운적인 환경에서 합성어가 형성되었다. 그런데 (ㄱ)의 '철새, 물지게, 발등'처럼 변동이 일어나지 않거나, (ㄴ)의 '푿소, 잗주름, 섣달'처럼 /ㄹ/이 /ㄷ/으로 교체되거나, (ㄷ)의 '마소, 무자위, 다달이'처럼 /ㄹ/이 탈락하는 변동이 일어났다. 이처럼 파생어와 합성어에서 일어나는 음운의 변동은 개별적으로 일어나는 한정적 변동 현상이다.

3.5.2. 파생어의 음운 변동

　파생법의 음운 변동 현상은 '접두 파생어'의 음운 변동과 '접미 파생어'의 음운 변동으로 나누어서 살펴볼 수 있다.

　〈 접두 파생법어 음운 변동 〉 접두사가 어근에 붙어서 파생어가 형성될 때에, 접두사나 어근의 형태가 바뀔 수 있다.

(6) ㄱ. 할아버지(한- + 아버지), 걸터듬다(걸- + 더듬다)

　　ㄴ. 오조(올- + 조), 오되다(올- + 되다)

　　ㄷ. 멥쌀(메- + 쌀), 찹쌀(차- + 쌀), 햅쌀(해- + 쌀) ; 냅뛰다(내- + 뛰다), 휩싸다(휘- + 싸다), 휩쓸다(휘- + 쓸다)

　　ㄹ. 암캐(암- + 개), 수캐(수- + 개), 암캉아지(암- + 강아지), 수캉아지(수- + 강아지), 암탉(암- + 닭), 수탉(수- + 닭)

(ㄱ)의 '할아버지'에서는 접두사인 '한-'이 어근인 '아버지'에 붙으면서 '한-'의 끝소리 /ㄴ/이 /ㄹ/로 바뀌었으며, '걸터듬다'에서는 접두사인 '걸-'이 어근인 '더듬다'에 붙으면서 어근의 형태가 '터듬다'로 바뀌었다. (ㄴ)의 '오조'와 '오되다'에서는 '올-'이 '조'와 '되다'에 붙으면서 '올-'의 끝소리인 /ㄹ/이 줄었는데, 이렇게 /ㄹ/이 탈락하는 현상은 접두사의 끝소리인 /ㄹ/이 잇몸소리인 /ㄴ, ㄷ, ㅅ/이나 센입천장소리인 /ㅈ/으로 시작하는 어근 앞에서 탈락한다. (ㄷ)의 '멥쌀, 찹쌀, 햅쌀'에서는 '메-, 차-, 해-'가 '쌀'에 붙으면서 /ㅂ/이 첨가되었으며, '냅뛰다, 휩싸다, 휩쓸다'에서는 '내-, 휘-'가 '뛰다, 싸다, 쓸다'에 붙으면서 /ㅂ/이 첨가되었다.[3] 끝으로 (ㄹ)의 '암캐, 수캐' 등에서는 접두사 '암-', '수-'가 '개'와 '닭'에 붙으면서 /ㅎ/이 첨가되었다.[4]

　그런데 어근에 접두사가 붙어서 파생어가 되는 과정에서 어근과 접두사의 형태가 모두 바뀌는 경우도 있다.

(7) 할머니(한- + 어머니), 할미(한- + 어미), 할멈(한- + 어멈)

---

3) 이들 합성어에서 /ㅂ/이 덧나는 것은 역사적인 이유가 있다. '찹쌀'을 예로 들어서 설명하면 지금의 '쌀'의 옛말은 'ᄡᆞᆯ'이었는데, 이 단어의 첫소리의 자음인 'ᄡ'은 겹소리로서 /ps/로 발음되었다. 단어 첫머리의 겹자음 소리로 말미암아 합성어가 되면서 'ᄎᄡᆞᆯ'로 발음되던 것이 현대어에 와서는 '찹쌀'이 된 것이다. 그런데 이와 같은 설명은 이 단어의 통시적(역사적) 변화 과정에 기대어서 한 것이다. 그러나 공시적으로 볼 때에는 본문의 설명과 같이 어근과 어근이 결합하여 하나의 합성어가 될 때에는 별다른 이유 없이 /ㅂ/이 첨가된다 설명할 수 있을 뿐이다.

4) 옛말에는 /ㅎ/으로 끝나는 말이 있었는데, '머리ㅎ(頭), 술ㅎ(膚), 안ㅎ(內), 마ㅎ(南)'과 '수ㅎ(雄), 암ㅎ(雌)' 등이 그것이다. (1ㄹ)의 '수캐, 암캐' 등의 단어는 /ㅎ/으로 끝나는 접두사가 체언으로 된 어근에 붙어서 파생어가 되면서, 뒤의 어근의 자음이 앞의 어근의 끝소리 /ㅎ/과 축약되어서 거센소리로 바뀐 형태가 현대어로 굳은 것이다. 그러나 공시적으로 볼 때에는 본문의 설명과 같이 어근과 어근이 결합하여 하나의 합성어가 될 때에는 별다른 이유 없이 /ㅎ/이 첨가된다고 설명할 수 있을 뿐이다.

(7)에서 '할머니, 할미, 할멈' 등은 파생어가 형성되는 과정에서 접두사 '한-'이 '할-'로 바뀌고, 어근 '어머니'도 형태가 줄어져서 '머니, 미, 멈'으로 바뀌었다.

〈 접미 파생어의 음운 변동 〉 어근 뒤에 접미사가 붙어서 파생어가 될 때, 어근의 형태가 바뀌는 경우가 있다.

(8) ㄱ. 겨우내(겨울 + -내), 따님(딸 + -님), 뿌다구니(뿔 + -다구니), 푸성귀(풀 + -성귀), 바느질(바늘 + -질) ; 가느다랗다(가늘- + -다랗-), 기다랗다(길- + -다랗-)
　　 ㄴ. 모가치(몫 + -아치), 기스락(기슭 + -악)
　　 ㄷ. 잔다랗다(잘- + -다랗-)
　　 ㄹ. 강아지(개 + -아지), 망아지(말 + -아지), 송아지(소 + -아지)

(ㄱ)의 '겨우내'와 '따님'에서는 명사 어근인 '겨울'과 '딸'에 접미사 '-내'와 '-님'이 붙으면서, 그리고 '가느다랗다, 기다랗다'에서는 형용사 어근인 '가늘-'과 '길-'에 접미사 '-다랗-'이 붙으면서, 어근의 끝소리 /ㄹ/이 탈락하였다. (ㄴ)의 '모가치'와 '기스락'은 어근인 '몫'과 '기슭'에 접미사 '-아치'와 '-악'이 붙으면서, 어근의 끝소리인 /ㅅ/과 /ㄱ/이 탈락하였다. (ㄷ)의 '잔다랗다'는 형용사 어근인 '잘(細)-'에 접미사 '-다랗-'이 붙으면서 어근의 끝소리인 /ㄹ/이 /ㄷ/으로 교체되었다. 끝으로 (ㄹ)의 '강아지, 망아지, 송아지'는 어근인 '개, 말, 소'에 접미사 '-아지'가 붙으면서, 어근의 형태가 '강-, 망-, 송-'으로 교체되었다.

그리고 어근이 불규칙 용언일 때에는 파생 접사가 붙어서 다른 품사로 파생되는 과정에서, 불규칙 용언의 활용상의 특성 때문에 어근의 형태가 바뀔 수도 있다.

(9) ㄱ. 걸음(걷- + -음), 물음(묻- + -음), 누룽지(눋- + -웅지)
　　 ㄴ. 구이(굽- + -이), 쉬이(쉽- + -이), 어려이(어렵- + -이)
　　 ㄷ. 빨리(빠르- + -이), 달리(다르- + -이) ; 눌리다(누르- + -이-), 올리다(오르- + -이-), 흘리다(흐르- + -이-)
　　 ㄹ. 파랑(파랗- + -ㅇ), 노랑(노랗- + -ㅇ), 하양(하얗- + -ㅇ)

(ㄱ)의 '걸음, 물음, 누룽지'는 'ㄷ' 불규칙 용언인 '걷다(步), 묻다(問), 눋다'의 어근(어간)에 접미사 '-음, -웅지'가 붙으면서, 어근의 끝소리 /ㄷ/이 /ㄹ/로 교체되었다. (ㄴ)의

'구이, 쉬이, 어려이'는 'ㅂ' 불규칙 용언인 '굽다(炙), 쉽다, 어렵다'의 어근에 부사 파생 접미사인 '-이'가 붙으면서 어근의 끝소리 /ㅂ/이 탈락하였다. (ㄷ)의 '빨리, 달리'는 '르' 불규칙 용언인 '빠르다(速), 다르다(異)'에 접미사 '-이'가 붙으면서 어근에 /ㄹ/이 첨가되었다. 그리고 '눌리다, 올리다, 흘리다'는 '르' 불규칙 용언인 '누르다(押), 오르다(登), 흐르다(流)'에 사동과 피동의 접미사 '-이-'가 붙어서 사동사와 피동사로 파생되면서 어근에 /ㄹ/이 첨가되었다. 끝으로 (ㄹ)의 '노랑, 파랑, 하양' 등은 'ㅎ' 불규칙 용언인 '노랗다, 파랗다, 하얗다'의 어근에 접미사 '-ㅇ'이 첨가되면서 어근의 끝소리인 /ㅎ/이 탈락하였다.

【더 배우기】

{ '-적(的)'이 붙어서 된 파생어의 특징 }

어근에 '-적(的)'이 붙은 한자어는 그 쓰임에 따라서 여러 가지 품사로 나타날 수가 있다.

> (1) ㄱ. 철수는 미국 유학을 통해서 <u>국제-적</u> 명성을 얻었다.
> ㄴ. 한글을 연구하면 <u>민족-적</u> 자부심까지 느낄 수 있다.
>
> (2) ㄱ. <u>비교-적</u> 빠른 시간 안에 논문의 진위를 밝힐 것이다.
> ㄴ. 이 일을 할 때에는 <u>가급-적</u> 신중하게 처신하십시오.
>
> (3) ㄱ. 황우석 박사의 줄기세포에 대한 연구는 한국 과학을 <u>혁신-적</u>으로 발전시켰다.
> ㄴ. 겨울이 가고 봄이 오는 것은 <u>자연-적</u>인 현상이다.

(1)에서 '국제적·경제적', '비교적·가급적', '자연적·혁신적' 등은 모두 명사에 '-적(的)'이 붙어서 된 단어이다. 이때의 '-적'은 일부 명사 뒤에 붙어서 '그 성격을 띠는'이나 '그에 관계된'의 뜻을 더하는 접미사인데, 이렇게 명사에 '-적(的)'이 붙어서 된 말은 여러 가지 품사로 파생된다. 곧 (1)에서 '국제적'과 '경제적'은 체언인 '명성'과 '소비 생활'을 직접적으로 수식하므로 관형사이다. (2)에서 '비교적'과 '가급적'은 형용사인 '빠르다'와 '신중하다'를 수식하기 때문에 부사이다. 그리고 (3)에서 '혁신적'과 '자연적'은 격조사인 '-으로'와 '-이다'에 결합되어 있으므로 명사이다.

보통의 경우에는 어근에 특정한 파생 접미사가 붙으면 하나의 품사로 확정된다. 그러나 접미사 '-적(的)'은 그것이 붙는 언어 형식의 종류에 따라서 '관형사, 부사, 명사'와 같이 서로 다른 품사로 실현되는 것이 특징이다. 고등학교 문법(2010:106)에서는 이러한 현상을 '품사의 통용(品詞 通用)'으로 처리한다.

통사론 2부

제4장 문장 성분

4.1. 문장과 문장 성분

하나의 문장을 구성하는 기본적인 요소를 '문장 성분'이라고 한다. 이러한 문장 성분으로 쓰일 수 있는 문법적인 단위로는 어절, 구, 절 등이 있다.

4.1.1. 문장의 개념과 성립 조건

'문장(文章, sentence)'은 주어와 서술어를 갖추고 있고, 서술어에 종결 어미가 실현되어 있으며, 의미적인 면에서 통일되고 완결된 내용을 갖추고 있는 언어 형식이다.

> (1) ㄱ. <u>철수가</u> 어제 새 자동차를 <u>샀다</u>.
>   ㄴ. <u>선생님께서</u> 언제 미국에 <u>가십니까</u>?

(ㄱ)과 (ㄴ)의 문장에는 '철수가'와 '선생님께서'가 주어로 쓰였으며, '샀다, 가십니까'가 서술어로 쓰였다. 그리고 서술어로 쓰인 '사다'와 '가다'에 종결 어미인 '-다'와 '-읍니까'를 실현하고 있고, 의미적인 면에서도 하나의 완결된 사건을 표현하고 있다. 따라서 (1)의 (ㄱ)과 (ㄴ)은 온전한 문장이라고 할 수 있다.

그런데 고등학교 문법(2010:148)에서는 다음과 같이 주어와 서술어가 쓰이지 않았거나, 종결 어미가 실현되지 않은 언어 형식도 문장으로 간주하고 있다.

> (2) ㄱ. 도둑이야!
>   ㄴ. 정말?

(2)의 '도둑이야!'나 '정말?'은 주어와 서술어의 구조를 갖추지 못하였거나 혹은 종결 어미가 실현되지 않았다. 그러나 의미상으로 완결된 내용을 갖추기만 하면 (2)에 실현된 언어 형식을 문장으로 인정하는데, 이는 상황이나 문맥을 통하여 생략된 요소(주어,

서술어 등)의 의미를 복원할 수 있기 때문이다.[1]

4.1.2. 문장 성분의 개념

체언, 용언, 수식언, 독립언 등의 '단어'와 이들 단어가 모여서 된 '구'나 '절' 등은 문장 속에서 일정한 기능을 하게 된다. 이처럼 특정한 문법적인 단위가 문장 속에서 담당하는 기능을 '문장 성분(文章成分)'이라고 한다.

(3) 어머나, 철수가 새 옷을 몽땅 집어갔네.

(3)에서 '철수'와 '옷'의 품사는 둘 다 체언인데, '철수'는 주격 조사 '-가'와 결합하여 주어로 쓰였으며, '옷'은 목적격 조사 '-을'과 결합하여 목적어로 쓰였다. 그리고 '집어 갔네'는 동사가 서술어로 쓰였으며, '어머나'는 감탄사가 독립어로 쓰였다. 마지막으로 '새'는 관형사가 관형어로 쓰였으며, '몽땅'은 부사가 부사어로 쓰였다. 이처럼 문장 성분은 특정한 언어 형식이 문장 속에서 쓰이는 기능상의 명칭을 일컫는다.

	어머나	철수가	새	옷을	몽땅	집어갔네
품사	감탄사	명사 + 조사	관형사	명사 + 조사	부사	동사
문장 성분	독립어	주어	관형어	목적어	부사어	서술어

[표 1. 문장 성분의 예]

4.1.3. 문장 성분의 재료

하나의 문장은 여러 가지 성분들이 모여서 이루어지는데, 문장 성분으로 쓰일 수 있는 문법적인 단위(언어 형식)로는 '어절, 구, 절' 등이 있다.

〈**어절**〉 '어절(語節)'은 문장 성분으로 쓰일 수 있는 문법적인 단위 중에서 가장 기본이 되는 것이다.

---

1) 이처럼 주어와 서술어의 구조를 갖추지 못했거나, 종결 어미가 실현되지 않고서도 문장의 기능을 하는 언어 형식을 '소형문(小形文, minor sentence)'이라고 한다.

(4) ㄱ. <u>철수는</u> <u>훈련소에서</u> <u>훈련을</u> <u>많이</u> <u>받았다.</u>

ㄴ. <u>집에</u> <u>언제</u> <u>가시겠습니까?</u>

(4)의 문장에서 밑줄 그은 말은 모두 어절로서 각각 '주어, 목적어, 부사어, 서술어' 등 여러 가지의 문장 성분으로 쓰이고 있다.

〈구〉 '구(句, phrase)'는 두 개 이상의 어절이 모여서 하나의 문법적인 단위를 이루는 언어 형식으로서, '주어-서술어'의 짜임을 갖추지 못한 단위이다. 이러한 '구'가 문장 속에서 특정한 문장 성분으로 쓰일 수 있다.

(5) ㄱ. <u>선생님의 자가용</u>이 방금 견인되었어요.　　　　[명 사 구 - 주　어]

ㄴ. 어머니께서는 밥을 <u>정말로 빨리 드신다.</u>　　　　[동 사 구 - 서술어]

ㄷ. 할머니께서 싸 주신 김치는 <u>대단히 싱거웠다.</u>　[형용사구 - 서술어]

ㄹ. 김 씨는 <u>아주 헌</u> 가방을 들고 다닌다.　　　　　[관형사구 - 관형어]

ㅁ. 작년에는 북한 지방에 비가 <u>아주 많이</u> 내렸다.　[부 사 구 - 부사어]

(5)의 (ㄱ~ㅁ)에서 밑줄 그은 문법적인 단위는 두 단어 이상으로 짜여 있으면서 각각 '명사, 동사, 형용사, 관형사, 부사'의 역할을 수행한다. (ㄱ)에서 '선생님의 자가용'은 두 단어로 짜여 있지만 하나의 명사와 같은 기능을 하므로 명사구이며, (ㄴ)에서 '정말로 빨리 드신다'는 전체적인 구성이 하나의 동사와 같은 기능을 하므로 동사구이다. 그리고 (ㄷ)에서 '대단히 싱거웠다'는 형용사구이며, (ㄹ)에서 '아주 헌'은 관형사구이며, (ㅁ)의 '아주 많이'는 부사구이다. 곧 (5)에서 '선생님의 자가용, 정말로 빨리 드신다, 대단히 싱거웠다, 아주 헌, 아주 많이' 등은 각각 '자가용, 드신다, 싱거웠다, 헌, 많이' 등의 하나의 단어와 동일하게 기능한다. 이와 같이 두 개 이상의 어절로 짜여 있는 구가 문장 속에서 특정한 문장 성분으로 기능할 수도 있다.

〈절〉 '절(節, clause)'은 주어와 서술어를 갖추고 있으나 종결 어미가 실현되지 않은 언어 형식이다. 이러한 '절'도 문장에서 특정한 문장 성분으로 기능할 수 있다.

(6) ㄱ. <u>이 책이 많이 팔리기</u>는 거의 불가능하다.　　　[명사절 - 주　어]

ㄴ. <u>철수가 만난</u> 사람이 반기문 씨이다.　　　　　　[관형절 - 관형어]

ㄷ. 철수 씨는 <u>마른 땅에 먼지가 나도록</u> 달렸다.　　[부사절 - 부사어]

ㄹ. 김삼순 씨는 <u>고집이 세다.</u>　　　　　　　　　　　[서술절 - 서술어]

ㅁ. 명박 씨가 "나는 선거에 출마한다."라고 말했어요. [인용절 – 부사어]

(6)의 문장에서 절의 쓰임을 살펴보면 다음과 같다. (ㄱ)에서 '이 책이 많이 팔리기'는 서술어의 어간에 명사형 어미인 '-기'가 붙어서 명사처럼 쓰였다. (ㄴ)에서 '철수가 만난'은 서술어의 어간에 관형사형 어미인 '-ㄴ'이 붙어서 관형사처럼 쓰였다. (ㄷ)에서 '마른 땅에 먼지가 나도록'은 서술어로 쓰인 '나다'의 어간에 부사형 어미인 '-도록'이 붙어서 부사처럼 쓰였다. 그리고 (ㄹ)에서 '고집이 세다'는 주어로 쓰인 '김삼순 씨는'에 대하여 서술어로 쓰였으며, (ㅁ)에서 '나는 대통령 선거에 출마한다'는 하나의 완전한 문장의 형식으로서 인용하는 말로 쓰였다. 이처럼 절은 주어와 서술어를 갖추고 있으면서도 문장 속에서 특정한 품사나 문장 성분처럼 쓰이는 언어 형식이다.

4.1.4. 문장 성분의 대략적인 갈래

문장 성분은 문장 속의 기능에 따라서 '주성분, 부속 성분, 독립 성분'으로 나뉜다.

첫째, '주성분(主成分)'은 문장을 이루는 데에 골격이 되는 필수적인 성분인데, 이러한 주성분이 빠지면 문장이 불완전하게 된다. 주성분으로 쓰이는 문장 성분으로는 '서술어, 주어, 목적어, 보어'가 있다.

(7) ㄱ. 철수가 우유를 마신다.   [주어–목적어–서술어]
     ㄴ. 아이가 어른이 되었다.   [주어–보어–서술어]
     ㄷ. 하늘이 맑다.   [주어–서술어]
     ㄹ. 이것은 연필이다.   [주어–서술어]

'서술어(敍述語)'는 '무엇이 어찌하다, 무엇이 어떠하다, 무엇이 무엇이다'와 같은 문장의 유형에서 '어찌하다, 어떠하다, 무엇이다'의 자리에 설 수 있는 문장 성분이다. 곧 (7)에서 '마시다, 되다, 맑다, 연필이다'가 서술어로 쓰였다. '주어(主語)'는 '무엇이'의 자리에 설 수 있는 문장 성분인데, (7)에서 '철수가, 아이가, 하늘이, 이것은'이 주어로 쓰였다. '목적어(目的語)'는 '무엇이 무엇을 어찌하다'에서 '무엇을'의 자리에 설 수 있는 문장 성분으로서, (ㄱ)에서는 '우유를'이 목적어로 쓰였다. '보어(補語)'는 문장의 서술어가 '되다' 혹은 '아니다'일 때 주어 이외에 반드시 문장에 실현되어야 하는 문장 성분으로서, (ㄴ)에서는 '어른이'가 보어로 쓰였다. 이처럼 주성분은 문장 속에서 반드시 나타나야 하는 문장 성분으로서, 발화 현장이나 문맥을 통해서 알 수 있는 경우가 아니라면 임의적으로 생략할 수 없는 문장 성분이다.

둘째, '부속 성분(附屬成分)'은 주성분을 수식하는 문장 성분으로서 '관형어'와 '부사어'가 있다. 이러한 부속 성분은 문장을 짜 이루는 데에 필수적인 성분이 아니므로, 수의적으로 실현된다.

(8) 철수는 <u>새</u> 책을 <u>모조리</u> 불태웠다.

먼저 '관형어(冠形語)'는 체언을 수식하는 문장 성분이다. (8)의 문장에서 '새'는 관형어로서 그 뒤에서 실현되는 체언인 '책'을 수식한다. 그리고 '부사어(副詞語)'는 용언을 비롯한 여러 가지 문법적 단위를 수식하는 문장 성분인데, (8)의 문장에서 '모조리'는 부사어로서 용언인 '불태웠다'를 수식한다.

셋째, '독립 성분(獨立成分)'은 그 뒤에 실현되는 다른 성분과 문법적인 관계를 맺지 아니하고 독립적으로 쓰이는 문장 성분이다.

(9) ㄱ. <u>어머나</u>, 벌써 날이 밝았구나.
　　ㄴ. <u>철수야</u>, 이 짐을 좀 들어 주렴.
(10) ㄱ. 어머나.
　　ㄴ. 철수야.

(9)의 (ㄱ)에서 '어머나'는 감탄사이며, (ㄴ)에서 '철수야'는 명사에 호격 조사가 결합된 말이다. 이들은 그 뒤에 나타나는 어떠한 문장 성분과도 문법적인 관계를 맺지 아니하므로 독립 성분(독립어)으로 쓰였다. 독립 성분은 (10)처럼 단독으로 쓰일 수 있다.

4.2. 문장 성분의 종류

문장 성분의 종류에는 주성분으로 '서술어, 주어, 목적어, 보어' 등이 있고, 부속 성분으로 '관형어'와 '부사어'가 있으며, 독립 성분으로는 '독립어'가 있다.

4.2.1. 서술어

(가) 서술어의 개념

'서술어(敍述語, predicate)'는 주어로 표현되는 대상의 동작이나 상태, 성질 등을 풀이하는 문장 성분이다. 문장 속에서 서술어로 쓰일 수 있는 언어 형식들은 다음과 같다.

첫째, 동사와 형용사는 직접적으로 서술어로 쓰일 수 있다.

(11) ㄱ. 괴물이 한강에 <u>나타났다</u>.
　　 ㄴ. 하늘이 정말로 <u>푸릅니다</u>.
　　 ㄷ. 스님은 홀연히 산 속으로 <u>사라져 버렸다</u>.

(ㄱ)에서 '나타났다'는 동사로서 문장 속에서 주어로 쓰인 '괴물'의 동작을 풀이하며, (ㄴ)에서 '푸릅니다'는 형용사로서 '하늘'의 상태를 풀이한다. 그리고 (ㄷ)에 쓰인 보조 용언 '버리다'는 일반적인 용언과는 달리 실질적인 의미도 없고 자립성도 없으므로, 그 앞에 실현된 본용언과 함께 하나의 서술어로 쓰인다. 곧 (ㄷ)에서 '사라져 버렸다'는 [본용언 + 보조 용언]의 구성으로서 하나의 서술어로 기능한다.

둘째, 체언이나 명사구, 그리고 명사절에 '-이다'가 붙어서 서술어로 쓰일 수 있다.

(12) ㄱ. 이 사람이 <u>권상우입니다</u>.
　　 ㄴ. 어제 아버님께서 데리고 온 사람은 <u>아버님의 친구였다</u>.
　　 ㄷ. 동생을 비난하는 것은 <u>누워서 침뱉기이다</u>.

(ㄱ)에서 '권상우입니다'는 체언에 서술격 조사인 '-이다'가 결합하여서 서술어로 쓰였인다. 마찬가지로 (ㄴ)에서는 명사구인 '아버님의 친구'에 '-이다'가 연결되어서, (ㄷ)에서는 명사절인 '(X가) 누워서 침뱉기'에 '-이다'가 연결되어서 서술어로 쓰인다.

셋째, 서술절이 서술어로 쓰이는 경우도 있다.

(13) ㄱ. 형은 <u>키가 크다</u>.
　　 ㄴ. 국화가 <u>꽃이 핀다</u>.

(ㄱ)에서 전체 문장의 주어로 쓰인 '형은'에 대하여 '키가 크다'는 서술어로 쓰였으며, (ㄴ)에서 전체 문장의 주어로 쓰인 '국화가'에 대하여 '꽃이 핀다'는 서술어로 쓰였다. 그런데 이들 문장에서 서술어로 기능하는 '키가 크다'와 '꽃이 핀다'는 그 자체로 주어와 서술어의 짜임새를 갖추고 있어서 절의 구조를 취하고 있다. 따라서 (13)에서 '키가 크다'와 '꽃이 핀다'는 서술절이 전체 문장의 서술어로 쓰인 것이다.

(나) 서술어의 자릿수

문장에서 서술어가 반드시 필요로 하는 문장 성분의 수는 정해져 있다. 이처럼 문장에서 서술어가 반드시 필요로 하는 문장 성분의 수를 '서술어의 자릿수'라고 한다.

서술어의 유형을 자릿수에 따라서 분류하면, '한 자리 서술어, 두 자리 서술어, 세 자리 서술어'로 나눌 수 있다.(김일웅 1987:27)

〈한 자리 서술어〉 '한 자리 서술어'는 필수적으로 요구하는 문장 성분이 하나뿐인 서술어로서, 주어만 있으면 완전한 문장을 이루는 서술어이다.

> (14) ㄱ. 꽃이 잘 <u>자란다</u>.
> ㄴ. 온 산이 정말로 <u>푸르다</u>.
> ㄷ. 이것은 <u>모자다</u>.

한 자리 서술어로 쓰이는 동사로는 (ㄱ)의 '자라다, 놀다, 울다, 쏟아지다, 피다, 타다, 끓다, 짖다'와 같은 자동사가 있다. 그리고 형용사로서는 (ㄴ)의 '푸르다, 짜다, 둥글다, 넓다, 희다' 등이 있다. (ㄷ)에서는 '체언 + 이다'가 서술어로 쓰였는데, '체언 +이다'도 주어만을 필수적으로 요구하므로 한 자리 서술어이다.

〈두 자리 서술어〉 '두 자리 서술어'는 필수적으로 요구하는 문장 성분이 두 개인 서술어이다.

첫째, 동사인 경우에 자동사와 타동사가 모두 두 자리 서술어로 쓰일 수 있다.

> (15) ㄱ. 뽕밭이 바다가 <u>되었다</u>.
> ㄴ. 큰 아이가 작은 아이를 <u>때렸다</u>.

(ㄱ)의 '되다, 바뀌다, 잡히다, 다니다, 모이다, 맞다' 등은 자동사인데, 이들이 서술어로

쓰이면 주어 이외에도 보어나 부사어를 반드시 취한다. 그리고 (ㄴ)의 '때리다, 끓이다, 바라보다' 등은 타동사로서, 이들이 문장에서 서술어로 쓰이면 주어 이외에도 목적어를 반드시 취한다.

둘째, 형용사도 주어 이외에 부사어나 보어를 취하거나, 서술절 속의 주어를 필수적으로 취해서 두 자리 서술어로 쓰일 수 있다.

(16) ㄱ. 아내의 얼굴이 백지장과 <u>같다</u>.
　　　ㄴ. 현복 씨는 나쁜 사람이 <u>아니다</u>.

(ㄱ)처럼 '같다, 다르다'가 서술어로 쓰이면 '백지장과'과 같은 부사어를 필수적으로 실현해야 하다. 그리고 (ㄴ)처럼 '아니다'가 서술어로 쓰이면 보어인 '나쁜 사람이'를 반드시 실현해야 한다.

〈 세 자리 서술어 〉 세 자리 서술어는 필수적으로 요구하는 문장 성분이 세 개인 서술어로서, 주어 이외에도 목적어와 부사어를 필수적으로 요구한다.

(17) ㄱ. 할아버지께서는 철수에게 돈을 <u>주셨다</u>.
　　　ㄴ. 철수는 사과를 주머니에 <u>담았다</u>.
　　　ㄷ. 영희는 자신의 고민을 동생과 <u>의논했다</u>.

(17)의 '주다, 담다, 의논하다, 알리다, 삼다'와 같은 타동사의 서술어는 주어와 목적어뿐만 아니라, '철수에게, 주머니에, 동생과'와 같은 부사어를 필수적으로 요구하기 때문에 '세 자리 서술어'이다.

〈 서술어의 자릿수와 문장의 구조 〉 서술어의 자릿수는 서술어로 쓰이는 용언 자체의 통사적 특질과 의미적 특질에 따라서 결정된다. 그런데 특정한 서술어가 문장에 쓰이면 그것이 필수적으로 요구하는 문장 성분이 자동적으로 결정된다.

(18) ㄱ. X가 예쁘다.
　　　ㄴ. X가 Y를 때리다.
　　　ㄷ. X가 Y를 Z로 삼다.

예를 들어서 어떠한 문장에서 한 자리 서술어인 '예쁘다'가 서술어로 쓰이면 문장의 기본 구조가 (ㄱ)처럼 되며, 두 자리 서술어인 '때리다'가 서술어로 쓰이면 문장의 기본 구조가 (ㄴ)처럼 된다. 그리고 세 자리 서술어인 '삼다'가 서술어로 쓰이면 문장의 기본 구조가 (ㄷ)처럼 실현된다. 이처럼 문장의 기본적인 골격은 서술어의 자릿수에 의해서 자동적으로 결정되므로, 문장 성분 중에서 서술어가 가장 중요한 역할을 한다.

(다) 서술어의 선택 제약

서술어로 쓰이는 용언이 다른 문장 성분을 선택할 때에는 특별한 종류의 말을 제한하여 선택하게 된다. 이러한 현상을 '선택 제약(選擇制約, selectional restriction)'이라고 하고, 이처럼 선택 제약을 나타내는 규칙을 '선택 제약 규칙(選擇制約規則, selectional restriction rule)'이라고 한다.

먼저 자동사인 '흐르다'를 서술어로 취하는 문장의 선택 제약은 다음과 같다.

> (19) ㄱ. 물이 흐른다.
>   ㄴ. **흐르다**: [주어(유동체)]

(19)에서 '흐르다'는 문장에서 서술어로 쓰이면 주어를 필수적으로 요구하는데, 이때 주어 자리에 설 수 있는 체언은 '유동체'여야 한다. '흐르다'에서 나타나는 선택 제약을 규칙화하면 '흐르다[주어(유동체)]'와 같이 된다.

타동사인 '마시다'를 서술어로 취하는 문장의 선택 제약을 나타내면 다음과 같다.

> (20) ㄱ. 사람이 물을 마신다.
>   ㄴ. **마시다**: [주어(유정물) + 목적어(유동체)]

(20)에서 '마시다'는 두 자리 서술어이기 때문에 주어와 목적어를 취한다. 그런데 '마시다'가 서술어로 쓰이는 문장에서는 주어와 목적어로서 아무 체언이나 쓰일 수 있는 것이 아니다. 곧 주어의 자리에 올 수 있는 체언은 '유정물'이어야 하고, 목적어의 자리에 올 수 있는 체언은 '물'과 같은 '유동체'여야 한다는 제약이 있다. '마시다'에서 나타나는 선택 제약을 규칙화하면 '마시다[주어(유정물) + 목적어(유동체)]'와 같이 된다.

이와 같이 서술어로 쓰이는 용언에는 자릿수와 선택 제약에 관한 정보가 들어 있다. 그러므로 문장에서 서술어만 결정되면 문장의 기본적인 골격을 짐작할 수 있다.

4.2.2. 주어

(가) 주어의 개념

'주어(主語, subject)'는 문장에서 서술어로 표현되는 동작이나 상태 혹은 성질의 주체를 나타낸다. 주어는 체언이나 체언 구실을 하는 구나 절에 주격 조사가 붙어서 실현되는데, 주격 조사의 변이 형태로는 '-이/-가, -께서, -에서' 등이 있다.

> (21) ㄱ. APEC 정상 회담 이후에 <u>광안대교가</u> 유명해졌다.
> 　　ㄴ. 어제 오후에 <u>대통령께서</u> 개헌을 발의하셨다.
> 　　ㄷ. 대한민국의 <u>교육부에서</u> 2008학년도부터 수능 시험을 폐지했다.

> (22) ㄱ. <u>백두산에 오르기가</u> 정말 힘들었다.
> 　　ㄴ. <u>한라산에 눈이 내렸음이</u> 확실하다.

> (23) <u>철수가 돈을 얼마나 잃었느냐가</u> 문제다.

(21)에서는 체언인 '광안대교'에 주격 조사 '-가'가 붙어서, (ㄴ)에서는 높임의 대상인 '대통령'에 주격 조사 '-께서'가 붙어서, (ㄷ)에서는 단체의 뜻을 나타내는 무정 명사에 주격 조사 '-에서'가 붙어서 주어로 쓰였으며, (ㄹ)에서는 체언 구인 '고등학생 둘'에 주격 조사인 '-이'가 붙어서 주어로 쓰였다. 그리고 (22)처럼 'X가 백두산에 오르기'와 '한라산에 눈이 내렸음'은 명사절인데, 이들 명사절에 주격 조사가 붙어서 주어로 쓰일 수도 있다. (23)의 아주 특수한 예로서 '철수가 돈을 얼마나 잃었느냐'와 같은 의문문에 주격 조사가 붙어서 주어로 쓰일 수도 있다.

그런데 주격 조사가 생략되거나 주격 조사 대신에 보조사가 붙어서, 주격 조사가 문맥에 실현되지 않은 상태로 주어가 표현될 수도 있다.

> (24) ㄱ. <u>어머님</u> 집에 도착하셨니?
> 　　ㄴ. <u>물은</u> 생명을 이루는 원천이다.

(ㄱ)에서는 주어로 쓰인 말에 주격 조사인 '-께서'가 생략되었다. 그리고 (ㄴ)에서는 주어

로 쓰인 체언에 보조사인 '-은'과 '-도'가 붙으면서 주격 조사가 표현되지 않은 경우도 있는데, 이때는 주격 조사 '-이/-가'가 숨어 있는 것으로 보아야 한다.

(나) 주어의 특징

주어는 체언이나 체언과 같은 역할을 하는 구나 절에 주격 조사가 붙어서 실현되는데, 주어는 다음과 같은 통사적인 특징이 있다.

첫째, 문장에서 주어로 표현되는 대상(주체)이 화자보다 상위자일 때에는 그 주체를 높여서 표현할 수 있는데, 이러한 표현을 '주체 높임 표현'이라고 한다.

> (25) ㄱ. <u>선생님께서</u> 내일 우리 집에 <u>오신다</u>.
>   ㄴ. <u>철수가</u> 내일 우리 집에 <u>온다</u>.

(ㄱ)에서 주체가 화자보다 상위자이기 때문에 주체를 높여서 표현하였다. 곧 주어에 조사 '-께서'나 파생 접사인 '-님'을 붙이고 동시에 용언의 어간에 선어말 어미인 '-시-'를 붙여서 주체 높임의 표현을 실현하였다. 반면에 (ㄴ)에서는 주체인 '철수'가 화자보다 상위자가 아니기 때문에 주체 높임 표현을 실현하지 않았다.

둘째, 국어에서는 하나의 문장 속에서 두 개 이상의 주어가 실현될 수도 있다.

> (26) ㄱ. <u>기린이</u> <u>목이</u> 길다.   [상태]
>   ㄴ. <u>국화가</u> <u>꽃이</u> 핀다.   [과정]
>
> (27) ㄱ. [기린이 [목이 길다]_{서술절}]
>   ㄴ. [국화가 [꽃이 핀다]_{서술절}]

(26)처럼 '길다'나 '피다'와 같은 상태(state)나 과정(process)을 나타내는 비행동성 용언이 서술어로 쓰이면, 주어의 형식을 갖춘 문장 성분이 두 개가 실현될 수 있다. 만일 (26)의 문장을 홑문장으로 보게 되면 이 문장은 주어가 두 개 실현된 문장(이중 주어문)으로 처리할 수 있다. 다만, 고등학교 문법(2010)에서는 (26)의 문장을 (27)의 구조로 된 것으로 보아서 '서술절을 안은 문장'으로 처리한다.

4.2.3. 목적어

(가) 목적어의 개념

'목적어(目的語, object)'는 타동사로 표현되는 동작의 대상이 되는 문장 성분이다. 목적어는 체언 혹은 체언 구실을 하는 구나 절에 목적격 조사가 붙어서 실현된다. 목적격 조사의 변이 형태로는 {-을, -를, -ㄹ}이 있는데, 여기서 '-을'과 '-를'은 음운론적 변이 형태이며 '-ㄹ'은 '-를'의 준말이다.

> (28) ㄱ. 조홍 씨는 한참 거리를 헤맨 뒤에 <u>광안대교</u>를 찾았다.
> ㄴ. 이영애 씨는 3년 동안 <u>날</u> 따라다녔다.
> ㄷ. 백 선생은 <u>금자 씨의 팔</u>을 잡아당겼다.
> ㄹ. 눈이 너무 많이 내려서 등반대는 <u>백두산에 오르기</u>를 포기했다.
> ㅁ. 과학자들은 <u>백두산이 언제 폭발할지</u>를 알지 못했다.

(ㄱ)에서는 체언인 '광안대교'에 '-를'이 붙어서 목적어로 쓰였고, (ㄴ)에서는 '나'에 '-ㄹ'이 붙어서 목적어로 쓰였다. 그리고 (ㄷ)에서는 명사구인 '금자 씨의 팔'에 '-을'이 붙어서 목적어로 쓰였으며, (ㄹ)에서는 명사절인 '(등반대가) 백두산에 오르기'에 '-를'이 붙어서 목적어로 쓰였다. 끝으로 (ㅁ)에서는 의문문인 "백두산이 언제 폭발할지"에 '-를'이 붙어서 목적어로 쓰였다.

그런데 체언 뒤에 실현되는 목적격 조사가 생략되어서, 체언 단독으로 목적어로 쓰이는 경우가 있다.

> (29) ㄱ. 철수야 <u>어머님</u> 모시고 왔니?
> ㄴ. 나 아직 <u>밥</u> 안 먹었다.

(37)에서 '어머님'과 '밥'은 목적격 조사가 생략된 채로 목적어로 쓰였다. 이들 체언은 서술어인 의미상 '모시다'와 '먹다'가 표현하는 행위의 객체가 되므로 문장의 목적어임을 확인할 수 있다.

목적어에 보조사 '-은, -도, -만' 등이 실현되면 목적격 조사가 생략될 수 있다.

(30) ㄱ. 철수 씨가 영자를 끔찍이 사랑했다.

    ㄴ. 철수 씨가 영자<u>는/도/만(을)</u> 끔찍이 사랑했다.

(30)의 (ㄴ)처럼 목적어로 쓰인 '영자'에 보조사인 '-는'과 '-도'가 붙으면 목적격 조사가 반드시 생략된다. 그리고 목적어에 보조사 '-만'이 실현될 때에는 목적격 조사는 임의적으로 생략될 수 있다.

(나) 목적격의 기능이 없는 목적어

고등학교 문법(2010:152)과 고등학교 교사용 지도서 문법(2010:191)에서는 '-을/-를'이 붙은 체언을 모두 목적어로 처리한다. 이렇게 되면 다음과 같이 '-을/-를'이 실현되었지만 목적격의 기능이 없는 문장 성분도 목적어로 처리해야 한다.

(31) ㄱ. 강도는 지나가는 <u>행인을</u> 머리를 때렸다.　　　　[소유자 : 행인<u>의</u>]

    ㄴ. 나는 <u>점심을</u> 자장면을 먹었다.　　　　　　　[종류 : 점심<u>으로</u>]

    ㄷ. 할아버지는 고구마를 <u>두 가마를</u> 팔았다.　　　[수량 : 두 가마]

(32) ㄱ. 철수 씨가 이 책을 <u>나를</u> 주었다.　　　　　　[도착지 : 나<u>에게</u>]

    ㄴ. 사장님은 작년에 <u>일본을</u> 다녀왔다.　　　　　[목적지 : 일본<u>에</u>]

    ㄷ. 영자 씨가 탄 비행기는 <u>이탈리아를</u> 향했다.　[방향 : 이탈리아<u>로</u>]

    ㄹ. 우리는 어제 <u>필리핀을</u> 떠났다.　　　　　　　[출발지 : 필리핀<u>에서</u>]

    ㅁ. 신도들은 범어사의 <u>큰스님을</u> 만났다.　　　　[상대 : 큰스님<u>과</u>]

    ㅂ. 철수는 <u>아버지를</u> 닮았다.　　　　　　　　　[비교 : 아버지<u>와</u>]

그런데 이들 목적어가 문장의 서술어와 맺는 의미적인 관계를 점검해 보면, 이들은 목적어가 아니고 다른 문장 성분일 가능성이 높다. 곧 (31)에서 '행인'은 소유자의 뜻으로 쓰이면서 관형어처럼 기능하며, '점심을'은 종류의 뜻으로 쓰이면서 부사어처럼 기능한다. 그리고 '두 가마를'은 선행 체언인 '고구마'와 동격의 관계를 유지하면서 수량의 뜻으로 쓰인다. (32)에서 목적어로 표현된 '나를, 일본을, 이탈리아를, 필리핀을, 큰스님을, 아버지를'은 서술어와 관련해서 '도착지, 목적지, 방향, 출발지, 상대, 비교' 등의 의미를 나타내면서 부사어처럼 기능한다.

그리고 (31~32)에서 표현된 '-을/-를'은 다른 격조사로 바꾸거나 '-을/-를'을 표현하지 않아도 문법적인 문장이 되므로, 이들 문장 성분이 진정한 목적어가 아니라는 것을 알 수 있다. 이러한 점을 감안하면 (31)과 (32)에서 밑줄 그은 말에 붙은 '-을/-를'을 목적격 조사로 보지 않고 강조의 뜻을 나타내는 보조사로 볼 가능성이 있다.(고등학교 교사용 지도서 문법 2010:192) 그러나 이러한 가능성에도 불구하고 고등학교 문법 (2010:152)에서는 이들을 모두 목적어로 처리하고, 여기에 쓰인 '-을/-를'의 기능을 '목적격 조사의 보조사적 용법(강조 용법)'으로 보았다.

4.2.4. 보어

(가) 보어의 개념

'보어(補語, complement)'는 '되다'나 '아니다'가 서술어로 쓰일 때에, 주어와 함께 반드시 문장에 실현되어야 하는 문장 성분이다. 보어는 체언이나, 체언과 같은 역할을 하는 구나 절에 보격 조사인 '-이/-가'가 붙어서 성립된다.

(33) ㄱ. 저 아이가 벌써 <u>어른이</u> 되었구나.
　　　ㄴ. 이 차는 <u>김철수 씨의 자동차가</u> 아닙니다.
　　　ㄷ. 이번 일은 <u>누워서 떡 먹기가</u> 되었습니다.

(ㄱ)에서는 체언인 '어른'이 보어로 쓰였고, (ㄴ)에서는 명사구인 '김철수 씨의 자동차'가 보어로 쓰였으며, (ㄷ)에서는 명사절인 '누워서 떡 먹기'가 보어로 쓰였다.

(나) 보어의 설정

일반적으로 하나의 서술어에는 하나의 주어가 실현된다. 그런데 '되다'나 '아니다'가 서술어로 쓰일 때에는 홑문장에서 '-이/-가'가 붙는 두 개의 문장 성분이 필수적으로 실현된다.

(34) ㄱ. 뽕밭이 <u>바다가</u> 되었구나.
　　　ㄴ. 저 사람이 <u>인간이</u> 아니다.

국어 문법에서 (34)의 '바다가'와 '인간이'를 처리하는 방법으로는, 이들을 이중 주어로 처리하는 방법, 서술절 속의 주어로 처리하는 방법, 그리고 보어로 처리하는 방법 등이 있다. 고등학교 문법(2010:152)에서는 '보어'라는 별도의 문장 성분을 설정하고 (34)에 실현된 '바다가'와 '인간이'처럼, '되다'와 '아니다'가 주어와 더불어서 필수적으로 요구하는 문장 성분을 보어로 처리한다.

4.2.5. 관형어

(가) 관형어의 개념

'관형어(冠形語, adnominal phrase)'는 체언을 수식하는 문장 성분이다. 관형어는 '관형사', '관형절', '체언 + 관형격 조사', '체언' 등 다양한 형식으로 실현된다.

> (35) ㄱ. <u>새</u> 가방은 <u>헌</u> 가방과 무엇이 달라요?
> ㄴ. 향숙 씨는 <u>향기가 좋은</u> 커피를 마시면서 추억에 잠겼다.
> ㄷ. 우리는 1970년대에 <u>한강의</u> 기적을 이루었다.
> ㄹ. 저것이 <u>금강산</u> 그림이냐?

(ㄱ)에는 '새, 헌' 등의 관형사가 직접 관형어로 쓰였다. (ㄴ)에는 관형절인 '향기가 좋은'이 관형어로 쓰였는데, 관형절 속의 서술어로 쓰인 '좋다'는 관형사형으로 실현된다. (ㄷ)에는 체언에 관형격 조사 '-의'가 결합하여 관형어로 쓰였으며, (ㄹ)에는 체언이 다른 체언 앞에서 관형어로 쓰였다.

관형어가 특정한 체언을 수식하면 그 체언의 의미가 제한(한정)되는 것이 일반적이다. 예를 들어서 '가방'이 지시하는 대상은 '세상에 존재하는 모든 가방'이다. 이에 반해서 (35ㄱ)에서 '새 가방'은 세상에 존재하는 모든 가방 중에서 '새로 만든 가방'이나 '새로 구입한 가방'만을 제한하여 지시한다.

(나) 관형어의 특징

⟨ **관형어의 의존성** ⟩ 관형어와 부사어는 둘 다 부속 성분으로서 의존성이 강하다. 관형어와 부사어 중에서도 관형어는 의존성이 매우 강해서 중심어 없이 단독으로 쓰일 수가 없다. 곧, 부사어는 어떠한 발화 장면이나 문맥이 주어지면 단독으로 발화되는

경우가 있으나[2], 관형어는 어떠한 경우에도 단독으로 실현되지는 않는다.

(36) 새 도끼를 줄까, 헌 도끼를 줄까?

(37) ㄱ. 새 도끼요.
　　 ㄴ. *새 　Ø

(36)의 질문에 대하여 (37ㄱ)처럼 관형어와 체언을 함께 발화하면 문법적인 표현이 되지만, (37ㄴ)처럼 관형어만 단독으로 발화하면 비문법적인 표현이 되었다.

4.2.6. 부사어

부사어는 관형어처럼 다른 문장 성분을 수식하는 부속 성분이다. 다만 관형어는 체언을 수식하는 데에 반해서, 부사어는 용언을 비롯한 여러 가지 언어적인 단위를 수식하거나 문장이나 단어를 이어 주는 등 그 기능이 매우 다양한 것이 특징이다.

(가) 부사어의 개념

〈 **부사어의 개념** 〉 '부사어(副詞語, adverbial phrase)'는 '서술어(용언), 관형어, 부사어, 문장' 등을 수식하거나, 문장이나 단어를 잇는 문장 성분이다.

(38) ㄱ. 우리는 아침부터 저녁까지 공장에서 **작업했다**.
　　 ㄴ. 다행히 **새터민들은 모두 한국 영사관에 들어갈 수 있었다**.
　　 ㄷ. 등반대는 정상에 도착했다. 그러나 거기에는 아무것도 없었다.
　　 ㄹ. 대한민국의 영토는 **한반도** 및 **부속 도서**로 한다.

부사어는 그 뒤에 실현되는 특정한 문장 성분이나 문장 전체를 수식할 수 있다. 곧 (ㄱ)의 '공장에서'는 서술어인 '작업했다'를 수식하며 (ㄴ)의 '다행히'는 그 뒤에 실현된 문장 전체를 수식한다. 이와는 달리 부사어가 단어나 문장을 이어 주기도 하는데,

---

2) "아이가 얼마나 다쳤어요?"라는 질문에 대하여 "많이요."로 답하는 경우에는 부사어가 단독으로 실현되었다. 이는 앞선 문맥을 바탕으로 부사어만 실현되고 다른 요소는 생략된 결과이다.

(ㄷ)의 '그러나'는 앞의 문장과 뒤의 문장을 이었으며, (ㄹ)의 '및'은 앞 체언인 '한반도'와 뒤 체언인 '부속 도서'를 이었다. 이처럼 부사어는 문법적인 성질과 기능이 매우 다양한 것이 특징이다.

(나) 부사어로 쓰이는 언어 단위

부사어로 쓰일 수 있는 언어 단위로는 '부사', '체언 + 부사격 조사', '관형절 + 부사어성 의존 명사', '용언의 어간 + 부사형 어미', '부사절' 등이 있다.

첫째, 부사가 단독으로 부사어로 쓰일 수 있다.

(39) ㄱ. 시간이 늦었으니 <u>어서</u> 떠납시다.
ㄴ. 오늘은 날씨가 <u>매우</u> 차다.

(39)에서 '어서'와 '매우'는 부사인데, 다른 언어 형식에 기대지 않고 서술어인 '떠납시다'와 '차다'를 단독으로 수식하면서 부사어로 쓰였다.

둘째, 체언에 부사격 조사가 실현되어서 부사어로 쓰일 수 있다.

(40)	ㄱ. 철수가 지금 <u>집에</u> 있다.	[존재의 장소]
	ㄴ. 영호가 <u>의자에</u> 앉았다.	[귀착점]
	ㄷ. 선생님은 <u>미라에게</u> 성적표를 주었다.	[상대자]
	ㄹ. 홍삼은 <u>몸에</u> 좋다.	[목적 대상]
	ㅁ. 민수는 지금 <u>안방에서</u> 잔다.	[행위의 장소]
	ㅂ. 이 차는 <u>서울에서</u> 부산까지 간다.	[시발점]
	ㅅ. 대통령은 다음 주에 <u>중국으로</u> 떠난다.	[방향]
	ㅇ. 그 일은 <u>나중에</u> 생각하자.	[시간]
	ㅈ. 어머니는 종이를 <u>칼로써</u> 잘랐다.	[수단, 도구]
	ㅊ. 할아버지는 <u>병으로</u> 입원했다.	[원인]
	ㅋ. 김 교수는 김영애 씨와 <u>친구로</u> 사귄다.	[자격]
	ㅌ. 나는 <u>순희와</u> 싸웠다.	[상대]
	ㅍ. 우리는 <u>어머니와</u> 시장에 간다.	[동반]
	ㅎ. 영희는 <u>철수보다</u> 힘이 세다.	[비교]

(40)에서는 '체언 + 부사격 조사'의 형식으로 짜인 부사어가 서술어를 수식한다. 이처럼 '체언 + 부사격 조사'의 형식으로 실현된 부사어는 부사격 조사나 서술어로 쓰이는 용언의 종류에 따라서, '존재의 장소, 귀착점, 상대자, 목적 대상, 행위의 장소, 시발점, 방향, 시간, 수단 및 도구, 원인, 자격, 상대, 동반, 비교' 등의 다양한 의미를 나타낸다.

　셋째, 관형절의 뒤에 부사어성 의존 명사가 실현되어서, 관형절과 의존 명사를 포함한 전체 구성이 부사어로 쓰일 수 있다.

(41) 방 안은 숨소리가 들릴 **만큼** 조용했다.

(42) ㄱ. 사냥꾼은 노루를 <u>산</u> **채** 잡았다.
　　ㄴ. 너는 <u>내가 시키는</u> **대로** 하여라.
　　ㄷ. 그는 <u>모르는</u> **척** 딴전을 부렸다.

부사어성 의존 명사는 그 앞의 관형절을 포함한 전체 구성이 서술어를 수식하여 부사어로 기능하게 하는 의존 명사이다. 곧 (41)에서 관형절인 '숨소리가 들릴'에 뒤에 부사어성 의존 명사인 '만큼'이 실현되어서 짜인 '숨소리가 들릴 만큼'이 서술어로 쓰인 '조용했다'를 수식하고 있다. 마찬가지로 (42)에서도 관형절과 부사어성 의존 명사로 짜인 전체 구성이 부사어로 쓰였다.

　넷째, 부사절이 부사어로 쓰일 수 있다. 곧, 용언의 어간에 부사형 어미인 '-게'나 '-도록'이 붙거나 부사 파생 접미사인 '-이'가 붙어서 부사어로 쓰일 수가 있다.

(43) ㄱ. <u>이상하게</u> 오늘은 운이 좋다.
　　ㄴ. <u>안타깝게도</u> 한국 축구 팀이 브라질 축구 팀에 3 대 1로 졌다.
(44) ㄱ. 영자는 키스를 거부하는 철수를 <u>죽도록</u> 때렸다.
　　ㄴ. 가을비가 <u>소리도 없이</u> 내렸다.

(43)의 문장에서는 형용사의 부사형이 부사어로 쓰였다. 곧 (ㄱ)의 '이상하게'와 (ㄴ)의 '안타깝게도'는 각각 형용사인 '이상하다'와 '안타깝다'의 어간에 부사형 전성 어미인 '-게'가 붙어서 된 부사어이다. 그리고 (44)에서 (ㄱ)의 '(철수가) 죽도록'은 동사인 '죽다'의 어간에 부사형 전성 어미인 '-도록'이 붙어서 부사어로 쓰였고, (ㄴ)의 '소리도

없이'에서는 '없이'는 '없다'의 어간에 파생 접미사인 '-이'가 붙어서 절 전체가 부사어로 쓰였다.[3]

(다) 수의적 부사어와 필수적 부사어

부사어는 부속 성분이므로 수의적(임의적)으로 문장에 실현되는 것이 일반적이다. 하지만 서술어의 종류에 따라서는 특정한 부사어가 필수적으로 실현되어야 하는 경우도 있다.

ⓐ **수의적 부사어** : 부사어는 원칙적으로 문장에서 수의적으로 실현된다. '체언 + 부사격 조사'의 형식으로 된 부사어도 수의적으로 쓰일 수가 있는데, 이때에는 그것이 문장에서 실현되지 않아도 문장의 문법성에는 영향을 주지 않는다.

(45) ㄱ. 영철 씨는 <u>순희 씨와</u> 영화를 보았다.
　　 ㄴ. 나는 <u>세 시쯤에</u> 집으로 가겠다.
　　 ㄷ. 유비는 장비를 <u>한강에서</u> 붙잡았다.
　　 ㄹ. 할아버지는 어제 <u>관절염으로</u> 입원했다.

(45)에서 밑줄 그은 부사어는 모두 수의적인 성분으로서, 이들을 문맥에서 생략하여도 문법에 맞는 문장이 된다.

ⓑ **필수적 부사어** : '체언 + 부사격 조사'의 형식으로 된 부사어 중에는, 서술어로 쓰이는 용언의 자릿수의 특성에 따라서 필수적으로 실현되어야 하는 것들이 있다.

(46) ㄱ. 이것은 <u>저것과</u> 다르다.
　　 ㄴ. 병사들은 전리품을 <u>가방에</u> 넣었다.
　　 ㄷ. 삼촌은 <u>한국대학교에</u> 다닌다.
　　 ㄹ. 그는 어제 <u>애인에게서</u> 초콜릿을 받았다.
　　 ㅁ. 홍길동 씨는 <u>아버지와</u> 닮았다.
　　 ㅂ. 인호는 <u>동생과</u> 싸웠다.

---

3) (43)과 (44)의 문장에 쓰인 '(상황이) 이상하게', (내가) 안타깝게도'와 '(철수가) 죽도록', '소리도 없이'는 부사절을 형성하는 방법에서는 차이가 나지만, 모두 부사절이 부사어로 쓰인 것이다.

(46)의 부사어는 수의적인 부사어가 아니어서 이들을 문맥에 실현하지 않으면 비문법적인 문장이 된다. 이처럼 (46)의 문장에서 부사어를 생략하면 비문법적으로 되는 것은 서술어로 쓰인 '다르다, 넣다, 다니다, 받다, 닮다, 싸우다'가 자릿수의 특성상 부사어를 필수적으로 요구하기 때문이다. 이러한 점을 감안하면 (46)에서 밑줄 그은 부사어들은 앞의 (45)에서 쓰인 일반적인 부사어처럼 수의적 성분이라 하기 어렵다. (45)에 쓰인 부사어에 나타나는 이러한 특성에 따라서, 고등학교 문법(2010:154)에서는 이들 부사어를 '필수적 부사어'로 처리한다.

4.2.7. 독립어

(가) 독립어의 개념

'독립어(獨立語)'는 문장 중의 다른 성분과 직접적인 관계를 맺지 않고, 홀로 쓰이는 문장 성분이다. 일반적으로 감탄사는 모두 독립어로 쓰이며, 체언에 호격 조사가 결합한 형태도 독립어로 쓰인다.

(47) ㄱ. <u>야</u>, 눈이 펑펑 내린다.
ㄴ. <u>순영아</u>, 빨리 일어나.

(48) ㄱ. 눈이 펑펑 내린다.
ㄴ. 빨리 일어나.

(49) ㄱ. 야!
ㄴ. 순영아!

(47)의 (ㄱ)에서 '야'는 감탄사가 독립어로 쓰였으며, (ㄴ)에서 '순영아'는 체언에 호격 조사가 실현되어서 독립어로 쓰였다. 이들 독립어는 문장 속의 다른 성분과 통사적인 관계를 맺지 않고 홀로 쓰이는 것이 특징이다. 이러한 특징 때문에 (48)처럼 독립어를 생략하여도 전체 문장이 문법적일 뿐만 아니라 문장의 의미도 바뀌지 않는다. 그리고 일정한 발화 상황만 주어진다면 (49)처럼 뒤의 문장이 없이 독립어를 단독으로 발화할 수도 있다.

(나) 독립어의 유형

감탄사가 문장에서 단독으로 독립어로 쓰이거나, 체언에 호격 조사가 결합하여 독립어로 쓰일 수 있다.

첫째, 감탄사가 단독으로 독립어로 쓰이면서 다양한 의미를 나타낼 수 있다.

(50) ㄱ. <u>아이고</u>, 다리가 떠내려가 버렸네.   [느낌]

     ㄴ. <u>쉿</u>, 조용히 해.   [시킴]

     ㄷ. <u>그래</u>, 알겠다.   [대답]

     ㄹ. 철수는 죽었다, <u>그지</u>?   [확인]

     ㅁ. 그때부터 학교를 그만둬 버렸지, <u>뭐</u>.   [체념]

(ㄱ)에서 '아이고'는 느낌을 표현하는 말인데, 이는 말하는 사람의 개인적인 감정을 직접적으로 표현하는 말이다. (ㄴ)의 '쉿'은 화자가 청자에게 특정한 행동을 금지 시키는 말로 쓰였다. 그리고 (ㄷ)의 '그래'는 대답말로서 상대방의 언어적 표현에 대하여 긍정의 반응을 표현한다. (ㄹ)의 '그지'는 확인하는 말인데, 화자가 자기가 한 말에 대하여 상대방에게 동의를 구함으로써, 자신이 발화한 문장의 내용에 대하여 확실한 믿음을 표현한다. 끝으로 (ㅁ)의 '뭐'는 어떤 사실을 체념하면서 받아들여서 더 이상 여러 말을 할 것 없다는 뜻을 나타내는 말이다.

둘째, 체언에 호격 조사가 실현되어서 독립어로 쓰이면서 '부름'의 기능을 나타낼 수 있다.

(51) ㄱ. <u>철수야</u>, 나와 함께 떠나자.   [낮춤]

     ㄴ. <u>신이여</u>, 우리를 굽어 살피소서.   [예사 높임]

     ㄷ. <u>대왕이시여</u>, 어서 오랑캐 땅을 치소서. [아주 높임]

위의 문장에서 '철수야, 신이여, 대왕이시여'는 체언에 호격 조사가 실현되어서 독립어로 쓰였는데, 이들은 모두 듣는 사람을 부르는 말로 쓰였다. 이들 부름말에 붙은 호격 조사 가운데 '-야'는 말을 듣는 상대를 낮추어서 표현한 것이다. 반면에 '-이여'는 상대를 예사로 높여서 표현하였으며, '-이시여'는 상대를 아주 높여서 표현했다.

【 더 배우기 】

1. 부사어가 체언을 수식하는 기능

고등학교 문법(2010:156)과 고등학교 교사용 지도서 문법(2010:193)에서는 부사어가 체언을 수식할 수도 있음을 밝히고 있다.

    (1) ㄱ. 교장 선생님께서는 학교로 <u>바로</u> **오신다.**

        ㄴ. <u>다만(단지, 오로지)</u> **저는 빌려준 돈만 받으면 됩니다.**

    (2) ㄱ. 그건 <u>바로</u> **너**의 책임이다.

        ㄴ. 총 소리가 들리자 <u>다만(단지, 오로지)</u> **철수**만이 도망을 갔습니다.

(1)에서 '바로'와 '다만, 단지, 오로지' 등은 부사(부사어)인데 각각 서술어인 '오시다'와 문장 전체를 수식하므로 부사어의 일반적인 용법으로 쓰였다. 이에 반해서 (2)에서는 '바로'와 '다만, 단지, 오로지'가 체언인 '너'와 '철수'를 수식하므로 관형어로 쓰였다. 이 경우에 (2)의 '바로'와 '다만, 단지, 오로지'를 관형어로 볼 것인가 부사어로 볼 것인가가 문제인데, 고등학교 교사용 지도서 문법(2010:193)에서는 (2)의 '바로'와 '다만, 단지, 오로지'를 '체언을 수식하는 부사(어)'로 처리한다. 이렇게 되면 결과적으로 '바로, 다만, 단지, 오로지' 등은 체언을 수식하든 용언을 수식하든, 그 기능과 관계없이 부사(어)로 처리하는 셈이다.

    그런데 고등학교 문법(2010:106)과 교사용 지도서 문법(2010:142)에서는 이미 '품사의 통용'을 설정하고 있으므로, (2)에서 체언을 수식하는 '바로'와 '다만' 등을 관형사(관형어)로 처리할 수 있는 가능성도 있다.

                      ┌─ 용언 수식 → 부사(부사어)
    (3) 바로, 다만, 단지, 오로지 ─┤
                      └─ 체언 수식 → 관형사(관형어)

곧 (1)의 '바로, 다만, 단지, 오로지'는 서술어나 문장 전체를 수식한다는 점에서 부사(부사어)로 처리하고, (2)의 '바로, 다만, 단지, 오로지'는 체언을 수식한다는 점에서 관형사(관형어)로 처리할 수도 있는 것이다. 이러한 품사 통용의 가능성에도 불구하고 고등학교 문법에서는 (3)의 '바로, 다만, 단지, 오로지' 등을 모두 부사(어)로 처리한다.

2. 부사어의 어순과 자리 옮김

부속 성분인 관형어와 부사어는 중심어의 바로 앞에 위치하는 것이 가장 자연스럽다. 그런데 부속 성분 가운데에서 관형어는 반드시 체언 앞에서만 실현되어야 한다는 제약이 있지만, 부사어는 비교적 자유롭게 자리를 옮길 수 있다. 곧 부사어는 특별한 표현 효과를 위해서 여러 자리에 자유롭게 나타날 수 있고, 때로는 꾸밈을 받는 말 뒤에도 올 수 있다.

< **성분 부사어의 자리 옮김** > 먼저 특정한 문장 성분을 수식하는 성분 부사어의 자리 옮김 현상을 살펴본다.

> (1) ㄱ. 일본 사람들은 회를 <u>대단히</u> 좋아한다.
> ㄴ. 일본 사람들은 <u>대단히</u> 회를 좋아한다.
> ㄷ. 일본 사람들은 회를 좋아한다. <u>대단히.</u>
> ㄹ. [?]<u>대단히</u> 일본 사람들은 회를 좋아한다.

(1)에서 '대단히'는 성분 부사이므로 (ㄱ)처럼 피수식어인 '좋아하다'의 바로 앞에서 실현되는 것이 정상적이다. 그런데 부사어는 (ㄴ)과 (ㄷ)처럼 정상적인 위치보다 앞이나 뒤로 이동할 수 있다. (ㄴ)처럼 부사어가 정상적인 위치보다 앞쪽으로 이동하면 부사어의 의미가 강조된다. 이에 반해서 (ㄷ)처럼 서술어의 뒤로 이동하는 것은 화자가 미처 잊고서 표현하지 못한 '나중 생각(after thought)'을 발화가 끝난 다음에 깨닫고서 뒤늦게 덧붙여서 표현한 것이다.(Kuno 1980, 김일웅 1987:61) 이처럼 성분 부사어는 자리 옮김이 비교적 자유롭지만, (ㄹ)처럼 성분 부사어가 문장 부사어의 자리인 문장의 맨 앞에 실현된 문장은 비문법적인 문장이 된다.[1]

성분 부사어가 용언을 수식하지 않고 부사, 관형사, 체언을 수식할 수도 있는데, 이처럼 성분 부사어가 이렇게 특수하게 쓰일 때에는 실현되는 위치를 옮길 수가 없다.

> (2) ㄱ. KTX는 서울과 부산까지 <u>매우</u> **빨리** 달린다.
> ㄴ. 어제 찾아온 신사는 <u>아주</u> **헌** 가방을 들고 있었다.
> ㄷ. 그 병사는 전쟁터에서 <u>겨우</u> **하루**를 견디고 달아나 버렸다.
>
> (3) ㄱ. *KTX는 매우 서울과 부산까지 **빨리** 달린다.
> ㄴ. *어제 찾아온 신사는 <u>아주</u> 현관에서 **헌** 가방을 들고 있었다.

---

1) 단, 성분 부사어 가운데 부정 부사어인 '안, 못'과, 정도 부사어 중에서 '잘, 좀, 약간' 등은 자리 옮김이 자유롭지 못하여, 반드시 서술어의 앞에서만 실현되는 제약이 있다.

ㄷ. *그 병사는 <u>겨우</u> 전쟁터에서 **하루**를 견디고 달아나 버렸다.

(2)의 (ㄱ)에서 '매우'는 부사인 '빨리'를 수식하였으며, (ㄴ)에서 '아주'는 관형사인 '헌'을 수식하였고, (ㄷ)에서 '겨우'는 체언인 '하루'를 수식했다. 이렇게 부사가 특수한 용법으로 쓰일 때는 (3)처럼 자리를 옮기면 비문법적인 문장이 된다.

〈 양태 부사어의 자리 옮김 〉 문장 부사어인 양태 부사어는 성분 부사어보다 자리 옮김이 좀 더 자유롭다.

> (4) ㄱ. <u>다행히도</u> 소방 대원들이 산불을 끌 수 있었다.
>   ㄴ. 소방 대원들이 <u>다행히도</u> 산불을 끌 수 있었다.
>   ㄷ. 소방 대원들이 산불을 <u>다행히도</u> 끌 수 있었다.
>   ㄹ. 소방 대원들이 산불을 끌 수 있었다. <u>다행히도</u>.

(4)의 '다행히도'는 문장 부사어로서 문장 전체를 수식하므로 (ㄱ)처럼 문장의 맨 앞에서 실현되는 것이 원칙이다. 하지만 다른 문장 성분들을 강조하여 표현할 필요가 있을 때에는 '다행히도'가 뒤쪽으로 자리를 옮길 수 있다. 이렇게 뒤로 자리를 옮길수록 문장 부사어에 실려 있는 정보 전달의 가치는 떨어진다. 특히 (ㄹ)의 경우는 화자가 미처 잊고서 문장에서 표현하지 못한 '나중 생각(after thought)'을 발화가 끝난 다음에 덧붙여서 표현한 것이다.
　이처럼 양태 부사어는 대부분의 자리에서 실현될 수 있지만, 성분 부사어를 넘어서서 자리를 옮길 수는 없다.

> (5) ㄱ. <u>아마도</u> 영희는 피아노를 **매우 잘** 칠 것이다.
>   ㄴ. 영희는 <u>아마도</u> 피아노를 **매우 잘** 칠 것이다.
>   ㄷ. *영희는 피아노를 **매우** <u>아마도</u> **잘** 칠 것이다.
>   ㄹ. *영희는 피아노를 **매우 잘** <u>아마도</u> 칠 것이다.

(5)에서 '아마도'는 양태 부사어인데 (ㄱ)은 일반적인 위치에서 실현된 것이다. 이에 대하여 (ㄴ)처럼 주어의 뒤로는 자리를 옮길 수 있지만, 특정한 문장에서 (ㄷ)과 (ㄹ)처럼 문장 부사인 '아마도'가 성분 부사어인 '매우'나 '잘'을 넘어서서 자리를 옮기면, 해당 문장은 비문법적인 문장이 된다.

제5장 문장의 짜임

〈**문장의 짜임새의 대강**〉문장은 기본적으로 주어와 서술어로 구성된다. 그런데 문장 속에는 주어와 서술어가 한 번만 나타날 수도 있고, 주어와 서술어가 두 번 이상 나타나는 경우도 있다.

첫째, 아래의 문장 (1)은 주어와 서술어가 한 번만 나타난 문장이다.

(1) ㄱ. <u>우리는</u> 황령산에서 광안리 바다를 <u>바라보았다</u>.
　　ㄴ. <u>저분은</u> 김철수 씨의 <u>삼촌이시다</u>.

(1)에서 '우리는'과 '저분은'은 주어이며 '바라보았다'와 '삼촌이시다'는 서술어이다. (1)처럼 한 문장 속에서 주어와 서술어가 한 번만 실현된 문장을 '홑문장'이라고 한다.

둘째, 아래의 문장은 문장 속에 주어와 서술어가 두 번 이상 실현된 문장이다.

(2) ㄱ. 우리는 <u>그가 정당했음</u>을 깨달았다.
　　ㄴ. <u>형은 학교에 가고</u>, <u>동생은 놀이터에서 논다</u>.

(2ㄱ)의 문장은 '우리는 X를 깨달았다'의 구조를 가진 문장 속에서 '그가 정당했음'이라는 절이 목적어로 쓰였다. 이처럼 그 속에 특정한 절을 안고 있는 문장을 '안은 문장'이라고 한다. 반면에 (2ㄴ)의 문장은 '형은 학교에 간다'와 '동생은 놀이터에서 논다'가 연결 어미인 '-고'에 의해 이어져서 겹문장이 되었다. 이처럼 앞절과 뒷절이 연결 어미로써 이어져서 성립되는 문장을 '이어진 문장'이라고 한다.

안은 문장과 이어진 문장처럼 주어와 서술어가 두 번 이상 나타나는 문장을 '겹문장'이라고 하고, 홑문장이 결합하여 겹문장이 되는 과정을 '문장의 확대'라고 한다.

5.1. 이어진 문장

'이어진 문장(接續文, 이음월)'은 두 개 이상의 절이 연결 어미에 의해서 나란히 이어진 겹문장이다.

    (1) [구름이 낀다] + [비가 내린다]

    (2) ㄱ. 구름이 끼-<u>거나</u> 비가 내린다.   [선택]
          ㄴ. 구름이 끼-<u>면서</u> 비가 내린다.   [동시]
          ㄷ. 구름이 끼-<u>니까</u> 비가 내린다.   [원인]

(1)에서 '구름이 낀다'와 '비가 내린다'가 이어져서, (2)의 이어진 문장이 되었다. 이렇게 이어진 문장이 될 때는 앞절과 뒷절의 의미적인 관계에 따라서 특정한 연결 어미가 선택된다. 곧 (2)의 (ㄱ)에서 '-거나'는 앞절의 일이나 뒷절의 일이 선택적으로 일어남을 나타내고, (ㄴ)에서 '-면서'는 앞절의 일이 일어남과 동시에 뒷절의 일이 일어나는 것을 나타낸다. 그리고 (ㄷ)에서 '-니까'는 앞절의 일이 원인이 되고 그 결과로서 뒷절의 일이 일어남을 나타낸다.

    이어진 문장은 앞절과 뒷절이 어떠한 의미 관계로 이어지는가에 따라서, '대등하게 이어진 문장'과 '종속적으로 이어진 문장'으로 구분된다.

5.1.1. 대등하게 이어진 문장

    〈 개념 〉 '대등하게 이어진 문장'은 앞절과 뒷절이 '나열, 선택, 대조' 등의 의미적인 관계로 이어져서, 앞절과 뒷절의 의미적인 관계가 대등한 문장이다. 그리고 대등하게 이어진 문장에서 앞절과 뒷절을 이어 주는 연결 어미를 '대등적 연결 어미'라고 하는데, 이에는 '-고, -으며 ; -든지, -거나 ; -지만, -으나, -는데' 등이 있다.

    (3) ㄱ. 바람도 잠잠하<u>고</u> 하늘도 맑다.
          ㄴ. 빵은 밀가루로 만들<u>며</u>, 떡은 쌀가루로 만든다.

    (4) ㄱ. 결혼을 하<u>든지</u> 이혼을 하<u>든지</u> 내 마음이지.
          ㄴ. 내가 이 돈으로 쌀을 사<u>거나</u> 술을 사<u>거나</u> 네가 상관할 일이 아니다.

    (5) ㄱ. 부산에는 기온이 영상이<u>지만</u> 서울에는 기온이 영하이다.
          ㄴ. 그 사람은 갔<u>으나</u> 예술은 살아 있다.

ㄷ. 저놈은 잘생겼는데 이놈은 못생겼다.

(3)의 '-고'와 '-으며'는 '나열'의 뜻을 나타내며 (4)의 '-든지'와 '-거나'는 '선택'의 뜻을 나타낸다. 그리고 (5)의 '-지만, -으나, -는데'는 '대조'의 뜻을 나타내면서 앞절과 뒷절을 이어 준다.

〈특징〉 앞의 (3~5)의 문장에서 확인할 수 있듯이 대등하게 이어진 문장의 앞절과 뒷절은 구조적으로나 의미적으로 '대칭성(對稱性)'이 있다. 그리고 대등하게 이어진 문장에는 이러한 대칭성과 함께, 앞절과 뒷절의 순서를 바꾸어도 의미에 변화가 생기지 않는 '교호성(交互性)'도 나타난다.

(6) ㄱ. 하늘도 맑고 바람도 잠잠하다.
    ㄴ. 떡은 쌀가루로 만들며, 빵은 밀가루로 만든다.
(7) ㄱ. 이혼을 하든지 결혼을 하든지 내 마음이지.
    ㄴ. 내가 이 돈으로 술을 사거나 쌀을 사거나 네가 상관할 일이 아니다.
(8) ㄱ. 서울은 기온이 영하이지만 부산은 기온이 영상이다.
    ㄴ. 예술은 살아 있으나 그 사람은 갔다.
    ㄷ. 이놈은 못생겼는데 저놈은 잘생겼다.

(3~5)의 대등하게 이어진 문장에서 앞절과 뒷절의 순서를 바꾸면 (6~8)처럼 된다. 이렇게 앞절과 뒷절의 순서를 바꾸어도 (3~5)의 본디 문장과 (6~8)의 문장은 기본적인 의미가 다르지 않다.

5.1.2. 종속적으로 이어진 문장

〈개념〉 '종속적으로 이어진 문장'은 앞절과 뒷절의 의미가 서로 독립적이지 못하고, 앞절의 의미가 뒷절의 의미에 이끌리는 관계로 이어진 문장이다. 종속적으로 이어진 문장의 앞절과 뒷절은 종속적 연결 어미에 의해서 이어진다.

종속적으로 이어진 문장은 앞절이 뒷절에 이끌리므로, 앞절과 뒷절 사이에 대칭성과 교호성이 없다.

(9) ㄱ. 첫눈이 내리니까 강아지들이 매우 좋아한다.

　　 ㄴ. 봄이 오면 우리는 고향으로 갈 수 있다.

(10) ㄱ. [?]강아지들이 매우 좋아하니까 첫눈이 내린다.

　　 ㄴ. [?]우리가 고향으로 갈 수 있으면 봄이 온다.

(9ㄱ)에서 앞절인 '첫눈이 내리다'는 뒷절인 '강아지들이 매우 좋아하다'에 원인의 관계로 이끌린다. 그리고 (9ㄴ)의 앞절인 '봄이 오다'는 뒷절인 '우리는 고향으로 갈 수 있다'에 조건의 관계로 이끌린다. 이러한 점에서 (9)의 문장에서 뒷절의 내용이 중심이 되고 앞절의 내용은 뒷절의 내용에 종속된다고 할 수 있다. 그리고 (9)의 문장에서 앞절과 뒷절의 위치를 바꾸어서 (10)과 같은 문장으로 만들면, (9)의 문장과 (10)의 문장은 의미적인 면에서 차이가 난다. 이처럼 (9)의 문장은 의미적으로나 구조적으로 대칭성이 없을 뿐만 아니라 교호성도 없으므로, 종속적으로 이어진 문장임을 확인할 수 있다.

　　〈 종속적 연결 어미의 종류 〉 '대등적 연결 어미'의 종류는 '-고, -으며 ; -든지, -거나 ; -지만, -으나, -는데' 등에 국한되지만, 종속적 연결 어미는 그 수가 대단히 많다. 종속적 연결 어미가 쓰인 구체적인 예를 보이면 다음과 같다.

(11) ㄱ. 요즈음 학생들은 음악을 들으면서 공부한다. 　　　　　 [동시]

　　 ㄴ. 농부들은 들일을 마치고(서) 점심을 먹었다. 　　　　　 [계기]

　　 ㄷ. 실내 공기가 나쁘므로 창문을 좀 열어 둡시다. 　　　　 [이유]

　　 ㄹ. 내일 비가 와도 축구 대회는 열립니다. 　　　　　　　 [양보]

　　 ㅁ. 날이 밝으면 수색 작업을 다시 시작한다. 　　　　　　 [가정]

　　 ㅂ. 날씨가 추운데 어디에서 자려 하느냐? 　　　　　　　 [상황]

　　 ㅅ. 고기를 잡으러 바다로 갈까요? 　　　　　　　　　　 [목적]

　　 ㅇ. 진달래가 온 산에 흐드러지게 피었습니다. 　　　　　 [결과]

　　 ㅈ. 군인들은 무턱대고 돌격하다가 많이 죽습니다. 　　　 [전환]

　　 ㅊ. 나그네가 시골길을 구름에 달 가듯이 걸어간다. 　　　 [비유]

　　 ㅋ. 날이 갈수록 세상은 각박해져 간다. 　　　　　　　　 [점층]

　　 ㅌ. 하늘을 봐야 별을 따지. 　　　　　　　　　　　　　 [필연]

국어에는 많은 종류의 종속적 연결 어미가 쓰여서, (1)에서처럼 '계기, 이유, 양보, 가정, 상황, 목적, 결과, 전환, 비유, 점층, 필연' 등 다양한 의미로 앞절과 뒷절을 이어 준다.

여기서 이익섭·임홍빈(1984:261)에서 분류한 종속적 연결 어미의 종류와 그 의미를 제시하면 다음과 같다.

의미		종속적 연결 어미
시간	동시	-으며, -으면서
	계기	-고(서), -자, -자마자, -아(서)/-어(서)
이유·원인		-아/-어(서), -으니까, -으므로, -으매, -이라(서), -다(고), -느라고, -은지라, -(으)ㄹ쌔, -기에, -기로(서니)
양보		-아/-어도, -라도, -더라도, -든지, -으나, -은들, -을지라도, -을망정
조건	가정	-으면, -거든, -더라도, -되
	상황	-으니, -는데/-은데, -건만, -은즉, -은바, -을진대, -거니와, -더라니
의도·목적		-으러, -으려(고), -고자
결과		-게, -도록
전환		-다가
비유		-듯, -듯이
점층		-을수록
필연		-아야/-어야

[표 2. 종속적 연결 어미의 종류]

5.2. 안은 문장

어떠한 문장 속에서 특정한 문장 성분으로 쓰이는 문장을 '안긴 문장(절, 마디, clause)'이라고 한다. 안긴 문장의 종류로는 '명사절, 관형절, 부사절, 서술절, 인용절' 등이 있는데, 이러한 안긴 문장(절)을 포함하는 전체 문장을 '안은 문장'이라고 한다.

5.2.1. 명사절을 안은 문장

〈 명사절을 안은 문장의 개념 〉 '명사절(名詞節)'은 주어와 서술어의 구조를 갖춘 언어 형식(= 문법적 단위)이 문장 속에서 명사처럼 기능하는 절이다. 명사절은 서술어로 쓰이는 용언에 명사형 어미인 '-음'이나 '-기'가 실현되어서 형성되는데, 이러한 명사절을 안고 있는 겹문장을 '명사절을 안은 문장'이라고 한다.

> (3) ㄱ. <u>그 사람이 범인임</u>이 밝혀졌다.
>   ㄴ. 저는 <u>이 두 부부의 앞길에 평화가 깃들기</u>를 기원합니다.

(3)에서 (ㄱ)의 '그 사람이 범인임'은 주어와 서술어의 구조를 갖추고 있으면서 그 전체가 명사처럼 기능한다. 그리고 (ㄴ)의 '이 두 부부의 앞길에 평화가 깃들기'도 마찬가지로 주어와 서술어를 갖추고 있으면서 그 전체가 명사처럼 기능한다.

명사절은 명사와 마찬가지로 문장 속에서 격조사와 결합하여 '주어, 서술어, 목적어, 부사어' 등 여러 가지 문장 성분으로 두루 쓰일 수 있다. 예를 들어서 (3)에서 (ㄱ)의 명사절은 주어로 쓰이고 있으며, (ㄴ)의 명사절은 목적어로 쓰이고 있다.

〈 **명사형 어미인 '-음'과 '-기'의 기능** 〉 명사형 어미로는 '-음'과 '-기'가 있는데, 이들은 명사절을 형성한다는 점에서는 동일하게 기능한다. 그러나 '-음'과 '-기'의 기능에는 약간의 차이가 있다. 곧, '-음'은 완료된 일을 표현하는 데에 쓰이고 '-기'는 완료되지 않은 일을 표현하는 데에 쓰인다.

> (4) ㄱ. 국민들은 <u>대엽 씨가 사기꾼임</u>을 그제야 깨달았다.
>   ㄴ. 그들은 <u>노력하지 않고 성공하기</u>를 기대했다.

(ㄱ)의 '대엽 씨가 사기꾼임'에서 '-음'은 일이 일어난 결과(완료)의 뜻을 나타낸다. 이에 반해서 (ㄴ)의 '노력하지 않고 성공하기'에서 '-기'는 일이 일어나는 '과정'이나 '미완료'의 뜻을 나타낸다는 점에서 차이가 있다. 이러한 차이 때문에 '-음'은 주로 '깨닫다, 알다, 밝혀지다'처럼 지각이나 인식을 나타내는 서술어와 어울리고, '-기'는 '기대하다, 바라다, 예상하다'와 같은 바람이나 희망을 나타내는 서술어와 잘 어울린다.

5.2.2. 관형절을 안은 문장

〈 **개념** 〉 '관형절(冠形節)'은 문장에서 관형어로 기능하는 절이다. 관형절은 서술어로 쓰이는 용언의 어간에 관형사형 어미인 '-은, -는, -을, -던'을 실현하여 성립한다. 이러한 관형절을 안고 있는 겹문장을 '관형절을 안은 문장'이라고 한다.

> (5) ㄱ. 그 섬에는 <u>고기를 잡-은</u> 사람이 없었다.
> ㄴ. 그 섬에는 <u>고기를 잡-는</u> 사람이 없었다.
> ㄷ. 그 섬에는 <u>고기를 잡-을</u> 사람이 없었다.
> ㄹ. 그 섬에는 <u>고기를 잡-던</u> 사람이 없었다.

(5)에서 관형절의 서술어로 쓰인 용언 '잡다'의 어간인 '잡-'에 실현된 '-은, -는, -을, -던'은 각각 '과거, 현재, 미래, 회상'을 표현한다. 따라서 관형사형 어미는 관형절을 형성하여서 체언을 수식하는 기능과 더불어서, 관형절의 사건이 일어난 시간을 표현하는 기능을 겸하고 있음을 알 수 있다.

〈 관형절의 유형 〉 관형절은 그것이 중심어(= 체언)와 맺는 통사론적인 관계에 따라서 '관계 관형절'과 '동격 관형절'로 구분하기도 하고, 관형사형 어미의 형태에 따라서 '짧은 관형절'과 '긴 관형절'로 구분하기도 한다.

ⓐ '관계 관형절'과 '동격 관형절' : 관형절은 그것이 수식하는 중심어(체언)와의 통사론적인 관계에 따라서 '관계 관형절'과 '동격 관형절'로 구분할 수 있다.

첫째, '관계 관형절(關係冠形節, relative clause)'은 관형절 속의 문장 성분 중에서 중심어(= 체언)와 동일한 대상을 표현하는 문장 성분이 삭제되고 형성된 관형절이다.

> (6) ㄱ. <u>백두산에서 호랑이를 잡은</u> **사람**은 김 포수였다.
> ㄴ. 저희들은 <u>손님들이 좋아하는</u> **음식**을 많이 준비했습니다.
> ㄷ. <u>우리가 머물렀던</u> **호텔**에서 불이 났다.

(6)의 관형절은 절이 갖추어야 할 문장 성분을 온전하게 갖추고 있지 않다. 곧 (ㄱ)의 '백두산에서 호랑이를 잡은'에서는 주어가 빠졌으며, (ㄴ)의 '손님들이 좋아하는'에서는 목적어가 빠졌으며, (ㄷ)의 '우리가 머물렀던'에서는 부사어가 빠졌다. 이러한 점을 고려해서 (6)의 관형절을 정상적인 절의 형태로 복원시키면 다음의 (7)처럼 된다.

> (7) ㄱ. **사람**이 백두산에서 호랑이를 잡(다)   — 사람(중심어)
> ㄴ. 손님들이 **음식**을 좋아하(다)   — 음식(중심어)

ㄷ. 우리가 **호텔**에서 머무르(다)　　　　　　— 호텔(중심어)

(7)의 (ㄱ)에서는 관형절 속의 주어로 쓰인 '사람'과 그 중심어가 동일하며, (ㄴ)에서는 목적어로 쓰인 '음식'과 중심어가 동일하며, (ㄷ)에서는 관형절 속의 부사어로 쓰인 '호텔'과 중심어가 동일하다. (6)의 관형절에서 특정한 문장 성분이 빠져 나간 것은, (7)에서 보는 바와 같이 관형절 속에서 특정한 문장 성분으로 쓰인 체언과 관형절의 중심어가 동일하기 때문이다. 이러한 관계 관형절은 그것이 수식하는 중심어의 종류에 아무런 제약을 받지 않는 특징이 있다.

둘째, '동격 관형절(同格冠形節, appositive clause)'은 관형절 속의 특정한 문장 성분이 빠져나가지 않은 관형절이다.

(8) ㄱ. 사장은 <u>김 부장이 내일 미국으로 떠날</u> **계획**에 반대하였다.
　　ㄴ. <u>찬호가 세리를 야구 방망이로 두들겼다는</u> **헛소문**이 돌았다.

특정한 문장 성분이 생략되고서 형성된 관계 관형절과는 달리, (8)에서 밑줄 그은 관형절은 중심어와 관련해서 어떠한 문장 성분도 삭제되지 않았다. 이러한 관형절은 관형절의 내용과 중심어(=체언)의 내용이 동격(同格, appositive)의 관계에 있는 것이 특징이다. 곧 (ㄱ)에서 '계획'의 내용이 곧 '김 부장이 내일 미국으로 떠난다는 것'이며, (ㄴ)에서 '헛소문'의 내용이 '찬호가 세리를 야구 방망이로 두들겼다는 것'이다. 관형절과 중심어에서 나타나는 이러한 의미적인 특징 때문에 (8)의 관형절을 '동격 관형절'이라고 한다.

그런데 (6)의 관계 관형절에서는 중심어로 쓰일 수 있는 체언의 종류에 제약이 없으나, (8)의 동격 관형절에서는 중심어로 쓰일 수 있는 체언의 종류가 한정되어 있다.

(9) ㄱ. 결심, 경우, 경험, 계획, 고백, 기적, 까닭, 독촉, 명령, 목적, 보도, 불상사, 사건,
　　　　사실, 소문, 소식, 약점, 연락, 욕심, 일, 점, 정보, 죄, 증거, 질문
　　ㄴ. 것, 바, 적, 때문, 데, 줄, 수, 법, 리

동격 관형절의 중심어로 쓰일 수 있는 자립 명사로는 (ㄱ)의 '결심, 경우, 경험, 계획' 등이 있으며, 의존 명사로는 (ㄴ)의 '것, 바, 적, 때문, 데, 줄, 수, 법, 리' 등이 있다.

ⓑ **'긴 관형절'과 '짧은 관형절'** : 관형절을 관형사형 어미의 문법적인 형태에 따라서 '긴 관형절'과 '짧은 관형절'로 구분하기도 한다.[1]

첫째, '긴 관형절'은 용언의 종결형에 '-(고 하)는'이 붙어서 된 관형절이다.

> (10) ㄱ. <u>한국인들이 탈레반에게 인질로 잡혔다는</u> **사실**에 국민들이 놀랐다.
> ㄴ. 잡혔다는 : 잡히- + -었- + -다 + (**-고** + **하** -) + -는

(10)에서 관형절의 서술어로 쓰인 '잡혔다는'의 형태를 (ㄴ)과 같이 분석할 수 있다. 곧 '잡혔다는'은 '잡혔다고 하는'에서 인용을 나타내는 부사격 조사인 '-고'와 용언인 '하다'의 어간인 '하-'가 생략된 형태이다. 곧 '잡혔다는'은 '잡혔다고 하는'에서 '-고 하-'가 줄어져서 만들어졌는데, 이와 같은 문법적인 절차를 밟아서 형성된 관형절을 '긴 관형절'이라고 한다.

둘째, '짧은 관형절'은 관형절의 서술어로 쓰인 용언에 종결 어미가 실현되지 않고 형성된 관형절이다.

> (11) ㄱ. <u>철수가 타고 온</u> **자동차**가 고장이 났다.
> ㄴ. 온 : 오- + -ㄴ

(11)에서 관형절은 '오다'의 어간인 '오-'에 관형사형 어미인 '-ㄴ'이 바로 붙어서 이루어졌다. 이처럼 인용을 나타내는 말인 '-고 하-'가 개입되지 않고 용언에 관형사형 어미가 바로 붙어서 형성된 관형절을 '짧은 관형절'이라고 한다.

5.2.3. 부사절을 안은 문장

〈개념〉 '부사절(副詞節)'은 문장에서 부사어로 기능하는 절로서, 용언의 어간에 부사 파생 접미사인 '-이'나 부사형 어미인 '-게, -도록', 그리고 종속적 연결 어미인 '-아서/-어서, -으면' 등이 붙어서 성립한다. 그리고 이러한 부사절을 안고 있는 겹문장을

---

1) '긴 관형절'과 '짧은 관형절'의 명칭에 쓰인 '길다'와 '짧다'라는 표현은 이들 관형절의 차이를 적절하게 표현하지 못한다. 엄밀하게 구분하면 (11)의 짧은 관형절은 일반적인 관형절이고, (10)의 긴 관형절은 인용문을 안고 있는 관형절에서 인용을 나타내는 부사격 조사인 '-고'와 인용 동사인 '하다'의 어간 '하 -'가 생략된 관형절이다.

'부사절을 안은 문장'이라고 한다.

> (12) ㄱ. 준석 씨는 <u>돈이 없이</u> 고스톱을 친다.
> ㄴ. 하루에 한 번씩 <u>땀이 나게</u> 운동을 하여라.
> ㄷ. 저 사람은 <u>내가 죽으면</u> 아주 좋아하겠지.

(12)에서 밑줄 친 말은 주어와 서술어의 구조를 갖추고 있으면서 그 뒤에 실현되는 서술어(용언구)를 수식하고 있는데, 이러한 절을 부사절이라고 한다. 이렇게 부사절을 형성하는 문법 형태소로는 파생 접사, 부사형 어미, 종속적 연결 어미가 있다.

〈 부사절을 형성하는 문법 요소 〉 제7차 교육과정의 고등학교 문법(2010:164)에서는 부사절을 형성하는 문법적인 요소를 다양하게 제시하고 있다.

> (13) ㄱ. 가을비가 <u>소리도 **없이**</u> 내렸다.
> ㄴ. 그는 <u>형과 **달리**</u> 공부를 잘 한다.

> (14) ㄱ. 모두들 <u>기분이 좋**게**</u> 일을 시작하였다.
> ㄴ. 이순신은 <u>왜군들이 모조리 물에 빠지**도록**</u> 작전을 짰다.

> (15) ㄱ. 날씨는 <u>비가 **올수록**</u> 추워질 것이다.
> ㄴ. 우리는 <u>잠이 쏟아**져도**</u> 숙제를 다 해 내었다.
> ㄷ. 사장님은 <u>돈이 많**으니까**</u> 좋으시겠습니다.

고등학교 문법에서는 (13)처럼 용언에 부사 파생 접미사인 '-이'가 붙어서 부사절이 형성되는 경우와, (14)처럼 부사형 어미인 '-게'와 '-도록'이 붙어서 부사절이 형성되는 경우를 인정하고 있다. 그리고 더 나아가서 (15)처럼 종속적 연결 어미로 형성된 절들도 부사절로 볼 수 있는 면이 있다고 설명하고 있다.(고등학교 교사용 지도서 문법 2010:201 참조.)

5.2.4. 서술절을 안은 문장

〈 개념 〉 '서술절(敍述節)'은 문장에서 서술어로 기능하는 절인데, 이렇게 서술절을 안고 있는 겹문장을 '서술절을 안은 문장'이라고 한다.

> (16) ㄱ. 코끼리가 <u>코가 길다</u>.
>   ㄴ. 자갈치가 <u>회가 싱싱하다</u>.
>   ㄷ. 나는 <u>설거지가 싫다</u>.

(17)에서 (ㄱ)의 '코가 길다'와, (ㄴ)의 '회가 싱싱하다', (ㄷ)의 '설거지가 싫다'는 모두 주어와 서술어의 구조를 갖추고 있으면서, 주어인 '코끼리가, 자갈치가, 나는'에 대하여 서술어로 쓰이고 있다. 따라서 고등학교 문법(2010:164)에서는 (16)에서 밑줄 친 말을 서술절로 보고 (16)의 전체 문장을 '서술절을 안은 문장'으로 처리한다.

〈 서술절의 특징 〉 서술절에는 다음과 같은 형태·통사론적인 특징이 나타난다.

첫째, 서술절은 서술어가 비행동성(non-action)의 의미 특질이 있는 용언, 곧 '상태성(state)'과 '과정성(process)'을 나타내는 용언일 때에만 나타날 수 있다.

> (17) ㄱ. 저 개가 <u>꼬리가 길다</u>.   [상태성]
>   ㄴ. 이 아이가 <u>재주가 있다</u>.
>
> (18) ㄱ. 이 나무가 <u>꽃이 핀다</u>.   [과정성]
>   ㄴ. 그이가 <u>얼굴이 야위었다</u>.
>
> (19) ㄱ. *그이가 <u>책이 읽는다</u>.   [동작성]
>   ㄴ. *그가 <u>학교가 간다</u>.

(17)에서 '길다, 있다'는 상태(state)를 나타낸다. 그리고 (18)에서 '피다, 야위다'는 움직임을 나타내기는 하지만, 주체의 적극적인 행동(action)을 나타내지 않고 과정(process)만을 나타낸다. 이처럼 상태나 과정의 의미적인 특성이 있는 용언을 '비행동성(non-action) 용언'이라고 하는데, 문장 속에서 비행동성 용언이 서술어로 쓰일 때에는 서술절을 안은 문장으로 표현될 수 있다. 반면에 (19)의 '읽다'와 '가다'처럼 행동성의 의미 특질을 나타내는 용언이 서술어로 쓰이는 문장에서는 서술절이 성립하지 않는다.

둘째, 서술절에는 그것을 성립시키는 문법적인 형태가 없다. 서술절을 제외한 다른 절은 그것이 절임을 나타내는 표지(문법적 형태)가 실현되는 데에 반해서, 서술절에는 그러한 절 표지가 없는 것이 특징이다.[2]

셋째, 서술절의 서술어에는 종결 어미가 실현되어 있어서, 서술절이 완전한 문장의 형식을 취하는 것이 특징이다. 곧 (17)과 (18)의 문장에서 서술절의 서술어인 '길다, 있다, 핀다, 야위었다'에는 평서형 종결 어미인 '-다'가 실현되어서, 서술절이 완전한 문장의 형식을 갖추고 있다.[3]

5.2.5. 인용절을 안은 문장

〈개념〉 '인용절(引用節)'은 다른 사람의 말이나 생각을 직접 혹은 간접적으로 따온 절인데, 인용하는 절(문장)에 부사격 조사 '-라고'와 '-고'가 붙어서 이루어진다. 이와 같이 인용절을 포함하고 있는 겹문장을 '인용절을 안은 문장'이라고 한다.

> (20) ㄱ. 길동 씨는 "나는 박 회장한테서 10억 원을 받았다."라고 말했습니다.
> ㄴ. 길동 씨는 (자기는) 박 회장한테서 10억 원을 받았다고 말했습니다.

(20)의 문장은 다른 사람의 말을 따온 '인용절을 안은 문장'이다. 여기서 (ㄱ)은 '길동 씨'가 한 말을 그대로 따온 직접 인용문인데, 직접 인용절인 '나는 박 회장한테서 10억을 받았다.'에 부사격 조사인 '-라고'가 실현되었다. 그리고 (ㄴ)은 말을 전달하는 사람이 '길동 씨'의 말을 자신의 입장으로 바꾸어서 따온 간접 인용문이다. 간접 인용절인 '박 회장한테서 10억 원을 받았다'에는 부사격 조사인 '-고'가 실현되었다.

그런데 인용절을 안은 문장은 남의 말을 따올 때뿐만 아니라, 생각·판단·주장 등을 따올 때도 성립한다.

> (21) ㄱ. 나는 "내일은 집에서 쉬어야지."라고 **생각했다.**
> ㄴ. 황우석 박사는 자기는 결백하다고 **주장했다.**

---

2) 곧 명사절의 표지는 명사형 어미인 '-음'과 '-기'이며, 관형절의 표지는 관형사형 어미인 '-은, -는, -던, -을'이다. 그리고 부사절의 표지로는 '-이, -게, -도록, -으면, -니까' 등이 있고, 인용절의 표지로는 '-라고'와 '-고'와 같은 부사격 조사가 있다.

3) 서술절이 완전한 문장의 형식을 갖추고 있고 서술절에 절의 표지가 존재하지 않는다는 점을 들어서, 서술절을 인정하지 않으려는 견해도 있다. 만일 서술절을 인정하지 않으면 (17)이나 (18)의 문장은 이중 주어를 취하는 홑문장으로 처리해야 한다.

(21)의 문장에서 인용절을 안은 문장의 전체 서술어는 '생각하다'와 '주장하다'이다. 이처럼 화자가 자신이나 남의 생각이나 판단, 주장 등을 인용하여 표현하는 것도 인용절을 안은 문장으로 처리한다. 왜냐하면 생각이나 판단, 주장을 인용하는 표현도 남의 말을 인용하는 것과 동일한 형식의 문장으로 표현되기 때문이다. 이렇게 되면 '말하다' 뿐만 아니라 '생각하다, 믿다, 주장하다, 약속하다, 명령하다, 제의하다……' 등도 인용절의 문법적인 형식만 갖추면 인용절을 안은 문장의 서술어로 쓰일 수 있다.

그런데 인용절은 다른 성분절과는 달리 온전한 문장의 형식을 갖추었다는 점이 특징이다. 곧, (21)의 인용절은 주어와 서술어를 갖추고 있으며, 인용절 속에서 서술어로 쓰인 용언에 종결 어미인 '-지'와 '-다'가 실현되었다. 이처럼 인용절은 온전한 문장의 형식을 취하고 있다는 점에서 명사절, 관형절, 부사절 등과는 다른 특징을 보인다.

〈 **인용절의 유형** 〉 인용절은 남의 말을 인용하는 형식에 따라서 '직접 인용절'과 '간접 인용절'로 나뉜다. '직접 인용절'은 다른 사람의 말을 그대로 따서 옮기는 인용절로서 부사격 조사인 '-라고'가 붙어서 성립한다. 반면에 '간접 인용절'은 다른 사람의 말을 전달하되, 그 말을 전달하는 이의 입장으로 내용이나 형식을 바꾸어서 표현한 인용절로서, 부사격 조사인 '-고'가 붙어서 성립한다.

다음의 발화 상황은 '이효리'가 '장동건'에게 (22)처럼 말을 하고, '장동건'은 (23)처럼 그녀의 말을 다른 사람에게 옮기는 상황이다.

(22) 〈화자: 이효리〉: "나는 내일 너의 집에 가겠다." 〈청자: 장동건〉

(23) ㄱ. 〈화자 : 장동건〉: 이효리가 나에게 "나는 내일 너의 집에 가겠다."라고 말했다.
   ㄴ. 〈화자 : 장동건〉: 이효리가 나에게 자기는 내일 우리 집에 오겠다고 말했다.
   ㄷ. 〈화자 : 장동건〉: 이효리가 나에게 내일 우리 집에 오겠다고 말했다.

여기서 (22)의 (ㄱ)은 장동건이 이효리의 말을 직접적으로 인용한 표현인데, 이렇게 직접적으로 인용할 경우에는 부사격 조사로서 '-라고'를 쓴다. 이에 반해서 (23)의 (ㄴ)과 (ㄷ)은 장동건이 이효리가 한 말을 자신의 입장으로 내용이나 형식을 바꾸어서 간접적으로 인용한 표현이다. 이처럼 다른 사람이 한 말을 간접적으로 인용할 경우에는 부사격 조사로서 '-고'를 쓴다. 그리고 간접 인용절을 안은 문장의 전체의 주어와 안긴 문장 속의 주어가 동일할 때에는, (ㄴ)처럼 안긴 문장의 주어를 재귀 대명사인 '자기'로 바꾸어서 표현하거나 (ㄷ)처럼 안긴 문장의 주어를 생략하여 표현한다.

〈 간접 인용절에서 일어나는 어미의 변동 〉 직접 인용절은 다른 사람이 한 말을 그대로 따오기 때문에 인용절 속에 나타나는 말에 변화가 일어나지 않는다. 반면에 간접 인용절에서는 서술어로 쓰인 용언의 종결 어미가 다른 형태로 바뀌거나, 특정한 종결 어미가 아예 실현되지 않을 수도 있다.

첫째, 종결 어미의 형태가 간접 인용절에서 다른 형태로 바뀌어서 실현될 수 있다.

(25) ㄱ. 철수 씨는 "저 사람이 봉준호 감독이<u>다</u>."라고 했다.
ㄴ. 철수 씨는 <u>저 사람이 봉준호 감독이</u><u>라</u>고 했다.

(26) ㄱ. 선생님께서는 "지금 서울에는 비가 <u>오는가</u>?"라고 물으셨다.
ㄴ. 선생님께서는 <u>지금 서울에는 비가 오느냐</u>고 물으셨다.

(27) ㄱ. 의사 선생님께서 "<u>아침에는 죽을 먹어라</u>."라고 말씀하셨다.
ㄴ. 의사 선생님께서 <u>아침에는 죽을 먹으라</u>고 말씀하셨다.

(25ㄱ)의 직접 인용절에서 서술격 조사인 '-이다'의 평서형의 활용 형태는 일반적으로 '-다'로 실현되는데, 이러한 '-다'가 (25ㄴ)의 간접 인용절의 부사격 조사 '-고' 앞에서는 '-라'로 바뀌게 된다. (26)에서 의문형 어미인 '-는가'는 (ㄱ)과 같은 직접 인용절에서는 그대로 실현되지만, 간접 인용절에서는 (ㄴ)처럼 '-느냐'의 형태로 바뀌어서 실현되어야 한다. (27)에서 명령형 어미인 '-어라'는 직접 인용절에서는 그대로 실현되지만, 간접 인용절에서는 (ㄴ)처럼 '-으라'로 바뀌어서 실현된다.

둘째, 감탄형 어미인 '-구나'와 '-아라' 등은 간접 인용문에서 평서형 어미로 바뀐다.

(28) ㄱ. 탕웨이는 "<u>현빈 씨는 정말로 멋있**구나**</u>."라고 생각했다.
ㄴ. *탕웨이는 <u>현빈 씨는 정말로 멋있**구나**</u>고 생각했다.
ㄷ. 탕웨이는 <u>현빈 씨는 정말로 멋있**다**</u>고 생각했다.

(29) ㄱ. 아이는 밖에 나오자마자, "<u>아이, 추워라</u>!"라고 소리를 질렀다.
ㄴ. *아이는 밖에 나오자마자, <u>아이, 추워라</u>고 소리를 질렀다.
ㄷ. 아이는 밖에 나오자마자, <u>정말 춥다</u>고 소리를 질렀다.

(28~29)에서 감탄형 어미 '-구나'와 '-어라'는 (ㄱ)처럼 직접 인용절에서는 형태가 그대로 유지되지만, (ㄷ)처럼 간접 인용절에서는 평서형 종결 어미인 '-다'로 바뀌게 된다.

【더 배우기】

1. 주어가 빠져 나간 관계 관형절

절은 주어와 서술어를 갖추고 있는 언어 형식이다. 절에서 나타나는 이러한 특징 때문에 다음과 같이 주어가 실현되지 않은 관형절을 절의 단위로 인식하지 못하는 경우가 있다.

(1) ㄱ. <u>도서관에서 공부하던</u> **학생들**이 모두 뛰쳐 나왔다.

ㄴ. 김두한은 <u>푸른</u> **하늘**을 바라보았다.

(2) ㄱ. <u>학생들이</u> 도서관에서 공부하(다) ― 학생들(중심어)

ㄴ. <u>하늘이</u> 푸르(다) ― 하늘(중심어)

(1ㄱ)의 '도서관에서 공부하던'도 주어가 실현되지 않았다는 점에서 관형구로 처리하는 수가 있다. 그리고 (1ㄴ)에서 '푸른'이 하나의 문장 성분으로 되어 있고 주어가 실현되지 않았다는 점에서, '푸른'을 관형절로 보지 않고 단순한 관형어 혹은 관형구로 처리하는 경우가 있다.

그러나 (1)의 관형절은 (2)처럼 속구조에서는 주어와 서술어의 구조를 갖추고 있다. 곧 (1)의 문장에서는 관형절 속의 주어와 그 중심어가 동일하기 때문에, 관계 관형절 속의 주어인 '학생들이'과 '하늘이'를 생략한 결과이다. 이러한 점에서 (1)에서 (ㄱ)의 '도서관에서 공부하던'과 (ㄴ)의 '푸른'도 관형절로 처리해야 한다.

2. 명사절이나 관형절이 앞절로 쓰인 '종속적으로 이어진 문장'

제7차 교육과정에 따른 고등학교 문법(2010:168)에서는 명사절이나 관형절로 이루어진 '종속적으로 이어진 문장'을 인정하고 있다.

첫째, 명사절이나 '명사절을 포함하는 명사구'에 부사격 조사인 '-에'가 실현된 형식이 앞절로 기능해서, 전체 문장이 종속적으로 이어진 문장이 될 수 있다.

(1) ㄱ. <u>가방 속에 돈이 많이 들어 있기에</u> 우리는 깜짝 놀랐다.

ㄴ. <u>내일 수업이 있기 때문에</u> 저는 일찍 자야 하겠습니다.

ㄷ. <u>본 강의에 들어가기 전에</u> 먼저 제 소개를 하겠습니다.

(ㄱ)에서 '가방 속에 돈이 많이 들어 있기에'는 명사절에 부사격 조사 '-에'가 붙어서 이어

진 문장의 앞절로 쓰였다. 그리고 (ㄴ)의 '내일 수업이 있기 때문에'와 (ㄷ)의 '본 강의에 들어가기 전에'는 명사절을 안고 있는 명사구에 부사격 조사 '-에'가 결합하여 종속적으로 이어진 문장의 앞절로 쓰였다.

둘째, '관형절을 안고 있는 명사구'에 부사격 조사인 '-에'가 실현된 형식이, 이어진 문장의 앞절로 기능해서 전체 문장이 종속적으로 이어진 문장이 될 수 있다.

(2) ㄱ. 이 선생님은 <u>공부를 많이 한 까닭에</u> 수업을 아주 잘 하십니다.
　　ㄴ. <u>비가 너무 많이 내린 바람에</u> 강물이 범람하였다.
　　ㄷ. 관광객들은 <u>아침을 먹은 다음에</u> 금강산으로 출발하였다.

(2)에서는 관형절과 그것의 수식을 받는 체언이 명사구를 형성하고, 이 명사구에 부사격 조사 '-에'가 결합한 말이 이어진 문장의 앞절로 쓰였다. 곧 (ㄱ)의 '공부를 많이 한 까닭에'와 (ㄴ)의 '비가 너무 많이 내린 바람에', 그리고 (ㄷ)의 '아침을 먹은 다음에'는 관형절을 안은 명사구에 부사격 조사인 '-에'가 실현된 형태이다. (2)에서 밑줄 그은 말은 형식적으로만 보면 이들 명사구에 '-에'가 실현되어서 부사어로 쓰인 것인데, 고등학교 문법(2010: 168)에서는 이러한 언어 형식을 종속적으로 이어진 문장의 앞절로 기능한 것으로 인정하고 있다.

제6장 문법 요소

문법적인 형태소인 어말 어미와 선어말 어미를 비롯하여 몇몇의 문법적인 기능을 나타내는 어휘와 파생 접사를 '문법 요소'라고 한다. 여기서는 이러한 문법 요소를 통하여 실현되는 문법적인 표현에 대하여 알아본다.

6.1. 문장의 종결 표현

문장은 서술어로 쓰이는 용언에 다양한 종결 어미를 실현함으로써 문장을 끝맺는다. 곧 국어의 문장은 종결 어미의 종류에 따라서 '평서문, 의문문, 명령문, 청유문, 감탄문' 등으로 실현되면서, 화자가 자신의 의향을 청자에게 표현한다.

6.1.1. 종결 표현의 개념

〈 종결 표현의 개념과 유형 〉 '종결 표현(終結表現)'은 문장에서 서술어로 쓰이는 용언에 '종결 어미(終結語尾)'를 실현함으로써, 화자가 자신의 의향을 나타내면서 문장을 끝맺는 표현이다.

국어의 종결 표현에는 '평서문, 의문문, 명령문, 청유문, 감탄문' 등이 있다.

(1) ㄱ. 우리나라는 사계절이 뚜렷하다.   [평서문]
    ㄴ. 아버님께서 오셨느냐?   [의문문]
    ㄷ. 음식을 골고루 먹어라.   [명령문]
    ㄹ. 우리 함께 해결책을 생각해 보자.   [청유문]
    ㅁ. 아, 벌써 새 아침이 밝았구나.   [감탄문]

'평서문, 의문문, 명령문, 청유문, 감탄문' 등의 종결 표현은 문장을 끝맺는 동시에 화자는 청자에게 다음과 같은 태도를 나타낸다. 먼저 '평서문, 의문문, 명령문, 청유문'은 화자가 청자에게 어떠한 의사를 전달하는 문장이다. 첫째, (ㄱ)의 '평서문'은 '-

다'와 같은 평서형 어미가 실현되어서 이루어지는데, 청자에게 의사를 전달하되 아무런 요구를 하지 않는다. 반면에 '의문문, 명령문, 청유문'은 청자에게 어떠한 요구를 하면서 의사를 전달하는 문장이다. 둘째, (ㄴ)의 '의문문'은 '-느냐'와 같은 의문형 어미가 실현되어서 이루어지는데, 청자에게 대답을 요구한다. 이에 반해서 '명령문'과 '청유문'은 청자에게 어떠한 행동을 요구한다. 셋째, (ㄷ)의 '명령문'은 '-아라'와 같은 명령형 어미가 실현되어서 이루어지는데, 청자만의 행동을 요구한다. 넷째, (ㄹ)의 '청유문'은 '-자'와 같은 청유형 어미가 실현되어서 이루어지는데, 청자에게 어떠한 행동을 함께 할 것을 요구한다. 다섯째, (ㅁ)의 '감탄문'은 '-구나'와 같은 감탄형 어미를 실현하여 이루어지는데, 화자는 감탄문을 통하여 처음으로 인지한 일의 내용에 대하여 독백하거나 자신의 감정을 표출하는 데 그친다.[1]

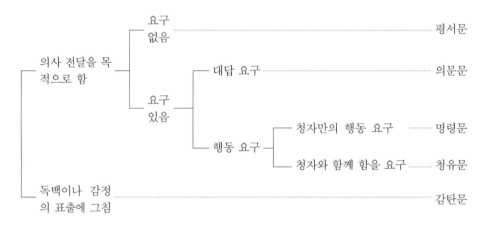

[그림 1. 종결 방식에 따른 문장의 유형]

〈 **종결 표현의 상대 높임 기능** 〉 종결 어미에는 문장을 끝맺는 기능뿐만 아니라 말을 듣는 상대방(= 청자)을 높이거나 낮추어서 표현하는 기능이 있다. 문장의 종결법 중에서 명령문은 상대 높임법이 가장 분명하게 드러나는데, 여기서는 명령문에 실현되는 상대 높임법의 양상을 소개한다.

첫째, 명령형 종결 어미인 '-아라, -게, -으오, -으십시오'는 문장을 명령형으로 끝

---

1) 이처럼 문장의 종결 방식에 따라서 화자가 청자에 대하여 취하는 태도가 나타나므로 '문장의 종결법(마침법)'을 '의향법(意向法)'이라고도 한다.(허웅 1984:225)

맺는 동시에, 격식을 차려서 청자를 높이거나 낮추는 표현이다.

(2) ㄱ. 장비야, 어서 달려가서 저자를 잡아라.
ㄴ. 자네, 이 떡 좀 먹어 보게.
ㄷ. 김 선생, 이 그림 좀 보오.
ㄹ. 할아버님, 어서 자리에 앉으십시오.

(ㄱ)의 '-아라/-어라'는 아주 낮춤의 '해라체'이며, (ㄴ)의 '-게'는 예사 낮춤의 '하게체'이다. 그리고 (ㄷ)의 '-오'는 예사 높임의 '하오체'이며 (ㄹ)의 '-으십시오'는 아주 높임의 '하십시오체'의 상대 높임 표현이다.

둘째, 격식체의 상대 높임 표현뿐만 아니라, 다음과 같은 비격식체의 상대 높임 표현도 종결 어미로써 실현된다.

(3) ㄱ. 영철아, 빨리 뛰어.
ㄴ. 추석에는 가족과 함께 차례를 지내고 송편을 먹어요.

(ㄱ)의 종결 어미 '-어/-아'는 반말의 '해체'로서 말을 듣는 상대를 두루 낮추는 표현이며, (ㄴ)의 '-아요/-어요'는 반말의 종결 어미인 '-아/-어'에 상대 높임의 뜻을 나타내는 보조사인 '-요'를 결합하여 두루 높이는 표현이다.

이처럼 종결 어미에는 문장을 여러 가지 방식으로 끝맺는 기능과 함께, 말을 듣는 사람을 높이거나 낮추어서 표현하는 상대 높임의 기능이 있다.

6.1.2. 종결 표현의 유형

종결 표현은 종결 어미로 표현되는 종결의 방식에 따라서 '평서문, 의문문, 명령문, 청유문, 감탄문'으로 나뉜다.

(가) 평서문

〈 평서문의 개념 〉 '평서문(平敍文, declarative sentence)'은 화자가 청자에 대하여 특별히 요구하는 바가 없이 자기의 생각을 단순하게 전달하는 문장이다. 평서문은 서술어에

'-다, -네, -으오, -습니다/-ㅂ니다, -지' 등의 평서형 종결 어미가 붙어서 성립한다.

(4) ㄱ. 오늘 우리 집에서 모내기를 한<u>다</u>.
    ㄴ. 이 금반지는 금의 순도가 99.9%<u>입니다</u>.

(ㄱ)과 (ㄴ)의 평서문은 청자에게 특별한 요구 사항이 없이 주이로 쓰인 '우리 집'과 '이 금반지'의 동작이나 상태에 대한 판단을 단순하게 서술하면서 전달하고 있다. 이러한 평서문은 화자의 감정을 직접적으로 표출하는 데에 그치는 감탄문이나, 청자에게 대답이나 행동을 요구하는 의문문, 명령문, 청유문 등과는 구분된다.

〈 '-다'의 형태 변동〉 평서형 종결 어미 중에서 '-다'는 그 앞이나 뒤에 특정한 어미가 실현되면 그 형태가 '-라'로 바뀔 수 있다.

첫째, '-다'가 선어말 어미인 '-더-, -리-, -니-' 뒤에 실현될 때에는, 그 형태가 '-라'로 바뀐다.

(5) ㄱ. 점심때에 보니까 철수가 집에 가-+-더-+-<u>라</u>
    ㄴ. 나도 곧 집에 가-+-리-+-<u>라</u>
    ㄷ. 사람은 모름지기 부지런해야 하-+-느-+-니-+-<u>라</u>

평서형의 종결 어미인 '-다'는 (ㄱ)에서는 '-더-' 뒤에, (ㄴ)에서는 '-리-' 뒤에, (ㄷ)에서는 '-니-' 뒤에 실현되었는데, 이 경우에는 '-다'는 '-라'로 바뀐다.

둘째, 서술격 조사 '-이다'의 어미 '-다'는 그 뒤에 간접 인용을 나타내는 부사격 조사인 '-고'가 실현되면 형태가 '-라'로 바뀐다.

(6) 중국 사람들은 백두산을 장백산+-이-+-**라**+-고 한다.

곧 (ㄱ)에서 서술격 조사 '-이다'는 부사격 조사 '-고' 앞에서 '-이라'로 실현되었는데, 이때의 '-라'도 '-다'의 형태론적 변이 형태이다.

〈 평서문의 유형〉 평서문에는 문장으로 표현되는 내용을 단순하게 서술하면서 전달하는 일반적인 평서문 이외에도, 특별한 뜻을 나타내면서 문장의 내용을 전달하는 평서문이 있다. 이러한 특징을 감안하여 일부 문법서에서는 평서문의 하위 유형으로 '단순 평서문', '확인 평서문', '약속 평서문'을 설정하기도 한다.

ⓐ **단순 평서문** : '-다, -네, -으오, -ㅂ니다/-습니다' 등으로 실현되는 평서문은 화자가 문장으로 표현되는 내용을 단순하게 서술하면서 청자에게 전달한다.

> (7) ㄱ. 황령산에는 벚꽃이 가득 피어 있다.
>   ㄴ. 나도 내년에는 고향에 내려가네.
>   ㄷ. 지금 밖에는 비가 많이 내리오.
>   ㄹ. 몽골에는 9월에도 눈이 내립니다.

(7)의 문장에는 상대 높임법의 등분에 따라서 평서형 종결 어미인 '-다, -네, -오, -ㅂ니다'가 실현되어서 문장의 내용을 단순하게 서술하면서 문장을 끝맺고 있다.

ⓑ **확인 평서문** : '-지 ; -것다, -렷다' 등으로 실현되는 평서문은 '확인'이라는 특별한 뜻을 나타내면서 문장을 끝맺는다.

첫째, '-지'는 문장으로 서술되는 내용에 대하여 '이미 앎'의 의미를 나타냄으로써 그 내용을 다지고 확인하는 기능을 한다.(장경희 1986:112)

> (8) ㄱ. 울릉도에서는 겨울에 눈이 많이 내리지.
>   ㄴ. 철수는 내일 몽골로 떠나지.

(8)의 문장을 통하여 화자는 자신이 이미 알고 있는 사실을 청자에게 전달하면서 그것을 확인하고 있다. 곧 화자는 자신이 이미 알고 있는 '울릉도에서 겨울에 눈이 많이 내린다는 사실'과 '철수가 내일 몽골로 떠난다는 사실'을 청자에게 전달하면서 그 사실을 확인하고 있다.

둘째, '-것다'와 '-렷다'로서 실현되는 평서문은 서술되는 내용을 '강조'하거나 '확인'하면서 문장을 끝맺는다.

> (9) ㄱ. 내일은 틀림없이 이곳에 범인이 나타나렷다.
>   ㄴ. 오늘 저녁에는 달이 뜨렷다.

> (10) ㄱ. 배용준은 돈도 많것다. 인물도 좋것다. 부러울 게 없지.
>   ㄴ. 네가 나를 배신했것다. 두고 보자.

위의 문장에서 평서형 종결 어미로 실현된 '-렷다'와 '-것다'는 화자가 문장의 내용을 강조하거나 확인하면서 청자에게 전달하고 있다.

ⓒ **약속 평서문**: '-으마, -음세, -을게' 등으로 실현되는 평서문은 화자가 청자에게 어떠한 행동을 해 주기로 '약속'하면서 문장을 끝맺는다.

> (11) ㄱ. 네가 대학 시험에 합격하면 새 컴퓨터를 사 주<u>마</u>.
> ㄴ. 자네에게 진 빚은 조만간 다 갚<u>음세</u>.
> ㄷ. 내가 중국에 가서 편지를 할<u>게</u>.

(11)의 문장에는 '주다, 갚다, 하다'의 어간에 종결 어미 '-마, -음세, -ㄹ게'가 실현되어서, 화자가 어떠한 행동을 직접적으로 수행할 것을 청자에게 약속한다.

(나) 의문문

〈**의문문의 개념**〉 '의문문(疑問文, interrogative sentence)'은 화자가 청자에게 질문을 함으로써 대답을 요구하는 문장이다. 의문문은 서술어로 쓰이는 용언에 '-느냐, -니, -으오, -을까, -습니까/-ㅂ니까' 등의 의문형 종결 어미가 붙어서 성립한다.

> (12) ㄱ. 너는 연탄재처럼 남을 위해서 몸을 불살라 본 적이 있<u>느냐</u>?
> ㄴ. 아버님은 어디 갔다 오시<u>니</u>?
> ㄷ. 거기는 물이 얼마나 깊<u>으오</u>?
> ㄹ. 우크라이나 전쟁은 언제 끝날<u>까</u>?
> ㅁ. 선생님께서는 이제 가시면 언제쯤 돌아오<u>십니까</u>?

(ㄱ)은 용언의 어간에 의문형 종결 어미인 '-느냐'가 실현되어서, (ㄴ)은 '-니'가, (ㄷ)은 '-으오'가, (ㄹ)은 '-ㄹ까'가, (ㅁ)은 '-ㅂ니까'가 실현되어서 이루어진 의문문이다. 의문문은 화자가 청자에게 대답을 요구하는 문장이므로, 청자는 의문문에서 요구하는 적절한 대답을 발화하여야만 화자와 청자의 대화가 완결된다.

〈**의문문의 유형**〉 의문문은 화자가 청자에게 요구하는 대답의 성격에 따라서, '설명 의문문, 판정 의문문, 수사 의문문'으로 나뉜다.

ⓐ **설명 의문문**: '설명 의문문(說明疑問文, Wh-Question)'은 의문문에서 제시된 '물음의

초점'에 대하여 청자가 구체적인 설명을 하도록 요구하는 의문문이다.

(13) ㄱ. 오늘 회의는 **어디**에서 <u>합니까</u>? ⤵
　　 ㄴ. 3층 **대회의실**에서 합니다.

설명 의문문에서는 그 속에 '물음의 초점'을 나타내는 '의문 대명사'를 반드시 취하게
된다. (13)의 의문문에서 물음의 초점은 '어디'에 있으며, 화자는 '어디'에 관한 정보를
설명해 주도록 청자에게 요구한다. 곧 (ㄱ)의 의문문에 대하여 청자는 (ㄴ)과 같이 발
화함으로써, (ㄱ)에 실현된 의문 대명사인 '어디'에 관련된 정보, 곧 '회의가 열리는
구체적인 장소'를 설명해야 한다.
　설명 의문문은 문말의 억양이 평서문과 마찬가지로 하강조로 실현된다. 이는 설명
의문문에서는 의문사(疑問詞)2)가 실현되기 때문에, 억양을 높이지 않아도 의문사를 통
하여 의문문임을 알 수 있기 때문이다.
　ⓑ **판정 의문문** : '판정 의문문(判定疑問文, pro or con question)'은 화자가 발화한 의문문
의 전체적인 내용에 대하여, 청자가 긍정이나 부정의 대답을 하도록 요구하는 의문문
이다. 청자는 판정 의문문에 대하여 '예' 혹은 '아니요'로써 대답하는 것이 일반적이므
로, 판정 의문문을 '예-아니요' 의문문이라고도 한다.

(14) 지금 비가 <u>오니</u>? ⤴

(15) ㄱ. <u>예</u>, 지금 비가 옵니다.
　　 ㄴ. <u>아니요</u>, 지금 비가 오지 않습니다.

(14)의 의문문은 청자에게 '지금 비가 오는지 오지 않는지'에 대하여 판정을 내려서
그에 대한 대답을 요구하는 문장이다. (15)의 의문문에 대하여 청자는 실제로 '지금
비가 오는 것'으로 판정하면 (15ㄱ)처럼 긍정문으로 대답한다. 반대로 청자가 '지금
비가 오지 않는 것'으로 판정하면 (15ㄴ)처럼 부정문으로 대답한다. 이러한 특징 때문
에 (14)의 의문문을 판정 의문문이라고 한다.
　판정 의문문은 문장의 끝의 억양이 상승조로 실현되는 것이 특징이다. 판정 의문문

---

2) '의문사(疑問詞)'는 의문의 초점이 되는 사물이나 사태를 지시하는 말인데, 이러한 의문사로는
　'누구, 언제, 어디, 무엇 ; 왜, 어떻게, 얼마' 따위가 있다.

에는 의문사가 실현되지 않기 때문에 그것이 의문문임을 나타내는 보조적인 수단으로써 상승의 어조를 실현하는 것이다.

ⓒ **수사 의문문** : '수사 의문문(修辭疑問文)'은 의문형 어미가 실현되어 있기는 하지만, 청자에게 군이 대답을 요구하는 것은 아니어서 의문문으로 기능하지 않고 다른 종결 표현으로 기능하는 의문문이다.

> (16) ㄱ. 내가 이 상자를 못 들겠느냐?
> ㄴ. 교사 임용 고사에 합격한다면 얼마나 좋을까?
> ㄷ. 빨리 그만두지 못하겠느냐?

(16)의 문장은 모두 의문문의 형식을 갖추고 있으나 일반적인 의문문과 다르게 기능한다. (ㄱ)은 '반어적인 기능'을 하는 의문문으로서 실제의 의미는 '내가 이 상자를 들 수 있다'는 의미로 쓰여서, 평서문과 동일하게 기능한다. (ㄴ)은 소망을 나타내거나 주관적인 감정을 표현하고 있으므로 평서문이나 감탄문처럼 기능한다. 끝으로 (ㄷ)은 청자에게 '그만두는 행동'을 요구하므로 명령문처럼 기능한다. 이처럼 수사 의문문은 의문문의 기능이 없는 대신에, 반어적인 의미를 나타내거나 '평서문, 명령문, 감탄문'이나 '반문(反問)'의 효과를 나타내는 의문문이다.

(다) 명령문

〈 **명령문의 개념** 〉'명령문(命令文, imperative sentence)'은 화자가 청자에게 자기의 의도대로 행동해 줄 것을 요구하는 문장이다. 명령문은 서술어로 쓰이는 동사의 어간에 '-아라/-어라, -거라, -여라, -너라' 등의 명령형 종결 어미가 붙어서 성립한다.

> (17) ㄱ. 열심히 일한 당신, 이제 떠나라.
> ㄴ. 영숙아, 학교에 늦겠다. 빨리 일어나거라.
> ㄷ. 교사 임용 시험에 합격하려면, 열심히 공부하여라.
> ㄹ. 철수야, 공부가 끝나면 즉시 집으로 오너라.

(ㄱ)이나 (ㄴ)의 '떠나다, 일어나다'와 같은 일반적인 동사에는 '-아라/-어라'나 '-거라'가 실현되어서 명령문이 된다. 그리고 (ㄷ)의 '하다'나 '하다' 형 동사에는 어간에 '-여라'

가 실현되고, (ㄹ)의 '오다'의 어간에는 '-너라'가 실현되어서 명령문이 성립된다.

〈 명령문의 특징 〉 명령문에는 다음과 같은 몇 가지 문법적인 특징이 나타난다.

첫째, 명령문에서는 화자가 청자에게 항상 특정한 행동을 할 것을 요구하므로, 2인칭의 대명사만이 주어로 쓰일 수 있다.

(18) ㄱ. 얘들아, (너희들은) 먼저 떠나거라.
ㄴ. 민호야, (너는) 손을 깨끗하게 씻어라.

명령문의 주어는 (18)의 '너희들'과 '너'처럼 반드시 2인칭의 대명사로 실현된다. 이렇게 명령문에서는 2인칭의 대명사만이 주어로 쓰일 수 있으므로, 주어가 문맥에 실현되지 않아도 생략된 주어를 알 수 있다. 따라서 명령문에서는 주어를 생략하고 표현하는 것이 일반적이다.

둘째, 명령문은 화자가 청자에게 어떠한 행동을 할 것을 요구하는 문장이므로, 서술어로서 동사만이 쓰일 수 있고 형용사나 서술격 조사는 쓰일 수 없다.

(19) ㄱ. *얘들아, 제발 좀 키가 작아라.
ㄴ. *이것은 책이어라.

(ㄱ)에서 '작다'와 같은 형용사는 동작성이 없어서 행동의 변화를 일으킬 수가 없으므로, 이들 형용사는 명령문에서 서술어로 쓰일 수 없다. 형용사뿐만 아니라 서술격 조사인 '-이다'도 동작성이 없으므로, (ㄴ)처럼 '체언 + 이다'가 명령문에서 서술어로 쓰이면 비문법적인 문장이 된다.

셋째, 명령문의 서술어로 쓰이는 용언에는 시간을 나타내는 어미가 실현되지 않는다.

(20) ㄱ. 김 서방, 이 짐을 좀 들게.
ㄴ. *김 서방, 이 짐을 좀 들었게 / *들는게 / *들겠게 / *들더게.

명령문에서는 (ㄱ)처럼 서술어로 쓰인 '들다'의 어간에 시제 형태소가 실현되지 않고 명령형 어미가 바로 결합한다. 반면에 (ㄴ)처럼 명령문의 서술어에 시제 형태소인 '-었-, -는-, -겠-, -더-' 등이 실현되면 비문법적인 문장이 된다.

넷째, 평서문, 의문문, 감탄문에서는 부정을 나타내는 보조 용언으로 '아니하다'나

'못하다'가 쓰인다. 반면에 명령문에서는 부정을 나타내는 보조 용언으로서 '말다'가 쓰이는 것이 특징이다.

(21) ㄱ. 철수야, 감기약을 먹지 <u>마라</u>.
　　 ㄴ. 선생님, 감기약을 드시지 <u>마십시오</u>.

평서문, 의문문, 감탄문에서는 부정 표현이 '-지 아니하다' 혹은 '-지 못하다'와 같이 표현된다. 이에 반해서 (21)의 명령문에서는 '-지 마라'나 '-지 마십시오'와 같이 보조 용언인 '-지 말다'의 활용형이 부정 표현의 형태로 쓰여서 '금지'의 뜻을 나타낸다.

〈 명령문의 유형 〉 명령문은 그것이 발화되는 장면에 따른 전달의 방식에 따라서 '직접 명령문'과 '간접 명령문'으로 구분할 수 있다.(남기심·고영근 1993:354)

ⓐ **직접 명령문** : '직접 명령문(直接 命令文)'은 화자와 청자가 직접적으로 대면하는 발화 상황(쌍관적 장면)에서 쓰이는 일반적인 명령문이다.

(22) ㄱ. 여기 상자 안에서 마음에 드는 것을 <u>골라라</u>.[3]
　　 ㄴ. 출발점에서 결승점까지 힘껏 <u>달리거라</u>.
　　 ㄷ. 너는 여기서 무릎을 꿇고 너의 행동을 <u>반성하여라</u>.
　　 ㄹ. 어서 이리 <u>오너라</u>.

(22)의 문장에서는 동사의 어간에 '-아라/-어라'와 '-거라, -여라, -너라' 등의 명령형 어미가 실현되었다. 이러한 명령문은 화자와 청자가 직접적으로 대면하는 발화 상황에서 쓰이는 일반적인 명령문이다.

ⓑ **간접 명령문** : '간접 명령문(間接 命令文)'은 매체를 통하여 간접적으로 표현되는 발화 상황(단독적 장면)에서 쓰이는 특수한 명령문으로 명령형 어미인 '-으라'를 실현한다.

(23) ㄱ. 아래 물음에 알맞은 답의 기호를 <u>고르라</u>.
　　 ㄴ. 이번에는 정부가 나서서 물가 상승을 <u>막으라</u>.
　　 ㄷ. 젊은이여, 삶의 목표를 향해 힘차게 <u>달리라</u>.
　　 ㄹ. 정부는 북한의 핵무기 개발을 <u>저지하라</u>.

---

3) 직접 명령문에 쓰인 '골라라'는 '고르다'의 어간인 '고르-'에 명령형 어미인 '-아라'가 실현된 형태인데, '고르다'가 '르' 불규칙 용언이기 때문에 '골라라'의 형태로 활용하였다.

ㅁ. 젊은이들이여 하루 빨리 자유의 품으로 돌아오<u>라</u>.

간접 명령문은 화자와 청자가 직접적으로 대면하지 않고, 주로 신문의 표제어, 시험지, 표어, 현수막, 성명서 등의 매체를 통해서 간접적으로 표현된 명령문이다. 간접 명령문은 동사의 어간에 '-으라'가 붙어서 실현되는데, (23)에서 '고르라, 막으라, 달리라, 저지하라, 돌아오라'는 동사의 어간인 '고르-, 막-, 달리-, 저지하-, 돌아오-'에 명령형 어미인 '-으라'가 붙어서 활용한 형태이다.

(라) 청유문

〈**청유문의 개념**〉 '청유문(請誘文)'은 화자가 청자에게 어떠한 행동을 같이할 것을 요청하거나 제안하는 문장이다. 청유문은 동사의 어간에 '-자, -으세, -읍시다' 등의 청유형의 종결 어미가 붙어서 성립한다.

(24) ㄱ. 이제는 싸움을 그만두<u>자</u>.
ㄴ. 우리도 한번 잘 살아 보<u>세</u>.
ㄷ. 선생님, 우리도 지금 출발<u>합시다</u>.

(24)에서는 서술어로 쓰인 '그만두다, 보다, 출발하다'의 어간에 청유형 어미인 '-자, -으세, -읍시다'가 실현되어서 청유문이 성립하였다.

〈**청유문의 특징**〉 청유문에 나타나는 특징은 명령문에 나타나는 특징과 비슷하다.

첫째, 청유문에서는 화자가 청자에게 어떠한 행동을 함께 할 것을 요구하는 문장이므로, 복수의 1인칭 대명사인 '우리'만이 문장의 주어로 쓰일 수 있다.

(25) ㄱ. 애들아, **우리**가 이 일을 앞장서서 해결하<u>자</u>.
ㄴ. 이 교수, **우리**도 남북 화해의 역사적 사업에 참여하<u>세</u>.

청유문에서 주어는 (25)처럼 항상 1인칭의 복수 대명사인 '우리'로 실현된다. 대화에 참여하는 사람들은 생략된 주어가 '우리'인 것을 알 수 있으므로, 주어인 '우리'가 문맥에 실현되지 않는 것이 일반적이다.

둘째, 청유문은 화자가 청자에게 함께 행동할 것을 직접적으로 요구하는 문장이므로, 청유문에서는 동사만이 서술어로 쓰일 수 있다.

(26) ㄱ. *애들아, 좀 느리자.
ㄴ. *철수는 학생이자.

(26)에서는 청유문의 서술어로 형용사인 '느리다'와 서술격 조사인 '-이다'가 쓰였는데, 이들 단어들은 동작성이 없으므로 행동의 변화를 일으킬 수 없다. 따라서 청유문에서는 동사만이 서술어로 쓰일 수 있다.

셋째, 청유문의 서술어로 쓰이는 용언에는 시간을 나타내는 어미가 실현되지 않는다.

(27) ㄱ. 애들아, 이 짐을 같이 들자 / 드세.
ㄴ. *애들아, 이 짐을 같이 들었자 / *들겠자 / *들더자.

청유문에서는 (ㄱ)처럼 시간을 표현하는 선어말 어미는 실현되지 않는데, (ㄴ)처럼 청유문의 서술어에 시간을 표현하는 선어말 어미가 실현되면 비문법적인 문장이 된다.

넷째, 청유문에서는 부정을 나타내는 보조 용언으로 '말다'가 쓰인다.4)

(28) ㄱ. 희진아, 우리도 영화를 보지 말자.
ㄴ. 할아버님, 저 사람과 싸우지 맙시다.

일반적으로 평서문, 의문문, 감탄문에서는 부정 표현이 '-지 아니하다'나 '-지 못하다'의 형태로 표현된다. 이에 반해서 청유문에서는 명령문에서와 마찬가지로 '-지 말자'나 '-지 맙시다'와 같이 보조 용언인 '-지 말다'가 부정 표현에 쓰인다.

〈상대 높임에 따른 청유형 어미〉 청유문도 상대 높임법의 등분에 따라서 여러 가지 형태의 종결 어미로 실현된다.

(41) ㄱ. 이제 집으로 가자.   [해라체]
ㄴ. 이제 집으로 가세(나).   [하게체]

---

4) 고등학교 교사용 지도서 문법(2010:226)에서는 '말다'의 명령형의 활용 형태를 상대 높임의 등분과 관련하여서 다음과 같이 설정하였다. 곧, '말아라(본말)/마라(준말)'를 해라체로, '말라'를 '하라체'로, '마'를 '해체'로, '마요/말아요'를 '해요체'로 설정하였다.

ㄷ. 이제 집으로 <u>갑시다</u>. [하오체]

(ㄱ)에서는 아주 낮춤의 해라체인 '-자'가 쓰였으며, (ㄴ)에서는 예사 낮춤의 하게체인 '-으세'와 '-으세나'가 쓰였다. 그리고 (ㄷ)에서는 예사 높임의 하오체인 '-읍시다'가 쓰였다.

(마) 감탄문

〈 **감탄문의 개념** 〉 '감탄문(感歎文, exclamatory sentence)'은 화자가 자신의 느낌을 표현하거나, 자신의 생각을 독백하는 문장이다. 감탄문은 문장에 서술어로 쓰이는 용언의 어간에 '-구나, -구먼, -구려, -네'와 '-아라/-어라' 등의 감탄형 종결 어미가 붙어서 성립한다.

(29) ㄱ. 아이가 길에서 넘어졌<u>구나</u>.
　　ㄴ. 앗! 뜨거<u>워라</u>.

(ㄱ)에서는 서술어로 쓰이는 '넘어지다'에 감탄형 어미인 '-구나'를 실현하여서 감탄문이 되었고, (ㄴ)에서는 '뜨겁다'에 감탄형 어미인 '-어라'를 실현하여 감탄문이 되었다.
〈 **감탄문의 특징** 〉 감탄문에는 다음과 같은 몇 가지 문법적인 특징이 나타난다.
첫째, 감탄문은 화자가 자신이 알게 된 사실을 영탄적으로 진술하는 데에 그치는 문장이다.

(30) ㄱ. 달이 <u>밝다</u>.
　　ㄴ. 달이 밝<u>구나</u>.

감탄문을 제외한 '평서문, 의문문, 명령문, 청유문'은 말하는 사람이 문장으로 표현되는 내용이나 의도를 전달할 목적으로 발화한다. 예를 들어서 (ㄱ)의 평서문은 화자가 자신이 알고 있는 사실을 청자에게 전달하는 문장이다. 곧 화자는 '달이 밝다는 사실'을 이미 알고 있으면서, 그 사실을 청자에게 전달한다. 이에 반해서 (ㄴ)의 감탄문은 화자가 자신의 생각이나 감정을 표출하는 데에 그치는 문장이다. 이러한 점에서 감탄문은 언어의 기능 가운데서 정서적 기능, 곧 감정을 표출하는 기능과 밀접한 관련이 있다.

둘째, 감탄문은 화자가 어떤 일을 '처음으로 인식한 상황'에서만 발화하는 문장이다.(장경희 1986:95)

> (31) ㄱ. **젠장**, 오늘은 참 재수가 없네.
> ㄴ. **아**, 차가워.

(ㄱ)의 감탄문은 화자가 '재수가 없는 상황'을 인식한 직후에 발화하는 것이 일반적이며, (ㄴ)은 차가운 물체를 감각적으로 느끼자마자 반사적으로 발화한 문장이다. 그리고 감탄문에서는 '젠장, 아'와 같은 감탄사가 함께 실현되는 경우가 많은데, 이는 감탄사 또한 어떠한 일을 처음 인식했을 때에 발화하는 특징이 있기 때문이다.(나찬연 2004:133) 이러한 점을 감안하면 감탄문은 화자가 발화하기 직전에 처음으로 인식한 일에 대한 반응을 직접적으로 표출하는 문장이라는 사실을 알 수 있다.

〈 **감탄문의 유형** 〉 감탄문은 감탄형 어미의 형태에 따라서 '구나' 형 감탄문과 '어라' 형 감탄문으로 나뉜다.

ⓐ **'구나' 형 감탄문** : '구나' 형 감탄문은 감탄문의 일반적 유형인데, 용언이나 서술격 조사의 어간에 '-구나, -구먼, -구려 ; -군, -네' 등이 붙어서 실현된다.

첫째, 격식체의 아주 낮춤의 등분인 '해라체'의 감탄형 종결 어미로는 '-구나, -구먼, -구려' 등이 쓰인다.

> (32) ㄱ. 철수가 개를 잡는<u>구나</u>. / 잡는<u>구먼</u>. / 잡는<u>구려</u>.   [동사]
> ㄴ. 영희가 매우 예쁘<u>구나</u>. / 예쁘<u>구먼</u>. / 예쁘<u>구려</u>.   [형용사]

(ㄱ)에는 동사인 '잡다'가 서술어로 쓰였다. 아주 낮춤의 해라체로는 '-구나'가, 예사 낮춤의 하게체로서는 '-구먼'이, 예사 높임의 하오체로서는 '-구려'가 쓰였다. (ㄴ)에서는 형용사인 '예쁘다'가 서술어로 쓰였는데, 이때에도 상대 높임법의 등분에 따라서, '-구나, -구먼, -구려'의 감탄형 어미가 실현되었다.

둘째, 비격식체인 '해체'의 감탄형 어미 '-군'을 실현함으로써 감탄문이 성립할 수도 있으며, '-군'에 다시 보조사 '-요'가 붙어서 해요체의 '-군요'가 쓰일 수 있다.

(33) ㄱ. 밖에 비가 많이 내리는<u>군</u>.　　　　　　　[해체]

　　　ㄴ. 날씨가 매우 춥<u>군요</u>.　　　　　　　　[해요체]

(ㄱ)에서 '-군'은 '해라체'나 '하게체'에 대등될 수 있는 두루 낮춤의 등분인데, 주로 혼잣말로 쓰인다. 그리고 (ㄴ)의 '-군요'는 '하오체'와 '하십시오체'에 대응되는 두루 높임의 등분인데, 상대방을 의식하는 경우에 쓰인다.

　'해체'로 쓰이는 감탄형 어미인 '-네'와 '해요체'로 쓰이는 '-네요'를 실현하여도 감탄문이 성립할 수 있다.

(34) ㄱ. 우리 아이 노래도 잘 부르<u>네</u>!　　　　　　[해체]

　　　ㄴ. 집이 참 깨끗하<u>네요</u>.　　　　　　　　[해요체]

'-네'는 주로 지금 깨달은 일을 영탄의 뜻을 더하면서 표출하는 데에 쓰이는 '해체'의 감탄형 종결 어미이다.[5] 그리고 '-네'의 뒤에 종결 보조사인 '-요'를 실현함으로써, '-네요'의 형태로 '해요체'의 감탄문을 형성할 수 있다.

　ⓑ **'어라' 형 감탄문** : '어라' 형 감탄문은 형용사의 어간에 종결 어미인 '-아라/-어라/-여라'가 붙어서 실현된다. '어라' 형 감탄문은 다음과 같은 특징이 나타난다.

　첫째, '어라' 형 감탄문은 화자 자신의 느낌을 즉각적이고도 아주 강하게 표현할 때에 쓰인다.

(35) ㄱ. **아이고**, 추<u>워라</u>!

　　　ㄴ. **앗**, <u>뜨거워라</u>!

　　　ㄷ. **아아**, 참 곱기도 하<u>여라</u>.

(35)의 '어라' 형 감탄문은 말하는 사람이 추위나 뜨거움의 감각을 느끼자마자, 즉각적으로 반응하면서 강하게 발화하는 감탄문이다. 곧 '어라' 형 감탄문은 '구나' 형 감탄문보다 더 빠르고 강한 느낌을 표현한다. 그리고 '어라' 형 감탄문은 화자의 감각을 통한 느낌만을 표현할 수 있으며, 문장의 첫머리에 '아이고, 앗, 아아'와 같은 감탄사를 실현하는 것이 일반적이다.

---

5) 감탄형 어미인 '-네'는 '하게체'의 평서형 어미인 '-네'와 형태가 같지만, 화자가 처음으로 깨달은 일을 영탄적으로 표현하는 데에 쓰인다는 점에서 평서형 어미인 '-네'와 차이가 난다.

둘째, '어라' 형 감탄문에 쓰이는 감탄형 어미인 '-어라'는 동사에는 실현되지 않고 형용사에만 실현된다.

  (36) ㄱ. 아이고, 뜨거<u>워라</u>.
      ㄴ. *앗, 한국 팀이 바레인 팀에 졌<u>어라</u>!

앞의 (32)에서 '-구나' 형 감탄문은 서술어가 동사와 형용사일 때에 모두 쓰일 수 있었다. 이와는 달리 '어라' 형 감탄문은 (36ㄱ)처럼 형용사에만 실현될 수 있고, (36ㄴ)처럼 동사에 실현되면 비문법적인 문장이 된다.

  셋째, '어라' 형 감탄문은 화자의 감각을 통한 감정을 즉각적으로 표출하므로, 독립어와 서술어만 실현되고 이들 외의 문장 성분은 실현되지 않는다.

  (37) 아이고, <u>물이</u> <u>정말로</u> 시원하구나.

  (38) ㄱ. 아이고, 시원해라.
      ㄴ. *아이고, <u>물이</u> <u>정말로</u> 시원해라.

(37)의 '구나' 형 감탄문에서는 독립어와 서술어뿐만 아니라 주어나 부사어와 같은 다른 문장 성분도 실현된다. 반면에 '어라' 형 감탄문에는 (38ㄱ)처럼 독립어와 서술어만 실현될 수 있고, (38ㄴ)처럼 주어나 부사어가 실현되면 비문법적인 문장이 된다. 이와 같이 '어라' 형 감탄문이 짧게 실현되는 것은, 화자가 외부의 자극에 대하여 즉각적으로 반응하여 문장을 순간적으로 발화하기 때문이다.

【 더 배우기 】

{ '부정 의문문'의 대답말 }

국어에서 의문문에 대한 대답말인 '예'와 '아니요'는 질문한 사람의 언어적인 표현을 중심으로 표현되는 것이 특징이다.

첫째, 긍정 의문문에서 대답하는 사람은 질문자가 발화한 의문문이 '참(眞)'이라고 판단하면, 대답말을 '네(예)'로 표현하고, '거짓(僞)'으로 판단하면 대답말을 '아니요'로 표현한다.

    (1) 지금 부산에 눈이 오니?
    (2) ㄱ. <u>네</u>, 와요.
        ㄴ. <u>아니요</u>, 안 와요.

(1)의 긍정 의문문에 대한 대답은 (2)와 같이 표현된다. 곧 (2)에서 대답하는 사람이 (1)의 의문문의 내용을 '참'이라고 판단하면 (2ㄱ)처럼 "예, 와요."라고 대답하고, '거짓'이라고 판단하면 (2ㄴ)처럼 "아니요, 안 와요."라고 대답한다.

둘째, 부정 의문문에서는 대답하는 사람은 질문자가 발화한 표현(부정 의문문)을 '참'이라고 판단하면 대답말을 '예'로 표현하고, 질문자가 발화한 표현을 '거짓'으로 판단하면 대답말을 '아니요'로 표현한다.

    (3) ㄱ. 지금 부산에 눈이 <u>안</u> 오니?
        ㄴ. 지금 부산에 눈이 <u>오지 않니</u>?
    (4) ㄱ. <u>아니요</u>, 비가 **와요.** ― (3)의 의문문의 표현 자체에 대한 부정 대답말
        ㄴ. <u>네</u>, 비가 **안 와요.** ― (3)의 의문문의 표현 자체에 대한 긍정 대답말

대답하는 사람은 (3)의 의문문의 표현 자체를 '거짓'이라고 판단하면 (4ㄱ)처럼 대답말을 '아니요'로 표현한다. 반면에 (3)의 의문문의 표현 자체를 '참'이라고 판단하면 (4ㄴ)처럼 대답말을 '예'로 표현한다. 결국 국어에서는 대답말인 '예, 아니요'는 의문문의 표현 자체를 긍정하거나 부정하는 말이며, 대답말 뒤에 서술어의 형식으로 실현되는 '와요'와 '안 와요'는 의문문으로 표현된 '일'이나 '상황'을 긍정이나 부정하는 말이다.

영어에서는 부정 의문문에 대한 대답말이 국어와는 다르게 표현된다.

(5) Isn't it snowing in Busan?

(6) ㄱ. <u>No</u>, it <u>isn't</u>.(아니요, 안 와요)　　— (5)의 '일'에 대한 부정 대답말
　　ㄴ. <u>Yes</u>, it <u>is</u>.(예, 와요)　　　　— (5)의 '일'에 대한 긍정 대답말

영어에서는 대답하는 사람이 의문문으로 표현된 사건 자체를 부정으로 판단하면 'No'로 표현하고, 긍정으로 판단하면 'Yes'로 표현한다. 곧 (5)에서 부산에 눈이 오는 사건 자체가 거짓이면 (6)의 (ㄱ)처럼 'No'로 표현하고, 눈이 오는 사건 자체가 '참'이면 'Yes'로 표현한다.
　곧, 국어의 부정 의문문에 대한 대답말은 의문문으로 표현되는 '일(상황)' 자체에 대한 '긍정/부정'의 표현이 아니라, 질문자의 표현(부정 의문문)에 대한 '긍정/부정'의 표현이다.
　참고로 표면적으로는 부정 의문문의 형식을 갖추고 있지만, 실제로는 부정의 기능이 없이 어떠한 사실을 확인하는 기능을 하는 의문문이 있다.

(7) ㄱ. 너는 이미 밥을 먹었잖니?
　　ㄴ. 너는 이미 밥을 먹었다. 그렇지?

(8) ㄱ. <u>예</u>, 먹었어요.
　　ㄴ. <u>아니요</u>, 안 먹었어요.

(7ㄱ)에서 서술어로 쓰인 '먹었잖니'는 '먹었지 않니?'가 줄어진 형태인데, 이때에는 (7ㄱ)은 실제로는 (7ㄴ)처럼 사실을 확인하는 긍정 평서문으로 해석된다. 따라서 (7ㄱ)의 문장은 부정 의문문이 아니라 확인 의문문으로 쓰였다. (7ㄱ)처럼 확인 의문문으로 쓰인 문장에 대한 대답말은 (7ㄴ)의 긍정의 문장과 동일하게 기능하므로 (8)처럼 대답하여야 한다.

6.2. 높임 표현

국어에서는 문장에서 표현되는 일의 주체나 객체, 혹은 말을 듣는 상대(청자)를 높이거나 낮추어서 표현할 수 있다. 이처럼 다른 사람을 높이거나 낮추어서 표현함으로써, 그 사람과의 관계나 자신의 사회적인 위치를 확인할 수 있다.

6.2.1. 높임 표현의 개념

〈**높임 표현의 개념**〉 '높임법(존대법, 경어법, 대우법)'은 말을 청자나 문장 속에서 표현된 어떤 대상을, 그의 지위가 높고 낮은 정도에 따라서 언어적으로 대우하여 표현하는 방식이다. 그리고 이러한 높임법이 실현된 문장을 '높임 표현'이라고 한다.

> (1) ㄱ. 철수<u>가</u> 동생<u>에게</u> 책을 <u>주었다</u>.
>   ㄴ. 할아버지<u>께서</u> 선생**님**께 책을 <u>드리셨습니다</u>.

(ㄱ)에서는 문장 속에서 주어로 표현된 주체(= 철수)와 부사어로 표현된 객체(= 동생), 그리고 말을 듣는 상대(= 청자)를 모두 낮추어서 표현하였다. 이에 반하여 (ㄴ)에서는 '-께서'와 '-시-'를 통하여 주체인 '할아버지'를 높였으며, 서술어 '드리다'와 조사 '-께'를 통해서 객체인 '선생님'을 높여서 표현하였다. 그리고 서술어에 종결 어미인 '-습니다'를 실현하여 발화 장면 속에서 말을 듣는 상대를 높여서 표현하였다.

높임 표현은 화자가 자신의 주관적 판단에 따라서 어떠한 대상을 높이거나 낮추어서 대우하는 표현이다. 따라서 화자의 마음가짐에 따라서는 동일한 대상을 높여서 표현할 수도 있고 낮추어서 표현할 수도 있다.

> (2) ㄱ. <u>김구는</u> 그 길로 임시 정부를 <u>찾아갔다</u>.
>   ㄴ. 김구 <u>선생님께서는</u> 그 길로 임시 정부를 <u>찾아가셨다</u>.

(2)에서 화자는 동일한 인물을 (ㄱ)처럼 낮추어서 표현할 수도 있고 (ㄴ)처럼 높여서 표현할 수도 있다. 여기서 (ㄱ)의 문장은 '김구'에 대하여 객관적으로 진술한 표현이며, (ㄴ)의 문장은 '김구'에 대한 개인적인 존경심이 드러나 있는 표현이다.

(3) ㄱ. 무슨 말씀이세요? 선생님의 애가 저희 애를 먼저 때렸잖습니까?

    ㄴ. 무슨 말이야. 당신의 애가 우리 애를 먼저 때렸잖아?

그리고 (3)은 두 집안의 아이들끼리 싸운 일에 대하여 그들의 부모들이 서로 잘잘못을 따지는 문장이다. 동일한 대상에 대하여 처음에는 (ㄱ)처럼 상대를 높여서 표현할 수도 있지만, 감정이 격해지면 (ㄴ)처럼 낮추어서 표현할 수도 있다. 따라서 어떠한 대상을 높여서 표현하는 것과 낮추어서 표현하는 것은 전적으로 말하는 사람의 마음가짐에 달려 있는 것이다.

〈 **높임 표현의 간략한 유형** 〉 '높임 표현(공대 표현, 恭待)'의 유형은 높임의 대상에 따른 유형과 높임 표현을 실현하는 문법적인 형식에 따른 유형으로 나누어진다.

첫째, '높임의 대상에 따른 높임 표현'의 유형은 화자가 어떤 사람을 높이느냐로 구분되는 유형인데, 이에는 '상대 높임 표현, 주체 높임 표현, 객체 높임 표현' 등이 있다.

[그림 2. 높임의 대상에 따른 높임 표현의 유형]

둘째, '높임법을 실현하는 문법적인 형식에 따른 유형'으로는 '용언의 활용을 통한 높임'과 '조사를 통한 높임', 그리고 '어휘를 통한 높임'이 있다.

용언의 어미를 통한 높임 표현	종결 어미를 통한 높임(상대 높임 표현)
	선어말 어미 '-으시-'를 통한 높임(주체 높임 표현)
조사를 통한 높임 표현	조사 '-께서, -께'를 통한 높임
어휘를 통한 높임 표현	계시다, 주무시다, 드리다, 모시다 ; 진지, 치아, 약주

[표 3. 문법적 요소에 따른 높임 표현의 유형]

6.2.2. 높임 표현의 유형

높임 표현은 높임의 대상에 따라서 '상대 높임 표현, 주체 높임 표현, 객체 높임 표현'으로 나뉜다.

(가) 상대 높임 표현

〈 상대 높임 표현의 개념 〉 '상대(相對) 높임 표현'은 화자가 서술어의 용언에 종결 어미를 실현함으로써, 말을 청자(상대)를 높이거나 낮추어서 대우하는 높임 표현이다.

> (4) 철수가 집에 갔다. / 갔습니다.　　　　　　　　　　[격식체]
>
> (5) 철수가 집에 갔어. / 갔어요.　　　　　　　　　　　[비격식체]

(4)에서는 종결 어미인 '-다'를 실현하여 청자를 아주 낮추어서 표현하였고, '-습니다'를 실현하여 청자를 아주 높여서 표현하였다. 그리고 (5)에서 종결 어미인 '-어'를 실현하여 청자를 낮추어서 표현하였으며, '-어'에 종결 보조사인 '-요'를 실현하여 청자를 높여서 표현하였다.

〈 상대 높임 표현의 유형 〉 상대 높임 표현은 문장에서 실현되는 종결 어미의 형태와 보조사 '-요'의 실현 여부에 따라서, '격식체의 상대 높임 표현'과 '비격식체의 상대 높임 표현'으로 나뉜다.(고등학교 문법 2010:173)

ⓐ **격식체의 상대 높임 표현** : '격식체의 상대 높임 표현'은 나이나 직업, 직위 등의 주어진 사회적 규범에 따라 어느 특정한 등급의 종결 어미를 쓰게 되어서, 화자에게 개인적인 선택의 여지가 없을 때 사용하는 상대 높임 표현이다. 격식체의 상대 높임 표현은 직접적이며 단정적이며 객관적이고 의례적인 성격이 있는 높임 표현이다.

격식체의 상대 높임 표현은 높임의 등분과 문장의 종결 방식에 따라서 실현된다.

	평서문	의문문	명령문	청유문	감탄문
(6) ㄱ. 돼지를 잡- {	-습니다	/ -습니까?	/ -으십시오	/ ―	/ ― }
ㄴ. 돼지를 잡- {	-으오	/ -으오?	/ -으오	/ -읍시다	/ -(는)구려 }
ㄷ. 돼지를 잡- {	-네	/ -(느)ㄴ가?	/ -게	/ -으세	/ -(는)구먼 }
ㄹ. 돼지를 잡- {	-(는)다	/ -(느)냐?	/ -아라	/ -자	/ -(는)구나 }

격식체 상대 높임 표현은 네 가지 등분으로 분류할 수 있다. 곧 (ㄱ)은 아주 높임의 등분인 '하십시오체', (ㄴ)은 예사 높임의 등분인 '하오체', (ㄷ)은 예사 낮춤의 등분인 '하게체', (ㄹ)은 아주 낮춤의 등분인 '해라체'이다. 그리고 평서문, 의문문, 명령문, 청유문, 감탄문 등과 같이 문장이 종결되는 방식에 따라서도 상대 높임 표현을 실현하는 종결 어미의 형태가 달라진다.

ⓑ **비격식체의 상대 높임 표현** : '비격식체 상대 높임 표현'은 청자에게 개인적 감정이나 느낌, 태도를 보이기 위하여 스스로 어떠한 문체를 선택하여 사용하는 상대 높임 표현이다. 이는 부드럽고 비단정적이며 주관적이며, <u>격식을 덜 차리는 정감적인 성격의 상대 높임 표현</u>이다.

비격식체의 상대 높임 표현은 낮춤의 '해체'와 높임의 '해요체'로 나누어진다.

(7) ㄱ. 어서 고양이를 잡<u>아</u>.

ㄴ. 이제 모두들 자리에서 일어서<u>지</u>.

(8) ㄱ. 어서 고양이를 잡<u>아요</u>.

ㄴ. 이제 모두들 자리에서 일어서<u>지요</u>.

'해체'는 '반말'이라고도 하는데, (7)처럼 서술어로 쓰인 용언의 끝에 반말체의 종결 어미인 '-아/-어'나 '-지'를 붙여서 표현한다. 이때 '-아/-어'나 '-지'로 실현되는 '해체'는 아주 낮춤과 예사 낮춤에 두루 쓰이는 '두루 낮춤'의 등급이다. 이에 반해서 '해요체'는 (8)처럼 '해체'에 높임의 뜻이 있는 보조사 '-요'를 붙여서 '-아요/-어요'나 '-지요'의 형태로 실현되는 높임 표현이다. 이러한 '해요체'는 아주 높임과 예사 높임에 두루 쓰이는 '두루 높임'의 등급이다.

(나) 주체 높임 표현

〈 **주체 높임 표현의 개념** 〉 '주체(主體) 높임 표현'은 문장에서 주어로 표현되는 대상(= 서술의 주체)을 높여서 대우하는 표현으로서, 서술의 주체가 화자보다 나이나 사회적 지위 등에서 상위자일 때에 실현된다. 주체 높임 표현은 서술어로 쓰이는 용언에 선어말 어미인 '-으시-'를 붙여서 실현하는 것이 일반적이며, 이와 함께 주격 조사로서 '-께서'를 실현하거나 체언에 파생 접사 '-님'을 붙여서 실현하기도 한다.

(9) ㄱ. 김동운 사장이 금정산 아래에 <u>산다</u>.

　　ㄴ. 김동운 사장<u>님께서</u> 금정산 아래에 <u>사신다</u>.

(ㄱ)의 문장에는 주체를 높이는 문법적인 요소가 쓰이지 않았으므로 서술의 주체인 '김동운 사장'을 낮추어서 표현한 것이다. 이에 반해서 (ㄴ)의 문장에서는 서술어로 쓰인 '살다'에 주체 높임의 선어말 어미인 '-시-'를 실현하였고, 주체인 '김동운 사장'에 높임의 접미사인 '-님'과 주격 조사 '-께서'를 실현하여 주체를 높여서 표현하였다.

〈**간접 높임 표현**〉 일반적으로 주체 높임 표현은 문장 속에서 주어로 쓰이는 말, 곧 서술의 주체를 선어말 어미인 '-으시-'를 통하여 직접적으로 높이는 문법 범주이다.

(9') **김 사장님**께서 금정산 아래에서 사신다.

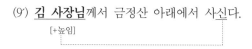

(9')에서 선어말 어미인 '-시-'는 주어로 표현된 높임의 대상인 '김 사장'를 직접적으로 높였다.

　그런데 서술의 주체가 높임의 직접적인 대상이 아니어도 '-으시-'를 실현하여 표현할 수 있다. 곧 실제로 높여서 표현해야 할 인물과 밀접한 관계에 있는 대상인, '신체의 일부분, 소유물, 병, 생각, 말, 사상' 등을 나타내는 말이 문장의 주어로 쓰일 때는, 그 대상을 높여서 표현할 수 있다. 이러한 높임 표현을 '간접 높임 표현'이라고 한다.

(10) ㄱ. 요즈음 **대통령**께서는 **걱정**이 많으<u>시</u>ᆸ니다.

　　ㄴ. <u>할아버님의 **손**</u>이 매우 크<u>시</u>ᆸ니다.

(10)의 문장에서 서술어인 '많다'와 '크다'에 대한 서술의 주체는 '걱정'과 '손'인데, 이들은 원칙적으로 주체 높임의 대상이 되는 말이 아니다. 그런데 (ㄱ)에서 '걱정'은 높임의 대상인 '대통령'의 '걱정'이고 (ㄴ)에서 '손'도 높임의 대상인 '할아버님'의 '손'이다. 따라서 (10)의 '많으십니다'와 '크십니다'에 표현된 주체 높임의 선어말 어미인 '-으

시-'는 문장의 주어로 쓰인 '걱정'과 '손'을 높여서 표현함으로써, 실제로 높여서 표현해야 할 '대통령'과 '할아버님'을 간접적으로 높인 것이다.

주체 높임 표현을 통하여 어떠한 대상을 간접적으로 높이는 방법으로는 다음의 두가지가 있다.

첫째, 서술절을 안은 문장에서 서술절 속의 주어로 표현되는 대상을 높임으로써, 안은 문장에서 주어로 표현되는 인물을 간접적으로 높일 수 있다.

(11) ㄱ. 선생님께서는 **귀**가 크시다.
ㄴ. 할머니께서는 **돈**이 많으시다.
ㄷ. 어머님께서도 다 **생각**이 있으십니다.

(ㄱ)에서 서술절 속의 주체인 '귀'는 그 자체로는 높임의 대상이 아니다. 하지만 '귀'가 높임의 대상인 '선생님'의 귀이기 때문에 선어말 어미인 '-으시-'를 실현하여 높여서 표현하였다. (ㄴ)과 (ㄷ)에서도 마찬가지로 서술절 속의 주체인 '돈'과 '생각'은 각각 높임의 대상인 '할머니'와 '어머님'의 소유물이나 생각이므로, '-으시-'를 실현하여 '돈'과 '생각'을 높여서 표현하였다.

둘째, 관형어의 수식을 받는 체언이 주어로 쓰일 때에, 그 체언을 높여서 표현함으로써 관형어로 표현되는 대상을 간접적으로 높일 수 있다.

(12) ㄱ. 사장님의 **손톱**이 빠지셨다.
ㄴ. 선생님의 **말씀**이 있으시겠습니다.

(12)에서 '손톱'과 '말씀'은 그 자체로는 높임의 대상이 되지 않는다. 하지만 '손톱'과 '말씀'은 관형어로 쓰인 '사장님'과 '선생님'과 직접적으로 관련이 있는 대상이다. 따라서 (12)에서는 '손톱'과 '말씀'을 높임으로써 관형어로 쓰인 '사장님'과 '선생님'을 간접적으로 높여서 표현하였다.

〈 어휘를 통한 주체 높임 표현 〉 주체 높임 표현은 선어말 어미인 '-으시-'나 주격 조사 '-께서', 혹은 파생 접사 '-님'으로 실현되는 것이 일반적이다. 하지만 주체 높임 표현은 '계시다, 잡수시다/자시다/드시다, 주무시다 ……' 등과 같이 높임의 뜻이 있는 특수한 용언으로써도 실현될 수 있다.

(13) ㄱ. **동생**은 지금 학교에 <u>있다</u>.

ㄴ. **아이들**이 점심으로 김밥을 <u>먹는다</u>.

ㄷ. **시찰단 일행**은 기차 안에서 <u>잤다</u>.

(14) ㄱ. **아버님**께서는 지금 거실에 <u>계시다</u>.

ㄴ. **할아버님**께서 점심을 <u>잡수신다</u>.

ㄷ. **선생님**께서는 어제 부산 호텔에서 <u>주무셨다</u>.

(14)에서 '계시다, 잡수시다, 주무시다'는 각각 (13)의 '있다, 먹다, 자다'에 대한 높임의 어휘이다. 그러므로 (14)와 같이 '계시다, 드시다, 주무시다'가 서술어로 쓰이면 자동적으로 문장의 주체가 높여져서 표현된다.

이처럼 주체 높임 표현은 선어말 어미뿐만 아니라 어휘로도 실현될 수 있다. 이와 관련하여 문장의 서술어가 '있다'일 때에는 주체 높임 표현이 '계시다(존재, 在)'와 '있으시다(소유, 持)'의 두 가지 단어로 실현된다. 이 경우 '계시다'는 직접 높임 표현으로서 높임의 뜻이 있는 어휘로써 실현된 높임 표현이고, '있으시다'는 간접 높임 표현으로서 선어말 어미인 '-으시-'로써 실현된 높임 표현이다.

(15) ㄱ. **선생님**께서는 댁에 <u>계시다</u>.

ㄴ. **선생님**께서는 **따님**이 <u>있으시다</u>.

(ㄱ)에서는 '선생님'이 특정한 장소에 존재함을 뜻하는 말인데, 이때에는 '있다'의 높임 표현으로서 '계시다'가 쓰인다. 반면에 (ㄴ)에서는 '선생님'이 특정한 대상을 소유하고 있음을 나타내는데, 이때에는 '있다'의 높임 표현으로 '있으시다'로 표현해야 한다. 이처럼 '계시다'는 주체를 직접적으로 높일 때에 사용하고, '있으시다'는 높여야 할 주체(=선생님)를 다른 대상(=따님)을 통해서 간접적으로 높일 때에 사용한다.

(다) 객체 높임 표현

〈 **객체 높임 표현의 개념** 〉 '객체(客體) 높임 표현'은 문장의 목적어나 부사어로 표현되는 대상, 곧 서술의 객체를 높여서 대우하는 높임 표현이다. 여기서 객체는 화자나 문장 속의 주체보다 상위자일 경우가 많다.

(16) ㄱ. 인호는 동생을 <u>데리고</u> 집으로 왔다.

　　　ㄴ. 한 학생이 수학 책을 철수<u>에게</u> <u>주었다</u>.

(17) ㄱ. 인호는 아버지를 <u>모시고</u> 집으로 왔다.

　　　ㄴ. 한 학생이 수학 책을 선생님<u>께</u> <u>드렸다</u>.

(16)에서는 목적어로 실현된 '동생'이나 부사어로 실현된 '철수'를 높이지 않은 표현이다. 이에 반하여 (17)의 (ㄱ)에서는 서술어로 쓰인 '모시다'를 통해서 목적어로 표현된 객체(= 아버지)를 높여서 표현하였다. 그리고 (ㄴ)에서는 서술어로 쓰인 '드리다'와 부사격 조사인 '-께'를 통해서, 부사어로 표현된 객체(= 선생님)를 높여서 표현하였다. 그런데 이러한 객체 높임 표현은 대체로 객체가 화자나 주체보다 상위자인 경우에 실현된다. 곧 (17)의 (ㄱ)에서 객체인 '아버지'는 주체인 '인호'보다 상위자이며, (ㄴ)에서 객체인 '선생님'은 주체인 '학생'보다 상위자이다. 반면에 (16)에서 객체인 '동생'과 '철수'는 주체인 '인호'와 '한 학생'에 비해서 상위자가 아니므로, 객체를 낮추어서 표현하였다.

〈 객체 높임 표현의 실현 방법 〉 상대 높임 표현과 주체 높임 표현은 주로 용언의 활용을 통해서 실현된다. 이에 반해서 객체 높임 표현은 일반적으로 높임의 뜻이 있는 특수한 동사를 사용하여서 실현되는 것이 특징이다.[1]

(18) ㄱ. 유성룡은 선조 **임금님**을 <u>모시고</u> 의주까지 갔다.

　　　ㄴ. 목련존자는 **부처님**을 <u>뵙고</u> 출가의 뜻을 밝혔다.

　　　ㄷ. 큰 아들은 **어머님**께 용돈을 매달 <u>드렸다</u>.

　　　ㄹ. **부모님**께 <u>여쭈어</u> 보고 가부(可否)를 결정하겠습니다.

(18)에서 '모시다, 뵙다(뵈다), 드리다, 여쭈다(여쭙다)' 등이 객체 높임을 실현하는 동사인데, 각각 목적어나 부사어로 표현된 객체를 높였다. 그리고 (ㄷ)과 (ㄹ)처럼 상대를 나타내는 부사어로 쓰인 객체를 높일 때에는, 높임의 뜻을 나타내는 동사인 '드리다, 여쭈다'와 함께 부사격 조사인 '-께'를 실현하였다.

---

1) 15세기의 중세 국어에서는 '-숩-, -줍-, -숩-'과 같은 객체 높임의 선어말 어미를 서술어로 쓰이는 용언에 실현하여서 목적어나 부사어를 높이는 기능을 하였다. 그러나 현대 국어에서는 이러한 선어말 어미는 객체 높임의 기능을 잃어버리고, '-사오-, -자오-, -오-' 등의 형태로 쓰여서 '공손 표현'을 나타낸다.

(라) 어휘를 통한 높임 표현

높임의 의미를 나타내는 어휘를 실현하여 다른 사람을 높이는 방법이 있는데, 이를 '어휘를 통한 높임 표현'이라고 한다.

〈 높임의 정도에 따른 높임 어휘의 유형 〉 '높임의 어휘'는 내용으로 볼 때 '높임말'과 '낮춤말(겸양말)'로 나눌 수가 있다. '높임말'은 청자나 청자와 관련된 대상을 높여서 표현하는 어휘이다. 반면에 '낮춤말'은 화자가 자신이나 자신에 관련된 대상을 낮추어서 표현함으로써, 다른 사람을 상대적으로 높이는 어휘다.

> (19) ㄱ. 아버님, 어머님, 가친(家親), 자친(慈親), 춘부장(椿府丈), 자당(慈堂), 선생님, 귀하(貴下) ; 계씨(季氏), 함씨(咸氏), 영애(令愛), 영식(令息), 영손(令孫) ; 진지, 치아(齒牙), 약주(藥酒), 댁(宅), 귀교(貴校), 옥고(玉稿), 연세(年歲)
>
> ㄴ. 주무시다, 계시다, 자시다/잡수다, 돌아가시다 ; 드리다, 바치다, 받들다, 받잡다, 올리다, 아뢰다, 사뢰다, 여쭈다(여쭙다), 모시다, 뵈다(뵙다)

> (20) 저, 저희, 소생(小生), 소인(小人), 소자(小子) ; 말씀, 졸고(拙稿), 졸저(拙著), 비견(鄙見), 상서(上書)

(19)는 화자가 다른 이(주체나 객체)를 직접 높이거나 혹은 그 사람과 관계되는 사람이나 사물을 높여서 발화하는 높임말의 예이다. 이에 반해서 (20)은 화자가 자신이나 자신과 관계되는 사물을 낮추어서 표현함으로써 상대적으로 다른 사람을 높여서 표현하는 겸양말의 예이다.

〈 품사에 따른 높임 어휘의 유형 〉 높임의 어휘는 품사에 따라서 '체언으로 된 높임 어휘'와 '용언으로 된 높임 어휘'로 나뉜다.

첫째, '체언으로 된 높임 어휘'에는 '직접 높임의 어휘'와 '간접 높임의 어휘'가 있다.

> (21) ㄱ. 할아버님, 어머님, 선생님, 사장님, 귀하(貴下), 각하(閣下), 가친(家親), 자친(慈親), 춘부장(椿府丈), 자당(慈堂)
>
> ㄴ. 계씨(季氏), 함씨(咸氏), 영애(令愛), 영식(令息), 영손(令孫), 진지, 치아(齒牙), 귀교(貴校), 옥고(玉稿), 연세(年歲)

(ㄱ)의 어휘는 직접 높임의 체언들로서 화자가 높여야 할 인물을 직접적으로 높이는

말이다. 이에 반해서 (ㄴ)의 어휘는 높여야 할 대상과 관계 있는 인물이나 사물을 높임으로써 간접적으로 높이는 말이다.

(22) ㄱ. **할아버님**께서는 아직 **진지**를 자시지 않으셨다.
ㄴ. **선생님**께서는 **치아**가 상하셔서 며칠 동안 고생하셨습니다.

(22)에서 '할아버님'과 '선생님'은 화자가 그 대상을 직접적으로 높인 말이다. 반면에 '진지'와 '치아'는 화자가 직접적으로 높일 수 있는 대상은 아니지만, '할아버님'과 '선생님'에게 관련된 대상이기 때문에 각각 '진지'와 '치아'로 높여서 표현하였다. 곧 (ㄱ)에서는 '밥'을 '진지'라고 표현함으로써 '할아버님'을 간접적으로 높였고, (ㄴ)에서는 '이'를 '치아'라고 표현함으로써 '선생님'을 간접적으로 높인 것이다.

둘째, 용언으로 된 높임 어휘에는 '주체 높임의 어휘'와 '객체 높임의 어휘'가 있다.

(23) ㄱ. **할아버지**께서 <u>주무신다</u>.
ㄴ. **할머니**께서 진지를 <u>잡수신다/자신다</u>.
ㄷ. **작은아버님**께서는 지금 강화도에 <u>계시다</u>.

(24) ㄱ. 창호는 **백부님**을 <u>모시고</u> 다대포에 있는 몰운대에 갔다.
ㄴ. 철수는 어제 **할아버지**를 <u>뵈러</u> 고향에 내려갔다.
ㄷ. 철수가 **사범님**께 칼을 <u>드렸다</u>.

(23)의 '주무시다, 잡수시다/자시다, 계시다' 등은 문장 속에서 주어로 표현되는 대상인 '할아버지, 할머니, 작은아버님'을 높여서 표현하는 동사이다. 이에 반해서 (24)의 '모시다, 뵙다, 드리다' 등은 문장 속의 목적어나 부사어로 표현되는 대상인 '백부님, 할아버지, 사범님' 등을 높여서 표현하는 동사이다.

【더 배우기】

1. 공손 표현

'공손 표현(恭遜表現)의 선어말 어미'는 '-옵-/-오-'와 '-사옵-/-사오-'의 형태로 실현되는데, 화자가 청자에게 공손의 뜻을 표현한다.

(1) ㄱ. 부처님께서는 아난이를 칭찬하시<u>옵</u>고, 다시 설산으로 떠나셨습니다.
    ㄴ. 19일에 석가탑의 모형을 만드<u>오</u>니 많이들 기대해 주십시오.
    ㄷ. 저는 언제나 당신을 믿<u>사옵</u>고 따릅니다.
    ㄹ. 어쩔 수 없이 당신을 붙잡<u>사오</u>니 부디 용서해 주소서.

공손 표현의 선어말 어미가 (ㄱ)에서는 '-옵-'의 형태로, (ㄴ)에서는 '-오-'의 형태로 실현되었으며, (ㄷ)에서는 '-사옵-'으로, (ㄹ)에서는 '-사오-'의 형태로 실현되었다. 곧 (ㄱ)과 (ㄴ)의 '-옵-/-오-'는 모음이나 /ㄹ/의 뒤에 실현되는데, 이들 중에서 (ㄱ)의 '-옵-'은 매개 모음이 없는 자음의 어미 앞에, (ㄴ)의 '-오-'는 (매개)모음으로 시작하는 어미 앞에 실현된다. 반면에 (ㄴ)과 (ㄷ)의 '-사옵-'과 '-사오-'는 /ㄹ/을 제외한 자음의 뒤에 실현되는데, (ㄷ)의 '-사옵-'은 매개 모음이 없는 자음의 어미 앞에, (ㄹ)의 '-사오-'는 (매개)모음으로 시작하는 어미 앞에 실현된다.[2]

이러한 공손 표현은 중세 국어나 근대 국어어에서는 빈번하게 사용되었지만 현대어에서는 잘 사용되지 않는다. 또한 현대어에서 사용되더라도 문어체에서만 주로 사용되고 구어체에서는 거의 쓰이지 않는다.

2. 압존 표현

주체 높임 표현에 따르면 문장의 주체가 화자보다 상위자일 때에는 서술어에 선어말 어미인 '-으시-'를 실현하고, 그렇지 않은 상황에서는 '-으시-'를 실현하지 않는다.

---

[2] 현대어의 공손법 선어말 어미는 15세기의 중세 국어에서는 객체 높임의 선어말 어미인 '-습-/-슬-, -줍-/-줄-, -ᅀᆞᆸ-/-ᅀᆞᆯ-'의 형태였다. 이들 선어말 어미는 15세기 국어에서 문장에서 목적어나 부사어로 실현되는 대상인 객체를 높이는 기능을 하였는데, 근대 국어 시대부터는 객체 높임 기능을 상실하고 공손법의 기능을 하였다. 나찬연(2020ㄴ:100 이하)의 내용 참조.

(1) ㄱ. 선생님께서 댁에 가**셨**습니다.　　　　　　　[화자 < 주체(선생님)]

　　ㄴ. 철수가 집에 갑니다.　　　　　　　　　　　[화자 > 주체(철수)]

(ㄱ)에서는 주체인 '선생님'이 화자보다 상위자이므로 주체를 높였지만, (ㄴ)에서는 주체인 '철수'가 화자보다 상위자가 아니므로 주체를 높이지 않았다.

　그런데 화자와 청자 그리고 문장 속의 주체 등 3사의 관계에 따라 주체 높임 표현의 실현 양상이 달라지는 수가 있다. 곧 전통적인 말법에서는 비록 주체가 화자보다 상위자이더라도, 그 주체가 말을 듣는 사람보다 하위자인 경우에는 그 주체를 높이지 않을 수가 있다. 이러한 특수한 높임법을 '압존법(壓尊法)'이라고 하고, 압존법이 실현된 표현을 '압존 표현'이라고 한다.

(2) 아버지, 할아버지**께서** 돌아오셨습니다.　　　[주체(할아버지) > 청자(아버지) > 화자]

(3) ㄱ. 할아버님, 아버지가 지금 돌아왔습니다. [청자(할아버지) > 주체(아버지) > 화자]

　　ㄴ. *할아버님, 아버님께서 지금 돌아오셨습니다.

(2)에서 '할아버지'는 문장 속의 주체이며 청자는 '아버지'이다. 이 경우에 주체인 '할아버지'는 청자인 '아버지'보다 상위자이므로 주체를 높여서 표현했다. 그런데 (3)에서는 문장의 주체가 '아버지'이고 말을 청자는 주체보다 상위자인 '할아버지'이다. 이 경우에 문장의 주체인 '아버지'는 화자에 대하여는 상위자이지만, 청자인 '할아버지'를 고려하여서 (ㄱ)처럼 주체를 높이지 않고 발화하여야 한다. 만일 (ㄴ)처럼 주체인 '아버지'를 높여서 발화하면, '아버지'보다 상위자인 '할아버지'를 상대적으로 낮추어서 발화하는 셈이 된다.

　이러한 압존법은 현대 사회에서는 그리 잘 지키지 않는 말법이다. 그러나 전통적 예법을 따지는 발화 상황이나 TV나 영화의 역사극에서는 아직도 쓰이고 있다.

6.3. 시간 표현

우리가 말을 할 때는 과거의 일이나 현재의 일 혹은 미래의 일을 구분해서 표현한다. 이처럼 어떠한 일이 일어난 때를 구분하여 언어적으로 표현하는 방식을 '시제(時制)'라고 한다.

6.3.1. 시간 표현의 개념

원래 물리적인 시간은 먼 과거로부터 현재까지 끊임없이 이어져 있으므로 비분절적이다. 하지만 인간은 어떠한 연속적인 대상을 언어를 통하여 분절해서 이해하려는 경향이 있기 때문에, 연속적인 물리적 시간도 언어를 사용하여 분절적으로 표현한다.

(1) ㄱ. 아버지는 **어제** 부산으로 떠나<u>셨</u>다. [떠나 + 시 + **었** + 다]　　[사건시〉발화시[1]]*

　　ㄴ. 어머니는 **지금** 빨래를 하<u>신</u>다. 　[하 + 시 + ㄴ + 다]　　　[사건시=발화시]

　　ㄷ. **내일** 비가 오<u>겠</u>다. 　　　　　　[오 + **겠** + 다]　　　　　[발화시〉사건시]

(1)에서는 '-었-, -ㄴ-, -겠-'과 같은 언어 기호를 사용하여 '과거, 현재, 미래'의 일을 표현하였다. 곧 물리적인 시간은 연속적이지만, '-었-, -ㄴ-/-는-, -겠-, -더-'와 같은 언어 기호를 통하여 시간을 분절해서 표현한 것이다. 이와 같이 어떠한 일이 일어난 시간을 문법적인 형태로 표현하는 방식을 '시제(時制, tense)'라고 한다. 그리고 시간을 나타내는 문법적인 형태가 표현된 문장을 '시간 표현'이라고 한다.

일반적으로 시제는 '발화시'와 '사건시'에 의해서 결정된다. 여기서 '발화시(發話時, utterance time)'는 화자가 특정한 문장을 발화하는 시간으로 항상 현재이다. 이에 반해서 '사건시(事件時, event time)'는 문장으로 표현되는 일(사건, 상황)이 일어난 시간이다.

국어의 일반적인 시제는 발화시를 기준으로 해서 발화시와 사건시의 선후 관계를 비교함으로써, '과거 시제, 현재 시제, 미래 시제'로 결정된다.

첫째, '과거 시제'는 문장으로 표현되는 사건이 발화시 이전에 일어나는 경우의 시제로서, 사건시가 발화시보다 앞서는 시제이다.

---

* '사건시〉발화시'는 사건시가 발화시보다 시간적으로 선행함을 나타낸다.

(1ㄱ)에서 '아버지가 부산으로 떠난 사건'은 이 문장을 발화를 한 때(발화시=현재)보다 그 이전에 일어난 일이다. 그러므로 이 문장의 시제는 과거 시제이며, 서술어에 과거 시제 선어말 어미인 '-었-'이 실현되었다.

둘째, '현재 시제'는 문장으로 표현되는 사건이 발화시에 일어나는 경우의 시제로서, 발화시와 사건시가 일치하는 시제이다.

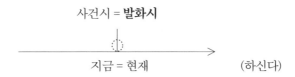

(1ㄴ)에서 '어머니가 빨래를 하는 사건'은 발화시에 일어나고 있다. 곧 발화시와 사건시가 일치하므로 이 문장의 시제는 현재 시제이며, 서술어에 현재 시제 선어말 어미인 '-ㄴ-'이 실현되었다.

셋째, '미래 시제'는 문장으로 표현되는 사건이 발화시 이후에 일어날 것으로 예상되는 경우의 시제로서, 사건시가 발화시보다 나중인 시제이다.

(1ㄷ)에서 '비가 오는 사건'은 발화시 이후에 일어날 일이다. 그러므로 이 문장의 시제는 '미래 시제'이며, 서술어에 미래 시제 선어말 어미인 '-겠-'이 실현되었다.

시제는 '-었-, -는-, -겠-' 등과 같은 선어말 어미뿐만 아니라 시간 부사에 의해서도 표현될 수가 있다. 곧 (1)에 실현된 시간 부사 '어제, 지금, 내일'은 각각 과거 시제, 현재 시제, 미래 시제를 표현한다.

6.3.2. 시간 표현의 유형

시간 표현은 발화시와 사건시의 관계에 따라서 '과거 시제, 현재 시제, 미래 시제'로 나누어진다. 그뿐만 아니라 시간 표현에는 동사가 표현하는 움직임의 모습을 나타내는 표현도 있는데 이를 '동작상'이라고 한다.

(가) 과거 시제

'과거 시제(過去時制, past tense)'는 사건시가 발화시에 앞서는 시제이다. 과거 시제는 일반적으로 용언의 어간에 선어말 어미인 '-았-, -았었-, -더-'와 관형사형 전성 어미인 '-은, -던'이 붙어서 실현된다. 그리고 경우에 따라서는 '어제, 옛날, 아까'처럼 시간을 나타내는 부사어를 통해서도 과거 시제를 표현할 수 있다.

(가)-1. 선어말 어미 '-았-'의 기능

과거 시제를 나타내는 가장 대표적인 방법은 과거 시제 선어말 어미인 '-았-/-었-/ -였-'이나 '-았었-/-었었-'을 문장에 실현하는 것이다.

〈'-았-'의 쓰임〉 '-았-'은 일반적으로 과거 시제를 표현하는 것이 원칙이나, 간혹 특수하게 현재나 미래의 일을 표현하는 경우도 있다.

ⓐ '-았-'의 일반적인 쓰임 : 과거 시제 선어말 어미 '-았-/-었-/-였-'은 일반적으로 발화시 이전의 일(사건)을 표현하는데, 종결형에서 가장 보편적으로 나타난다.

> (2) ㄱ. 변강쇠는 앞마당에 말뚝을 힘차게 박았다.
> ㄴ. 나는 어제 식당에서 김밥을 먹었다.
> ㄷ. 그들은 조국을 다시 찾을 생각으로 열심히 공부하였다.

(ㄱ)의 '-았-'은 어간 끝음절의 모음이 양성 모음일 때 실현되며, (ㄴ)의 '-었-'은 어간의 끝음절의 모음이 음성 모음일 때 실현된다. 그리고 (ㄷ)의 '-였-'은 '(~)하다'의 어간 '하-' 다음에만 실현되므로 '-았-/-었-'의 형태론적 변이 형태이다.

과거 시제 선어말 어미는 종결형에서뿐만 아니라 연결형에서도 실현될 수 있다.

(3) ㄱ. 올해는 비가 많이 <u>오니까</u> 농작물이 잘 자라겠지.

　　 ㄴ. 장동건은 풍산개를 좋아하<u>고</u> 원빈은 진돗개를 좋아했다.

(4) ㄱ. 올해는 비가 많이 <u>왔으니까</u> 농작물이 잘 자라겠지.

　　 ㄴ. 장동건은 풍산개를 좋아<u>했고</u> 원빈은 진돗개를 좋아했다.

이어진 문장은 앞절의 용언에 과거 시제 선어말 어미가 실현될 수도 있고 실현되지 않을 수도 있다. (3)의 이어진 문장의 앞절에서는 용언의 어간에 시제를 나타내는 선어말 어미가 실현되지 않고 바로 연결 어미가 붙었다. 그런데 (4)에서는 앞절의 서술어로 쓰이는 용언에 (ㄱ)과 (ㄴ)처럼 '-았-'이 쓰여서 과거 시제를 나타내고 있다. 곧 (9)의 (ㄱ)에서는 '-니까' 앞에서 '-았-'이 실현되었고 (ㄴ)에서는 '-고' 앞에 '-았-'이 실현되어서 과거 시제를 표현하고 있다.

　그런데 모든 연결형에 과거 시제 선어말 어미가 실현될 수 있는 것은 아니다. 연결 어미의 종류에 따라서는 과거 시제 선어말 어미가 실현될 수 없는 경우도 있다.

(5) ㄱ. 종소리가 크게 <u>울리자</u> 숨어 있던 병사들이 일제히 달려 나왔다.

　　 ㄴ. 하인들은 물을 <u>구하러</u> 깊은 계곡까지 샅샅이 뒤졌다.

(6) ㄱ. *종소리가 크게 <u>울렸자</u> 숨어 있던 병사들이 일제히 달려 나왔다.

　　 ㄴ. *하인들은 물을 <u>구하였으러</u> 깊은 계곡까지 샅샅이 뒤졌다.

곧 (5)에서는 연결 어미인 '-자'와 '-러'의 앞에 '-았-'이 실현되지 않았는데, (6)에서처럼 이들 연결 어미 앞에 '-았-/-였-'을 실현하면 비문법적인 문장이 된다.

　ⓑ '-았-'의 특수한 쓰임 : '-았-'은 일반적으로는 발화시 이전에 일어난 일을 표현하는 선어말 어미이다. 그런데 '-았-'은 아주 간혹 현재의 일이나 미래의 일을 표현하는 데에도 쓰일 수 있다.

　첫째, '-았-'이 현재의 일이 완결됨을 나타내거나, 현재에 완결된 일이 지속됨을 나타내는 경우가 있다.

(7) ㄱ. 철수는 엄마를 정말 많이 닮<u>았</u>다.

　　 ㄴ. 영숙이는 **지금** 의자에 앉<u>았</u>다.

(7)의 문장은 둘 다 현재의 일을 표현하면서도 서술어로 쓰인 용언에 과거 시제 선어말 어미인 '-았-'을 실현하였다. (ㄱ)에서 '닦았다'는 '닦는 움직임'이 완결되었음을 나타내고, (ㄴ)에서 '앉았다'는 '앉는 동작'이 완결되어서 그대로 지속되고 있음을 나타낸다. 따라서 (7)에 쓰인 '-았-'은 '현재의 일이 완결됨'이나 '완결된 동작이 지속됨'을 나타내는 특수한 용법으로 쓰였다.

둘째, '-았-'은 미래에 일어날 일이 반드시 실현됨을 화자가 알고 있음을 나타낼 수 있다.

(8) ㄱ. 너 **내일** 학교에 가면 선생님한테 혼<u>났</u>다.
    ㄴ. 나도 아내가 있<u>었</u>으면 좋<u>겠</u>다.
    ㄷ. 너 **이제부터** 장가는 다 <u>갔</u>다.

(8)의 문장들은 앞으로 일어날 일을 표현하고 있는데도 불구하고 과거 시제의 선어말 어미인 '-았-'이 쓰였다. 따라서 이들 문장에 쓰인 '-았-'은 과거 시제를 표현한다고 보기는 어렵다. 오히려 (ㄱ)에서 '-았-'은 내일 학교에 가면 혼이 나는 일이 분명히 실현될 것임을 인식한 표현이다. 그리고 (ㄴ)과 (ㄷ)의 문장에서도 '-았-'을 통하여 화자가 그러한 일이 미래에 실현될 것임을 확실하게 인식하고 있음을 나타낸다.

요컨대 '-았-'은 일반적으로는 과거 시제를 표현하는 데에 사용되지만, (7)이나 (8)처럼 현재의 일이 완결됨이나 미래의 일이 반드시 실현됨을 인식함을 나타내는 표현으로도 쓰일 수 있다.

〈 '-았었-'의 쓰임 〉 '-았었-/-었었-'은 문장으로 표현되는 사건이 발화시보다 훨씬 이전에 일어나서, 과거의 사건 내용이 현재와 대조를 이루거나 사건의 내용이 현재와는 확연하게 달라져 있음을 나타낸다.

(9) ㄱ. 작년에는 이 나무에 꽃이 많이 피<u>었었</u>다.
    ㄴ. 나벼리는 초등학교 시절에는 매우 날씬하<u>였었</u>다.

(ㄱ)에서 '꽃이 많이 피었었다'는 '작년에는 이 나무에 꽃이 많이 피었지만 지금은 상황이 변하여 그렇지 않다'는 의미를 나타낸다. 그리고 (ㄴ)에서 '날씬하였었다'는 '나벼리는 예전에 매우 날씬했지만 상황이 달라져서 지금은 그렇지 않다'는 의미를 나타낸다. 결국 '-았었-'은 과거에 일어난 일을 표현하되, 그 일을 발화시보다 훨씬 이전

에 일어난 일로 파악하여 '지금과는 사정이 달라져 있음'을 부차적으로 나타내는 표현이다.

(가)-2. 선어말 어미 '-더-'의 기능

〈 '-더-'의 기능 〉 '-더-'는 과거의 어느 때를 기준으로 그때에 알게 된 일이나 경험을 돌이켜서 표현하는 선어말 어미로서, 흔히 '회상의 선어말 어미(回想先語末語尾)'라고 부른다. 곧 '-더-'는 기준시를 발화시보다 앞선 과거의 어느 때(경험시, experiential time)로 옮겨서, 화자가 그때에 직접 경험하고 확인한 사건을 표현한다.

(10) ㄱ. 철수는 **어제** 집에서 공부하더라.   [공부하- + -더- + -라]
　　 ㄴ. **오전**에 보니까 어떤 손님이 찾아오셨더군.   [오- + -사- + -았- + -더- + -군]
　　 ㄷ. **점심때**에 보니까 내일 눈이 내리겠더라.   [내리- + -겠- + -더- + -라]

위의 문장들은 모두 화자가 시점을 자기가 경험한 과거의 어느 때(= 어제)로 옮겨서, 그때를 기준으로 하여 사건을 표현한 것이다.

(10ㄱ) 철수는 어제 집에서 공부하더라. (기준시＝경험시, 사건시＝경험시)[1]

(ㄱ)은 내가 어제 보니까 바로 그때에 '철수가 집에서 공부하는 일'이 일어나고 있었음을 표현한 문장이다. 이 경우에 기준시(R)는 발화시가 아니라 과거의 어느 때(=어제)이며, 기준시(R)와 경험시(E)가 일치한다. 따라서 (ㄱ)은 화자가 자신이 경험한 과거의 어느 시점으로 돌이켜서 생각하되, 경험시에 진행 중인 일을 표현한 문장이다.[2]

---

1) U는 발화시(Utterance Time)이며, R은 기준시(Reference Time), E는 경험시(Experiential Time)이다. 그리고 A〉B는 A가 B보다 시간적으로 선행함을 나타낸다.
2) 이때에는 '기준시(Reference Time)'는 화자가 발화시 이전에 직접 경험한 때가 되는데, 이를 '경험시(Experimental Time)'라고도 한다.

(10ㄴ) 오전에 보니까 어떤 손님이 찾아오<u>셨더</u>군요. (기준시＝경험시, 사건시〉경험시)

(ㄴ)에서 화자는 시점을 과거의 어느 때(＝오전)로 옮겨서 표현했는데, 그때에 보니까 '어떤 손님이 찾아오는 일'이 이미 일어났음을 표현한 것이다. (ㄴ)에서 기준시는 경험 시인 '오전'이며, 사건시는 경험시보다 앞선 시간이다. 따라서 (ㄴ)은 화자가 자신이 경험한 과거 어느 때로 돌이켜서 생각하되, 경험시 이전에 이미 일어난 일을 표현한 문장이다.

(10ㄷ) 점심때 보니까 눈이 내리<u>겠더</u>라 (기준시＝경험시, 사건시〈경험시)

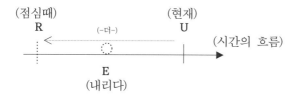

(ㄷ)에서도 화자는 시점을 과거의 어느 때(＝점심때)로 옮겨서 표현했는데, 그때 생각해 보니까 '앞으로 눈이 내리겠다'라는 생각이 들었다는 표현이다. (ㄷ)에서 기준시는 경험 시인 '점심때'이며, 사건시는 경험시 이후의 시간이다. 따라서 (ㄷ)은 화자가 과거의 어 느 때(＝오전)로 돌이켜서 생각하되, 앞으로 일어날 일을 표현한 문장이다.

결국 회상의 선어말 어미인 '-더-'의 기능은 기준시를 과거의 어느 때로 옮겨서, 그때를 기준으로 화자가 직접 경험한 일을 표현하는 것이다.

〈'-더-'의 특징〉 선어말 어미 '-더-'를 통하여 이루어지는 회상 표현은 다음과 같은 몇 가지 제약이 있다.

첫째, 회상 표현은 화자가 직접 경험하고 확인한 일에 대하여서만 성립한다.

(11) ㄱ. *이순신 장군이 정말로 활을 잘 쏘더라.

　　ㄴ. 양궁 대표 선수들은 정말로 활을 잘 쏘더라.

'-더-'의 기본적인 기능은 화자가 주체의 행위에 대하여 직접 경험한 것을 회상하여 청자에게 이르는 것이다. 그런데 (11)에서 (ㄱ)의 문장은 역사적인 현실에 비추어 볼 때 그것이 표현하고 있는 일을 말하는 사람이 직접적으로 경험할 수 없기 때문에 비문법적이다. 이에 반해서 (ㄴ)의 문장에서 표현하는 일은 말하는 사람이 직접적으로 경험할 수 있는 일이기 때문에 (ㄴ)의 문장은 문법적이다.

　둘째, 문장의 종결 유형과 주어의 인칭에 따라서 '-더-'의 쓰임은 제약을 받을 수 있다.

　먼저, 평서문에서 1인칭의 대명사(화자)가 주어로 쓰이면, 서술어에 '-더-'가 실현될 수 없다.

(12) ㄱ. *나는 어제 독서실에서 공부하더라.　　　　　[1인칭 주어의 평서문]

　　ㄴ. 너는 어제 독서실에서 공부하더라.　　　　　[2인칭 주어의 평서문]

　　ㄷ. 철수는 어제 독서실에서 공부하더라.　　　　　[3인칭 주어의 평서문]

(12)와 같은 평서문에서 (ㄴ)과 (ㄷ)처럼 2인칭이나 3인칭의 주어로 표현되는 평서문에서는 '-더-'를 실현할 수 있다. 반면에 (ㄱ)처럼 화자가 주어로 쓰일 때는 이 문장의 서술어에는 '-더-'를 실현하지 못한다. '-더-'가 실현될 적에는 화자가 직접 경험한 그 당시에 '새롭게 알게 된 사실'을 서술하는 때에만 '-더-'가 쓰이고, 이미 알고 있는 사실을 서술할 때에는 '-더-'가 쓰이지 못하기 때문이다.(김차균 1997:73) 곧 (12ㄱ)에서 화자는 자신이 독서실에서 공부한 사실을 이미 알고 있는 상황이기 때문에, '새롭게 알게 된 사실'을 서술하는 데 쓰이는 '-더-'를 표현할 수 없다.

　그리고 의문문에서 2인칭의 대명사(청자)가 주어로 쓰이면, 서술어에 '-더'가 실현될 수 없다.

(13) ㄱ. 내가 정말 쓰레기를 아무데나 버리더냐?　　　　[1인칭 주어의 의문문]

　　ㄴ. *네가 정말 쓰레기를 아무데나 버리더냐?　　　　[2인칭 주어의 의문문]

　　ㄷ. 철수가 정말 쓰레기를 아무데나 버리더냐?　　　　[3인칭 주어의 의문문]

(ㄱ)의 의문문은 화자가 '자기(= 화자 자신)가 쓰레기를 아무데나 버린 일'을 새롭게 알게 되었는지를 청자에게 질문하여 확인하는 문장이다. 따라서 이 문장에서는 1인칭 주어가 오더라도 서술어에 '-더-'를 쓸 수 있다. 반면에 (ㄴ)의 의문문은 화자가 청자 자신이 수행하여서 이미 알고 있는 일을 청자가 새롭게 알게 되었는지를 질문하는 문장이기 때문에, '1인칭 주어가 실현된 평서문'에서와 마찬가지로 서술어에 '-더-'가 실현될 수 없다.

(가)-3. 관형사형 어미 '-은'과 '-던'의 기능

관형절에서 나타나는 과거 시제는 관형사형 어미인 '-은'과 '-던'으로 표현된다.[3] 관형사형에서 나타나는 과거 시제는, 동사가 서술어로 쓰일 때와 형용사나 '-이다'가 서술어로 쓰일 때에 각각 다르게 실현된다.

〈 동사의 관형사형에 실현되는 과거 시제 〉 관형절 속의 서술어가 동사인 경우에는 '-은'과 '-던'으로 과거 시제가 표현된다.

> (14) ㄱ. 이 환자는 먹은 음식을 다 토했다.
> ㄴ. 이 환자는 먹던 음식을 다 토했다.

(ㄱ)과 (ㄴ)에서 '먹은'과 '먹던'은 발화시 이전에 있었던 일을 표현하므로 둘 다 과거 시제를 표현한다. 그러나 (ㄱ)의 '-은'과 (ㄴ)의 '-던'의 의미에는 미묘한 차이가 있다. 곧 (ㄱ)에서 '먹은'은 '먹다'로 표현되는 동작이 완료되었음을 표현하는 데에 반해서, (ㄴ)의 '먹던'은 동작이 완료되지 않고 진행됨을 나타낸다. '-던'에서 나타나는 이러한 의미는 '과거 미완(過去未完)'이나 '동작의 지속'의 뜻으로 추정된다.

〈 형용사와 서술격 조사의 관형사형에 실현되는 과거 시제 〉 관형절의 서술어가 형용사나 서술격 조사일 때에는 과거 시제의 관형사형 어미로 '-던'만이 쓰인다. 그리고 '-던' 앞에 과거 시제의 선어말 어미인 '-았-/-었-'이 실현되어서 '-았던/-었던'의 형태가 실현될 수도 있다.

---

3) 관형절의 시제는 안은 문장의 사건시와 관형절의 사건시를 비교하여 상대적으로 결정되는 시제이다. '상대 시제'에 대하여는 나찬연(2017:416 이하)의 내용을 참조하기 바란다.

(15) ㄱ. 예쁘던 그 얼굴이 다 망가졌네.

　　 ㄴ. 젊은 시절에 운동 선수이던 영호 씨는 지금도 건강하다.

(16) ㄱ. 예뻤던 그 얼굴이 다 망가졌네.

　　 ㄴ. 젊은 시절에 운동 선수이었던 영호 씨는 지금도 건강하다.

(15)의 (ㄱ)과 (ㄴ)에서처럼 형용사인 '예쁘다'와 서술격 조사인 '-이다'의 어간에 '-던'
이 실현되면 과거 시제를 나타낸다. 그리고 (16)처럼 '-던' 앞에 과거 시제의 선어말
어미인 '-았-/-었-/-였-'이 실현되어서 '-았던/-었던/-였던'의 형태가 실현될 수도
있는데, 이때에는 과거의 사건 내용이 현재와 대조를 이루거나 사건의 내용이 현재와
는 확연하게 달라져 있음을 나타낸다. 곧 (ㄱ)의 '예뻤던 그 얼굴'과 (ㄴ)의 '운동 선수
이었던'은 과거에서는 그러했으나 지금은 그렇지 않다는 뜻이 함께 나타난다.

(나) 현재 시제

'현재 시제(現在時制)'는 사건시가 발화시와 일치되는 시제이다. 현재 시제는 종결형
에서는 선어말 어미인 '-는-/-ㄴ-/-느-'나 무형의 선어말 어미인 'Ø'를 통해서 실현
되며, 관형사형에서는 '-는/-은' 등에 의해서 표현된다. 그리고 경우에 따라서는 '지
금, 이제, 요즘, 현재' 등과 같은 시간 부사어를 통해서 현재 시제가 표현되기도 한다.

(나)-1. 종결형의 현재 시제

종결형의 현재 시제는 서술어로 쓰이는 품사에 따라서 실현되는 방식이 다르다.
〈**동사의 현재 시제**〉동사의 종결형에서는 평서형과 감탄형에서 현재 시제를 표현하
는 방법과 의문형인 경우에 현재 시제를 표현하는 방법이 다르다.

첫째, 서술어로 쓰인 동사가 평서형이나 감탄형일 때는, '-는-/-ㄴ-'의 선어말 어
미를 실현하여서 현재 시제를 표현한다.

(17) ㄱ. 학생이 칠판에 글을 적는다.　　 [적- + -**는**- + -다]　 cf. 적었다, 적겠다

　　 ㄴ. 강아지는 마당에서 낮잠을 잔다. [자- + -ㄴ- + -다]

(18) ㄱ. 코끼리는 정말로 많이 먹는구나. [먹- + -**는**- + -구나] cf. 먹었구나, 먹겠구나

　　 ㄴ. 저기서 불빛이 번쩍이는구나.　　 [번쩍이- + -**는**- + -구나]

(17)처럼 동사가 평서형으로 쓰일 때에는, (ㄱ)의 '적다'처럼 용언의 어간이 자음으로 끝날 때에는 현재 시제의 선어말 어미가 '-는-'의 형태로 실현된다. 그리고 (ㄴ)의 '자다'처럼 용언의 어간이 모음으로 끝날 때에는 '-ㄴ-'의 형태로 실현된다. 반면에 (18)처럼 감탄형으로 쓰일 때에는, 어간이 자음으로 끝나든 모음으로 끝나든 그 형태에 관계없이 현재 시제의 선어말 어미가 '-는-'의 형태로 실현된다.

둘째, 서술어로 쓰인 동사가 의문형일 때는, 특정한 시제 선어말 어미를 실현하지 않음으로써 현재 시제를 표현한다.

(19) ㄱ. 철수는 지금 누구를 찾느냐?　　[찾- + -느냐]　　cf. 찾았느냐, 찾겠느냐
　　　ㄴ. 아직 밖에는 비가 많이 오는가? [오- + -는가]　　cf. 왔는가, 오겠는가

(19)에서는 서술어로 쓰인 동사가 의문형으로 쓰였다. 이때는 의문형 어미인 '-느냐'와 '-는가'에 특정한 시제 형태소를 실현하지 않음으로써 현재 시제를 표현한다.[4]

〈 형용사와 서술격 조사의 현재 시제 〉 형용사와 서술격 조사에는 특정한 선어말 어미가 붙지 않고 종결 어미가 바로 붙어서 현재 시제가 표현된다.

(20) ㄱ. 저 아가씨는 매우 바쁘다.　　　　　　　　[바쁘- + -다]
　　　ㄴ. 사과해야 할 사람은 저 손님이다.　　　　 [손님 + -이- + -다]

(21) ㄱ. 부처님의 은덕이 정말로 대단하구나.　　　 [대단하- + -구나]
　　　ㄴ. 김철수 군은 정말로 착한 학생이구나.　　　[학생 + -이- + -구나]

(22) ㄱ. 이 반에서 누가 키가 제일 크냐?　　　　　 [크- + -냐]
　　　ㄴ. 영수 씨가 그렇게 돈이 많은가?　　　　　 [많- + -은가]

(20)에는 어간에 평서형 종결 어미인 '-다'가, (21)에는 어간에 감탄형의 종결 어미인 '-구나'가, (22)에는 어간에 의문형의 종결 어미인 '-으냐'와 '-은가'가 실현되어서 현재 시제를 표현하였다.

---

4) 동사의 의문형과 형용사나 서술격 조사의 종결형에서는 특정한 시제 선어말 어미를 실현하지 않음으로써 현재 시제를 나타낸다. 이러한 현상에 대하여 현재 시제를 나타내는 무형의 형태소인 '-∅-'를 설정하고, 이 '-∅-'가 현재 시제를 나타내는 것으로 설명할 수도 있다.

(나)-2. 관형사형의 현재 시제

관형사형의 현재 시제는 동사에서는 '-는'으로 실현되고, 형용사나 서술격 조사에서는 '-은'으로 실현된다.

(23) ㄱ. 와인을 많이 먹는 프랑스 사람들은 혈색이 좋다.
　　　ㄴ. 박 선생은 운동장에서 자전거를 타는 학생들을 모두 쫓아낸다.
(24) ㄱ. 마음씨 좋은 마을 사람들은 술도 잘 마셨다.
　　　ㄴ. 독서의 계절인 가을에 오히려 책이 덜 팔린다.

(23)에서 동사인 '먹다'와 '타다'의 현재 시제 관형사형은 '-는'으로 실현되었다. 반면에 (24)에서 형용사인 '좋다'와 서술격 조사인 '-이다'의 현재 시제 관형사형은 각각 '-은'으로 실현되었다.

(다) 미래 시제

'미래 시제(未來時制)'는 사건시가 발화시보다 나중인 시제이다. 미래 시제는 일반적으로 선어말 어미인 '-겠-'과 '-으리-'나 관형사형 어미인 '-을'로써 표현된다. 그리고 때로는 '내일, 모레, 글피, 곧'처럼 미래를 나타내는 부사어로써 실현되기도 한다.

(다)-1. 종결형의 미래 시제

종결형에서 표현되는 미래 시제는 선어말 어미 '-겠-'과 '-으리-'로써 실현되는데, 일반적으로는 '-겠-'이 많이 쓰인다.

(25) ㄱ. 내일도 바람이 많이 불겠다.
　　　ㄴ. 내가 예방주사를 먼저 맞겠다.
　　　ㄷ. 나도 그 짐을 들겠다.

'-겠-'은 미래 시제의 선어말 어미로서 발화시(현재) 이후에 일어날 것으로 추정되는 일에 대하여 표현하고 있다. 곧 (ㄱ)에서는 '내일도 바람이 많이 불다'라는 일을 추측하고 있으며, (ㄴ)에서는 '내가 예방주사를 먼저 맞다'라는 일에 대한 의지를 나타내고 있다.

그리고 (ㄷ)에서는 '내가 그 짐을 든다'라는 내용에 대한 가능성을 표현하였다.

종결형의 미래 시제는 '-겠-'뿐만 아니라 선어말 어미 '-으리-'로도 실현된다.

(26) ㄱ. 지금 곧장 다녀오리다.
     ㄴ. 내일은 틀림없이 비가 내리리라.
     ㄷ. 언제 출발하리까?
     ㄹ. 내 반드시 돌아오리니 꼭 기다려 다오.

(ㄱ)에서 '-으리-'는 '지금 곧장 다녀오는 일'에 대한 의도를 나타내며, (ㄴ)에서 '-리-'
는 '내일 비가 내리는 일'에 대한 추측을 나타낸다. 선어말 어미 '-으리-'는 (34)처럼 '-
다, -라, -까, -니' 등과 같이 몇 종류의 어말 어미와만 결합할 수 있는 제약이 있다.

그런데 '-겠-'과 '-으리-'는 미래를 나타내는 시간 표현으로도 볼 수 있지만, 문장
으로 표현되는 내용에 대하여 화자의 '추측, 의도, 가능성' 등을 표현하는 '서법 표현'
으로 다룰 수도 있다.(이 책 221쪽 참조.)

(다)-2. 관형사형의 미래 시제

관형사형의 미래 시제는 일반적으로 어말 어미인 '-을'로써 실현된다.

(27) ㄱ. 김영애 씨도 내일 부산으로 떠날 예정이다.
     ㄴ. 경주에서 일할 사람은 손을 드시오.

(ㄱ)에서 '떠날'과 (ㄴ)의 '일할'은 각각 '떠나다'와 '일하다'의 어간에 관형사형 어미 '-(으)
ㄹ'을 실현한 표현인데, 둘 다 발화시 이후에 일어날 일에 대한 미래 시제의 표현이다.

미래 시제 표현은 '-을 것이다'로도 실현되는데, 이는 미래를 나타내는 관형사형 어
미인 '-을'에 의존 명사인 '것'과 서술격 조사인 '-이다'가 결합된 형태이다.

(28) ㄱ. 반드시 수출 목표 100억 달러를 달성해야 할 것입니다.   [→ 하겠다]
     ㄴ. 내일은 비가 올 것입니다.   [→ 오겠다]
     ㄷ. 나도 그 바위쯤은 들 것이다.   [→ 들겠다]

(28)의 '-을 것이'도 '-겠-'과 마찬가지로 여러 가지의 서법적인 의미를 나타내는데, (ㄱ)에서는 '의지', (ㄴ)에서는 '추측', (ㄷ)에서는 '가능성'의 의미를 나타낸다. 따라서 (28)에 쓰인 '-을 것이'는 선어말 어미인 '-겠-'으로 바꾸어서 표현할 수 있다.

(라) 동작상

〈 동작상의 개념 〉 '동작상(動作相, aspect)'은 동사가 표현하는 움직임이 시간 속에서 어떠한 모습으로 이루어지는가를 나타내는 언어적인 표현이다.(나진석 1971:115) 곧, 동작상은 '진행'과 '완료' 등의 동작이 일어나는 모습을 언어적으로 표현하는 문법 범주이다.

동작상의 종류를 설정하는 방법은 학자마다 매우 다르지만, 고등학교 문법(2010:182)에서는 동작상의 종류로 '진행상'과 '완료상'만을 설정하고 있다.

첫째, '진행상(進行相, progressive)'은 시간의 흐름 속에서 어떤 동작이 일정한 시간 동안 진행되고 있음을 언어적으로 표현하는 것이다.

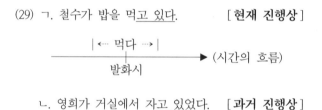

(29) ㄱ. 철수가 밥을 먹고 있다.　　　　[**현재 진행상**]

　　　ㄴ. 영희가 거실에서 자고 있었다.　[**과거 진행상**]

(ㄱ)에서 '먹고 있다'는 '현재 진행'의 동작상으로서, 발화시(= 현재)를 기준으로 하여 그 전후에 일정한 시간적인 폭을 가지면서 '먹는 동작'이 일어남을 나타낸다. (ㄴ)에서는 '과거 진행'으로서 발화시 이전의 어느 시점(= 과거의 시간)을 기준으로 하여 그 전후에 '자는 동작'이 진행되고 있음을 표현한 것이다.

둘째, '완료상(完了相, perfective)'은 과거로부터 진행되어 오던 어떠한 동작이 발화시(현재)에 완결되었음을 언어적으로 표현하는 것이다.

(30) ㄱ. 이 아이가 밥을 먹어 버린다.   [**현재, 완료상**]

$$\cdots \to \cdots \to 먹다 \cdots \to \cdots \to \ |$$
발화시(=현재)   (시간의 흐름)

ㄴ. 한국 팀은 이란 팀의 공격을 끝까지 잘 막아 내었다.   [**과거, 완료상**]

$$\cdots \to \cdots \to 막다 \cdots \to \cdots \to \ |$$
발화시(=현재)   (시간의 흐름)

(ㄱ)에서 '먹어 버린다'는 과거 어느 때부터 시작된 '먹는 동작'이 발화시(현재)에 끝났음(완료됨)을 나타낸다. 마찬가지로 (ㄴ)에서 '막아 내었다'도 과거의 어느 때로부터 '막는 동작'을 시작하여 과거의 어떤 때에 그 동작이 끝났음을 나타낸다.

〈 **동작상의 실현 방법** 〉 국어의 동작상은 보조 용언이나 연결 어미를 통해서 표현된다.(고등학교 문법 2010:182)

ⓐ **진행상의 실현 방법** : 진행상이 보조 용언이나 연결 어미를 통해서 표현될 수 있다. 첫째, 본용언과 보조 용언 구성에서 보조 용언을 통하여 진행상이 표현될 수 있다.

(31) ㄱ. 여름이 되니 많은 사람들이 해운대에서 놀고 있다.
ㄴ. 환자가 약이 없어서 다 죽어 간다.
ㄷ. 날이 밝아 온다.

(31)에서는 본용언인 '놀다, 죽다, 밝다'의 어간에 보조 용언인 '-고 있다, -아 가다, -아 오다'를 실현해서 동작이 계속되고 있음을 표현하고 있다. 이들 가운데에서 (ㄱ)에서 '-고 있다'는 어떠한 동작이 단순하게 진행되고 있음을 나타낸다. 이에 반해서 (ㄴ)의 '-아 가다'는 본용언이 뜻하는 행동이나 상태가 화자에게 멀어지거나 약해지면서 계속 진행됨을 나타내며, (ㄷ)의 '-아 오다'는 본용언이 뜻하는 행동이나 상태가 화자에게 가까워지거나 강해지면서 계속 진행됨을 나타낸다.

둘째, 이어진 문장에서는 연결 어미로써 진행상이 표현될 수 있다.

(32) ㄱ. 영수는 노래를 부르면서 자전거를 탔다.
ㄴ. 어머니께서는 손님을 맞이하느라고 정신이 없으셨다.

(32)의 이어진 문장에서는 연결 어미인 '-으면서'와 '-느라고' 등을 통해서, 앞절의 서술어가 표현하는 '부르다'와 '맞이하다'의 동작이 진행되면서 뒷절의 동작이 이루어짐을 표현한다.

ⓑ **완료상의 실현 방법** : 완료상은 본용언의 뒤에 실현된 보조 용언이나, 이어진 문장에 실현되는 연결 어미로써 표현될 수 있다.

첫째, 본용언과 보조 용언 구성에서 보조 용언을 통하여 완료상이 표현될 수 있다.

(33) ㄱ. 그 남자는 도박에 빠져서 평생 모은 돈을 다 <u>써 버렸다</u>.
ㄴ. 박지성 선수는 부상을 <u>견디어 내었다</u>.
ㄷ. 권율 장군은 적장을 <u>베고 나서</u>, 말을 달려 본진으로 돌아왔다.

(34) ㄱ. 어떤 여인이 버스 옆에 <u>서 있다</u>.
ㄴ. 아버님은 돈을 장롱 속에 <u>숨겨 두었다</u>.
ㄷ. 나는 예금 통장의 비밀번호를 수첩에 <u>적어 놓았다</u>.

(33)에서는 보조 용언인 '-어 버리다, -어 내다, -고 나다'를 통해서 본용언인 '쓰다, 견디다, 베다'가 표현하는 동작이 완전히 끝남을 표현하고 있다. 이외에도 (34)의 '-어 있다, -어 두다, -어 놓다' 등의 보조 용언도 완료상을 나타내는데, 이들은 어떠한 동작이 끝나고 난 다음에 그 동작의 결과가 지속되는 의미를 나타낸다.

둘째, 이어진 문장에서는 연결 어미로써 완료상이 표현될 수 있다.

(35) ㄱ. 관광객들은 입장료를 <u>내고</u> 민속촌으로 들어갔다.
ㄴ. 경찰관이 사무실로 들어오는 것을 <u>보고서</u> 도둑은 뒷문으로 달아났다.
ㄷ. 아이는 공부를 <u>하다가</u> 잠이 들었다.
ㄹ. 현대인은 너무 많이 <u>먹어서</u> 건강에 탈이 생긴다.
ㅁ. 아무리 값비싼 고기도 먹어 <u>보아야</u> 맛을 알지.
ㅂ. 손님들이 <u>도착하자</u> 곧 비가 왔다.
ㅅ. 속이 안 좋아서 음식을 <u>먹자마자</u> 토해 버렸다

(35)의 이어진 문장에서는 연결 어미인 '-고, -고서, -다가, -아서/-어서, -아야/-어야, -자, -자마자'를 통해서, 앞절의 서술어로 실현된 동사의 동작이 완전히 끝나고 나서 뒷절의 동작이 일어남을 나타낸다.

【 더 배우기 】

{ '-겠-'과 '-으리-'의 서법 기능 }

선어말 어미인 '-겠-'과 '-으리-'는 고등학교 문법(2010:180)에서 '미래 시제의 선어말 어미'로 처리하고 있다. 하지만 이들 어미는 시제를 표현하는 것이 아니라, '추측'이나 '의지, 가능성' 등과 같은, 문장의 객관적인 내용(명제)에 대하여 화자의 심리적인 태도를 나타내는 표현으로도 볼 수 있다.(나진석 1971:111)

    (1) ㄱ. 설악산에는 **벌써** 단풍이 들었겠다.   [과거의 일에 대한 추측]
        ㄴ. **지금**은 진주에도 눈이 내리겠다.   [현재의 일에 대한 추측]
        ㄷ. **내일**은 틀림없이 맑겠다.   [미래의 일에 대한 추측]

예를 들어서 (ㄱ), (ㄴ), (ㄷ)에서 모두 선어말 어미 '-겠-'이 쓰였다. 그런데 만일 '-겠-'이 발화시 이후의 일에 대한 표현(미래 시제)만을 나타낸다면, (ㄱ)과 (ㄴ)에서 쓰인 시간 부사어 '지금, 벌써'와 의미적으로 충돌할 수 있다. 이러한 점에서 '-겠-'은 시간을 나타내는 표현이라기보다는 (ㄱ)에서는 과거의 일에 대한 추측, (ㄴ)에서는 현재의 일에 대한 추측, (ㄷ)에서는 미래의 일에 대한 추측을 표현하는 것으로 볼 수 있다.

    (2) ㄱ. 내일도 바람이 많이 불겠다.   [추측]
        ㄴ. 제가 먼저 먹겠습니다.   [의지/의도]
        ㄷ. 나도 그 정도는 마시겠다.   [가능성/능력]

    (3) ㄱ. 내일은 일찍 일어나리라.   [의지]
        ㄴ. 김 교수님도 부산에 도착했으리라.   [추측]

(2)에서 쓰인 '-겠-'은 (ㄱ)에서는 문장의 전체 내용에 대한 말하는 사람의 추측을 나타내며, (ㄴ)에서는 의지를 나타내고, (ㄷ)에서는 가능성을 나타낸다. 그리고 (3)에서 쓰인 '-으리-'는 (ㄱ)에서는 말하는 사람의 의지를 나타내며, (ㄴ)에서는 추측을 나타낸다.

이처럼 선어말 어미인 '-겠-'과 '-으리-'는 '추측, 의지, 가능성' 등 문장의 객관적인 내용(명제)에 대하여 화자의 심리적인 태도를 나타내기도 하는데, '-겠-'과 '-으리-'에 나타나는 이러한 기능을 '서법(敍法, 樣態性, modality/mood)'이라고 한다.

6.4. 피동 표현

문장에서는 주어로 쓰인 주체가 어떠한 행위를 스스로의 힘으로 수행하는 방식으로 표현할 수도 있고, 주체가 다른 사람에게 어떠한 행위를 당하는 방식으로 표현할 수도 있다. 이와 같은 차이에 따라서 문장을 '능동문'과 '피동문'으로 구분할 수 있다.

6.4.1. 피동 표현의 개념

〈**피동문의 개념**〉 주어로 표현되는 대상(주체)이 스스로의 힘으로 행하는 행위나 동작을 '능동(能動, active)'이라고 한다. 반면에 주어로 표현되는 대상이 다른 주체에 의해서 당하는 동작을 '피동(被動, passive)'이라고 한다.

> (1) ㄱ. 화가 난 원숭이가 개를 마구 <u>물었다</u>.
>   ㄴ. 철수는 문법책을 쉽게 <u>읽었다</u>.
>
> (2) ㄱ. 개가 화가 난 원숭이에게 마구 <u>물렸다</u>.
>   ㄴ. 문법책이 철수에게 쉽게 <u>읽어졌다</u>.

(1)에서 '물었다'와 '읽었다'로 표현되는 동작은 주체인 '원숭이'와 '철수'가 스스로 행하는 동작인데, 이처럼 주체가 스스로 행하는 동작을 '능동'이라고 한다. 반면에 (2)에서 (ㄱ)의 '물렸다'로 표현되는 동작은 주어로 표현되는 '개'가 '원숭이'에게 당하는 동작이며, (ㄴ)의 '읽어졌다'도 문장의 주어인 '문법책'이 '철수'에게 당하는 동작이다. (2)의 '물렸다'와 '읽어졌다'처럼 주체가 다른 이에게 동작을 당하는 것을 '피동'이라고 한다.

그리고 (1)처럼 능동으로 표현된 문장을 '능동문(能動文, active sentence)'이라고 하고, (2)처럼 피동으로 표현된 문장을 '피동문(被動文, passive sentence)'이라고 한다. 끝으로 (1)의 능동문을 (2)의 피동문으로 바꾸는 문법적인 방법을 '피동법(被動法, passivization)'이라고 한다.

〈**피동문의 형성 절차**〉 능동문과 피동문 사이에는 다음과 같은 통사적인 대응 관계가 나타난다.

(3) ㄱ. 능동문: <u>주어</u> <u>목적어</u> <u>서술어</u> [능동사, 타동사]

ㄴ. 피동문: 주어 부사어 서술어 [피동사, 자동사]

(4) ㄱ. 능동문 : 늑대가 [주어]   토끼를 [목적어]   잡았다 [서술어, 타동사]

ㄴ. 피동문 : 토끼가 [주어]   늑대에게 [부사어]   잡혔다 [서술어, 자동사]

(3ㄱ)의 능동문에서는 '잡다'와 같은 타동사가 서술어로 쓰였고 (3ㄴ)의 피동문에서는 '잡히다'와 같은 자동사가 서술어로 쓰였다. 이처럼 서술어가 타동사에서 자동사로 교체됨에 능동문에서 주어로 표현된 '늑대'는 피동문에서 '늑대에게'(부사어)로 실현되었고, 능동문에서 목적어로 표현된 '토끼'는 피동문에서 '토끼가'(주어)로 실현되었다.

이렇게 통사적인 변화가 일어난 결과로 피동문에서 부사어로 실현된 체언에는 '-에게/-한테/-에/-에 의해서' 등이 붙을 수 있다.

(5) ㄱ. 금강산에서 불곰이 사냥꾼<u>에게</u> 잡혔다.   [유정 명사]

ㄴ. 어리광을 부리는 아이는 아버지<u>한테</u> 매달렸다.

(6) ㄱ. 토끼의 발이 올무<u>에</u> 감겼다.   [무정 명사]

ㄴ. 전깃줄이 바람<u>에</u> 끊겼다.

(7) ㄱ. 온 나라가 왜군<u>에 의해서</u> 짓밟혔다.   [유정/무정 명사]

ㄴ. 다리가 태풍<u>에 의해서</u> 끊어졌다.

먼저 '-에게'와 '-한테'는 (5)에서처럼 체언이 '사냥꾼'이나 '아버지'와 같이 유정(有情)의 체언인 경우에 실현된다. 이 중에서 (ㄱ)에 쓰인 '-에게'는 대체로 글말(文語)에 쓰이는 반면에 (ㄴ)에 쓰인 '-한테'는 입말(口語)에 쓰인다. (5)의 '-에게'와 '-한테'가 유정 체언에 쓰이는 반면에 (6)의 '-에'는 '올무'나 '바람'과 같은 무정(無情)의 체언에 쓰인다. (7)의 '-에 의해서'는 (ㄱ)의 '왜군'과 같은 유정 체언과 (ㄴ)의 '태풍'과 같은 무정 체언에 두루 쓰일 수 있다. 그리고 '-에 의해서'는 대체로 글말에서 쓰이며, (ㄴ)처럼 피동문의 서술어가 '-어지다'로 형성된 통사적 피동문에서 자연스럽게 쓰인다.

〈**능동문과 피동문의 의미적인 차이**〉 화자가 능동문을 선택하느냐 피동문을 선택하느냐는, 말하는 사람의 시점(視點, point of view)에 따라서 임의적으로 결정된다. 그러므로 능동문과 피동문은 화용론적인 기능에서만 차이가 날 뿐이고, 지시적인 의미에서는 차이가 나지 않는 것이 일반적이다.

그런데 능동문과 피동문에 수량사가 표현된 경우에는 두 문장의 지시적인 의미까지 차이가 나는 수가 있다.

(8) 능동문 : 세 명의 여자가 남자 한 명을 찼다.

(9) ㄱ. 세 명의 여자가 <u>모두 특정한</u> 남자 한 명을 찼다.
　　ㄴ. 세 명의 여자가 <u>각각</u> 남자 한 명씩을 찼다.

(10) 피동문 : 남자 한 명이 세 명의 여자에게 차였다.

(8)의 문장은 능동문인데 이 문장은 두 가지의 의미로 해석할 수 있다. 곧 (9ㄱ)과 같이 '세 명의 여자가 모두 특정한 남자 한 명을 찼다.'는 의미로 해석될 수도 있고, (9ㄴ)처럼 '세 명의 여자가 각각 다른 남자 한 명씩을 찼다.'는 의미로 해석될 수도 있다. 그런데 (8)의 문장을 피동문으로 바꾼 (10)의 문장은 단일한 의미, 곧 (9ㄱ)의 의미로만 해석된다. 따라서 (8)처럼 수량사가 표현된 능동문의 의미는 그것을 피동문으로 바꾼 (10)의 문장과는 지시적인 의미가 달라질 수 있다는 것을 확인할 수 있다.

6.4.2. 피동문의 유형

피동문은 서술어가 형성되는 문법적인 방법에 따라서 '파생적 피동문'과 '통사적 피동문'으로 나뉜다. 여기서 파생적 사동문과 통사적 사동문에서 서술어가 형성되는 방법을 간략하게 보이면 다음과 같다.

유형	피동문 서술어의 짜임	용례
파생적 피동문	타동사 어근 + -{이, 히, 리, 기}- + -다	보이다, 먹히다, 들리다, 안기다
	체언 + {-되-} + -다	구속되다, 관련되다, 이해되다
통사적 피동문	용언 어간 + -어지다	먹어지다, 들어지다, 안아지다
	용언 어간 + -게 되다	먹게 되다, 죽게 되다, 가게 되다

[표 4. 피동문의 서술어가 형성되는 방법]

(가) 파생적 피동문

〈 **파생적 피동문의 개념** 〉 '파생적 피동문'은 능동사(타동사)의 어근에 파생 접사가 붙어서 형성된 피동사를 서술어로 실현해서 형성되는 피동문이다.

(11) ㄱ. 철수는 산을 <u>보았다</u>.
　　 ㄴ. 산이 철수에게 <u>보였다</u>.

(12) ㄱ. 철수는 아버지의 건강을 늘 <u>걱정하였다</u>.
　　 ㄴ. 아버지의 건강이 철수에게 늘 <u>걱정되었다</u>.

파생적 피동문에서 서술어로 쓰이는 피동사는 (11ㄴ)처럼 능동사(= 타동사)의 어근에 파생 접사가 붙거나 (12ㄴ)처럼 '체언'에 파생 접사인 '-되-'가 붙어서 형성된다. 이들 피동사는 어근에 파생 접사가 붙어서 형성되므로, 피동사를 통해서 성립되는 피동문을 '파생적 피동문'이라고 한다.

〈 **파생적 피동문에서 피동사를 형성하는 방법** 〉 피동사는 능동사의 어근에 파생 접사가 붙어서 형성되는데, 피동사는 다음의 두 가지 방법으로 형성된다.

첫째, 능동사의 어근에 파생 접사 '-이-, -히-, -리-, -기-' 등이 붙어서 피동사가 될 수 있다.

(13) ㄱ. 우리는 멀리서 금강산을 <u>보았다</u>.
　　 ㄴ. 변강쇠가 곰을 <u>잡았다</u>.
　　 ㄷ. 나는 곰의 비명을 <u>들었다</u>.
　　 ㄹ. 어머니가 아기를 <u>안는다</u>.

(14) ㄱ. 멀리서 우리에게 금강산이 <u>보였다</u>.
　　 ㄴ. 곰이 변강쇠한테 <u>잡혔다</u>.
　　 ㄷ. 곰의 비명이 나에게 <u>들렸다</u>.
　　 ㄹ. 아기가 어머니에게 <u>안긴다</u>.

(13)은 능동문이고 (14)는 그에 대응되는 피동문이다. (14)의 피동문에서 서술어로 쓰인 '보이다, 잡히다, 들리다, 안기다'는, (13)에 쓰인 능동사 '보다, 잡다, 듣다, 안다'의 어근인 '보-, 잡-, 듣-, 안-'에 파생 접사인 '-이-, -히-, -리-, -기-'가 붙어서 파생된

피동사이다.

둘째, '명사 + -하다'의 짜임으로 된 능동사의 어근(= 명사)에 파생 접미사인 '-되(다)'가 붙어서 피동사가 될 수 있다.

    (15) ㄱ. 수많은 학자들이 줄기세포를 연구한다.

          ㄴ. 상인들이 신상품을 많이 반품하였다.

    (16) ㄱ. 줄기세포가 수많은 학자들에 의해서 연구된다.

          ㄴ. 신상품이 상인들에 의해서 많이 반품되었다.

(16)의 피동문에서 서술어로 쓰인 '연구되다'와 '반품되다'는, (15)의 능동문에서 쓰인 능동사 '연구하다'와 '반품하다'의 명사 어근인 '연구, 반품'에 피동 접사인 '-되-'가 붙어서 파생된 피동사이다.

이처럼 능동사의 어근에 파생 접사가 붙어서 피동사가 형성되는 양상을 요약하면 다음과 같다.

능동사	피동 접미사	주동사 → 피동사
타동사	-이-	놓다 → 놓이다, 따다 → 따이다, 보다 → 보이다, 섞다 → 섞이다, 쓰다 → 쓰이다, 차다 → 차이다, 파다 → 파이다
	-히-	닫다 → 닫히다, 막다 → 막히다, 묻다 → 묻히다, 박다 → 박히다, 밟다 → 밟히다, 얹다 → 얹히다, 잡다 → 잡히다
	-리-	들다 → 들리다, 달다 → 달리다, 듣다 → 들리다, 매달다 → 매달리다, 물다 → 물리다, 풀다 → 풀리다
	-기-	감다 → 감기다, 끊다 → 끊기다, 담다 → 담기다, 안다 → 안기다, 찢다 → 찢기다
체언	-되-	연구하다 → 연구되다, 반품하다 → 반품되다, 안심하다 → 안심되다

[표 5. 피동사의 형성 방법]

〈 **피동사 파생의 제약** 〉 능동사로 쓰이는 타동사가 모두 피동사로 파생될 수 있는 것은 아니며, 오히려 타동사 중에는 피동사로 파생되지 않는 것이 더 많다.

(17) ㄱ. 느끼다, 돕다, 바라다, 받다, 배우다, 알다, 얻다, 잃다, 주다, 참다

　　ㄴ. 고집하다, 공양하다, 사냥하다, 사랑하다, 수색하다, 일하다, 자랑하다, 희망하다

　　ㄷ. 깨우다, 날리다, 높이다, 솟구다, 숨기다, 익히다, 좁히다, 죽이다

(ㄱ)의 타동사는 파생적 피동사를 파생하지 못한다. 그리고 '-하다'가 붙어서 된 타동사 중에서 (ㄴ)의 '고집하다/*고집되다, 공양하다/*공양되다, 사냥하다/*사냥되다, 사랑하다/*사랑되다, 수색하다/*수색되다, 일하다/*일되다, 자랑하다/*자랑되다, 희망하다/*희망되다' 등도 접미사 '-되-'에 의한 피동사를 파생하지 못한다. 그리고 (ㄷ)처럼 어근에 사동 접미사가 붙어서 이미 사동사로 파생된 '깨우다, 날리다, 높이다, 솟구다' 등도 피동사로 파생될 수가 없다. 이러한 형태론적 제약 때문에 능동사를 피동사로 만드는 '-이-, -히-, -리-, -기-' 등은 굴절 접사가 아니라 파생 접사로 처리된다.

(나) 통사적 피동문

〈 통사적 피동문의 개념 〉 '통사적 피동문'은 용언의 어간에 보조 용언인 '-어지다'와 '-게 되다'를 실현해서 만든 피동문이다.

(18) ㄱ. 아이가 이 책을 잘 <u>읽었다</u>.

　　ㄴ. 이 책이 아이한테 잘 <u>읽어졌다</u>.

(19) ㄱ. 농부는 물을 <u>마셨다</u>.

　　ㄴ. 농부는 물을 <u>마시게 되었다</u>.

통사적 피동문의 서술어는 (18ㄴ)에서처럼 능동사의 어간에 보조 용언인 '-어지다'가 붙어서 형성되거나, (19ㄴ)에서처럼 능동사의 어간에 보조 용언인 '-게 되다'가 붙어서 형성된다. 이렇게 본용언에 보조 용언인 '-어지다'나 '-게 되다'가 붙은 것은 형태론적인 문법 현상이 아니고 통사론적인 문법 현상이다. 이러한 이유에서 '-어지다'와 '-게 되다'가 붙어서 실현되는 피동문을 '통사적 피동문'이라고 한다.

〈 통사적 피동문에서 서술어를 형성하는 방법 〉 통사적 피동문에서 서술어로 쓰이는 용언을 형성하는 방법은 '-어지다'에 의한 방법과 '-게 되다'에 의한 방법이 있다.

첫째, 통사적 피동문은 능동문에서 서술어로 쓰인 용언에 보조 용언인 '-어지다'를 실현해서 형성될 수 있다.

(20) ㄱ. 정원사들이 나뭇가지를 모조리 <u>잘랐다</u>.

ㄴ. 어린 학생들이 교실의 문을 <u>고쳤다</u>.

(21) ㄱ. 나뭇가지가 정원사들에 의해서 모조리 <u>잘라졌다</u>.

ㄴ. 교실의 문이 어린 학생들에 의해서 <u>고쳐졌다</u>.

(20)의 문장은 능동문이고 (21)의 문장은 (20)에 대응되는 피동문이다. (20)의 능동문에서는 능동사인 '자르다'와 '고치다'가 서술어로 쓰였는데, (21)의 피동문에서는 능동사의 어간에 보조 용언 '-어지다'가 실현되어 '잘라지다'와 '고쳐지다'가 실현되었다.

둘째, 통사적 피동문은 능동문에서 서술어로 쓰인 용언의 어간에 보조 용언인 '-게 되다'를 붙여서 실현될 수도 있다.(고등학교 문법 2010:184)

(22) ㄱ. 나는 배가 아파서 저녁을 <u>굶었다</u>.

ㄴ. 그의 범행 사실이 곧 <u>드러났다</u>.

(23) ㄱ. 나는 배가 아파서 저녁을 <u>굶게 되었다</u>.

ㄴ. 그의 범행 사실이 곧 <u>드러나게 되었다</u>.

(22)의 능동문에서는 '굶다'와 '드러나다'가 능동사로 쓰였는데, (23)의 통사적 피동문에서는 능동사의 어간에 보조 용언인 '-게 되다'를 실현하여 '굶게 되다'와 '드러나게 되다'가 피동문의 서술어로 쓰였다. 그런데 (24)에서 능동사인 '굶다'와 '드러나다'가 과정성과 더불어 행동성의 의미를 나타내는 데에 반해서, (25)에서 '굶게 되다'와 '드러나게 되다'는 과정성만 남고 행동성의 의미가 사라져 버린다. 이와 같은 이유로 '-게 되다'를 통한 (25)의 문장을 피동문으로 처리할 수 있는 것이다.

〈 통사적 피동문의 특징 〉 통사적 피동문의 서술어는 보조적 연결 어미와 보조 동사로서 성립한다. 따라서 통사적 피동문은 능동사의 어근에 파생 접미사가 붙어서 형성되는 파생적 피동문과는 몇 가지 점에서 차이가 있다.

첫째, 통사적 피동문을 형성할 때에 '-어지다'와 '-게 되다'가 붙을 수 있는 어간의 종류에는 제약이 적다.

(24) ㄱ. { 먹-, 타-, 막-, 벗-, 읽-, 쓰-, 크-, 밝-, 켜-, 붉-, 흐리-, ……} + -아/-어지다

ㄴ. { 먹-, 타-, 막-, 벗-, 읽-, 쓰-, 크-, 밝-, 켜-, 붉-, 흐리-, ……} + -게 되다

(24)에서 '-어지다'와 '-게 되다'에서 '-어'와 '-게'는 용언의 활용 어미(굴절 접사)이기 때문에 이들 활용 어미가 붙을 수 있는 어간의 종류에 제약을 받지 않는다. 이에 반해서 앞의 예문 (17)을 통해서 소개한 바와 같이, 능동사로 쓰이는 모든 타동사가 피동사로 파생될 수 있는 것은 아니다. 오히려 타동사 중에는 피동사로 파생되지 않는 것이 더 많다.

둘째, 능동사에 피동 접미사가 붙어서 형성된 피동사에 또다시 '-어지다'가 붙을 수가 있다. 이러한 문장은 피동의 의미가 중복되어서 표현된 것이다.

(25) 오늘은 문법책을 잘 <u>읽었다</u>.

(26) ㄱ. 오늘은 문법책이 잘 <u>읽힌다</u>.

ㄴ. 오늘은 문법책이 잘 <u>읽어진다</u>.

(27) [?]오늘은 문법책이 잘 <u>읽혀진다</u>.

(26)의 문장은 (25)의 능동문을 피동문으로 바꾼 것이다. 여기서 (26ㄱ)은 파생적 피동문인데, 서술어로 쓰이는 피동사는 능동사인 '읽다'의 어근에 피동 접미사인 '-히-'가 붙어서 형성되었다. 그리고 (26ㄴ)은 통사적 피동문으로서 '읽다'의 어간에 보조 용언인 '-어지다'가 붙어서 서술어가 형성되었다. 이에 반해서 (27)에서 '읽혀지다'는 '읽다'의 어근에 피동 접미사가 붙어서 '읽히다'로 파생된 다음에, 여기에 또다시 '-어지다'가 붙어서 된 서술어이다. 따라서 (27)의 문장은 피동 표현이 겹쳐진 표현으로서 일종의 '잉여 표현(剩餘表現, 군더더기 표현)'으로 볼 수 있다.

(다) '파생적 피동문'과 '통사적 피동문'의 의미적인 차이

용언의 어간에 파생 접미사인 '-이-, -히-, -리-, -기-'가 붙어서 되는 파생적 피동문은 서술어로 표현되는 행위가 비의도적으로 이루어짐을 뜻한다. 반면에 용언의 어간에 '-어지다'가 붙어서 실현되는 통사적 피동문은 서술어로 표현되는 행위가 의도적으로 이루어짐을 뜻한다.

(28) ㄱ. 탈주병의 옷이 철조망에 <u>걸렸다</u>.   [비의도성]

ㄴ. 수건이 빨랫줄에 겨우 <u>걸어졌다</u>.   [의도성]

(28)에서 (ㄱ)의 파생적 피동문에서는 '걸리다'로 표현되는 피동의 동작이 행위자의 의도 없이 이루어진 것으로 해석된다. 이에 반해서 (ㄴ)의 '-어지다'에 의한 통사적 피동문에서 '걸어지다'로 표현되는 피동의 동작은, 어떠한 행위자가 의도적으로 작용한 결과로 이루어진 것으로 해석된다.

통사적 피동문에 나타나는 의도성 때문에, 통사적 피동문의 쓰임이 자연스럽지 못한 때도 있다.

(29) ㄱ. 책상 위에 먼지가 많이 <u>쌓였다</u>.
　　 ㄴ. [?]책상 위에 먼지가 많이 <u>쌓아졌다</u>.

(30) ㄱ. 가시가 손에 <u>박혔다</u>.
　　 ㄴ. [?]가시가 손에 <u>박아졌다</u>.

(29)에서 (ㄱ)의 문장은 화자의 의도와 관계없이 먼지가 자연적으로 쌓이는 경우를 표현한 것이다. 이러한 일은 일상생활에서 흔히 일어나는 일이기 때문에 (ㄱ)의 문장은 자연스럽다. 반면에 (ㄴ)의 문장은 어떤 사람이 먼지를 의도적으로 쌓으려고 노력하여 이루어진 것으로 해석된다. 이러한 일은 일상생활에서 일어나기가 극히 드물다. 따라서 (ㄴ)의 문장이 자연스럽지 못한 문장으로 생각되는 것이다. 그리고 (30)에서 (ㄱ)의 파생적 피동문은 자연스럽지만, (ㄴ)의 통사적 피동문이 부자연스럽다. 이 또한 현실 세계에서 의도적으로 손에 가시를 박는 상황이 흔하게 발생하지 않기 때문이다.

【더 배우기】

1. 능동문과 피동문의 기능

특정한 '일'을 언어로 기술할 때, 여러 명제항(체언) 중에서 특정한 명제항을 주어로 선택하는 화자의 인식 작용을 '시점(視點, empathy)'이라고 한다.(김일웅, 1988:501) 화자는 이러한 시점의 기능에 따라서 자신이 관심을 많이 두고 있는 대상을 문장의 주어로 표현하려는 경향이 있다.

화자가 어떤 일을 능동문이나 피동문으로 표현하는 것은 '시점의 원리'에 따라서 결정된다. 곧, 능동문이나 피동문은 동일한 일에 대하여 화자가 시점만 다르게 해서 표현한 문장이다.

    (1) ㄱ. 호랑이가(주어) 토끼를(목적어) 잡았다.   [능동문]
       ㄴ. 토끼가(주어) 호랑이에게(부사어) 잡혔다.   [피동문]

예를 들어서 화자가 행위의 주체인 '호랑이'에 관심을 두어서 그것을 주어로 선택하여 표현하면 (ㄱ)과 같은 능동문이 성립된다. 반면에 화자가 행위의 대상인 '토끼'에 관심을 두어서 그것을 주어로 선택하게 되면 (ㄴ)과 같은 피동문이 되는 것이다.

2. 피동사가 목적어를 취하는 특수한 예

피동문에서 서술어로 쓰이는 피동사는 자동사이므로 피동문에서는 목적어가 나타나지 않는 것이 원칙이다. 하지만 피동문에 대응되는 능동문에 이중 목적어가 실현되어 있을 때에는, 피동문에 예외적으로 목적어가 나타날 수 있다.

    (2) ㄱ. 철수가 **영희**를 손목을 잡았다.   (← 철수가 **영희**의 손목을 잡았다.)
       ㄴ. **영희**가 철수에게 손목을 잡혔다.

예를 들어서 (ㄱ)은 '영희를'과 '손목을'을 목적어로 취하는 능동문이고, (ㄴ)은 (ㄱ)의 능동문에서 첫 번째 목적어로 쓰인 '영희'를 주어로 표현한 피동문이다. 이처럼 이중 목적어가 나타나는 능동문을 피동문으로 바꾸면 (ㄴ)처럼 예외적으로 목적어가 있는 피동문이 된다.

6.5. 사동 표현

　문장은 주체가 어떠한 행위를 직접 수행할 수도 있고, 다른 사람(사동주)이 주체(행동주)를 시켜서 어떠한 행위를 수행할 수도 있다. 이와 같이 행위를 수행하는 방법의 차이에 따라서, 문장을 '주동문'과 '사동문'으로 구분할 수 있다.

6.5.1. 사동 표현의 개념

　〈사동 표현의 개념〉 문장 속에서 주어로 표현되는 대상(주체)이 자기 스스로 하는 동작을 '주동(主動)'이라고 한다. 그리고 주체가 남으로 하여금 어떤 일을 하도록 시키는 동작을 '사동(使動, causative)'이라고 한다.

　　(1) ㄱ. 아기가 웬일인지 자꾸 <u>울었다</u>.
　　　　ㄴ. 인부들이 짐을 <u>쌌다</u>.

　　(2) ㄱ. 어머니가 아기를 <u>울렸다</u>.
　　　　ㄴ. 감독이 인부들에게 짐을 <u>싸게 하였다</u>.

(1)에서 주어로 표현된 '아기'와 '인부들'이 스스로 동작을 하는데, 이처럼 '주동'으로 표현된 문장을 '주동문(主動文)'이라고 한다. 반면에 (2)에서는 주어로 표현되는 '어머니'와 '감독'이 각각 '아기'와 '인부들'에게 어떠한 동작을 시키는데, 이와 같이 '사동'으로 표현된 문장을 '사동문(使動文, causative sentence)'이라고 한다. 그리고 주동문이 사동문으로 바뀌는 문법적인 절차를 '사동법(使動法, causativization)'이라고 한다.
　〈사동문의 형성 절차〉 사동문과 주동문은 통사적으로 다음과 같이 대응한다.

　　(3) 주동문 :　　　**동작주** [주어] + ······ + 주동사
　　　　　　　　　　　　　　↓
　　(4) ㄱ. **사동주**[주어] + **피사동주** { -에게/-한테, -에, -로 하여금, -를 } + ··· + 사동사
　　　　ㄴ. **사동주**[주어] + **피사동주** { -에게/-한테, -에, -로 하여금, -를 } + ··· + V-게 하다

　　(5) **아기가** [주어] 우유를 <u>먹었다</u>. [주동사]

(6) ㄱ. 어머니가 [주어: 사동주] **아기**에게 [부사어: 피사동주] 우유를 <u>먹였다</u>.

ㄴ. 어머니가 [주어: 사동주] **아기**에게 [부사어: 피사동주] 우유를 <u>먹게 했다</u>.

주동문은 기본적으로 (3)과 같이 '주어'와 그 주어가 직접 수행하는 동작을 풀이하는 '주동사'로 짜여 있다. (3)의 구조로 되어 있는 주동문을 (4)의 사동문으로 바꾸려면 다음과 같은 문법적인 절차를 거친다. 첫째, 주동문의 주동사는 사동문에서는 파생 접사가 붙어서 사동사로 바뀌거나 '용언의 어간(V) + -게 하다'의 형태로 바뀌어야 한다. 둘째, 사동문에서 남에게 어떠한 행동을 시키는 주체로서 '사동주(使動主, causer)'를 주어로 새롭게 도입하여 표현한다. 셋째, 주동문에서 주어로 표현되었던 체언이 사동문에서는 피사동주로 바뀌어서 부사어나 목적어로 표현된다. 이러한 문법적인 절차에 따라서 (5)의 주동문은 (6)과 같은 사동문으로 전환된다.

〈 피사동주의 실현 양상 〉 주동문에서 서술어로 쓰이는 용언의 종류에 따라서, 사동문에서 피사동주로 실현되는 문장 성분이 달라질 수 있다.

첫째, 주동문의 서술어가 형용사나 자동사일 때에는, 주동문에서 주어로 표현되었던 체언이 사동문에서는 목적어로 표현된다.

(7) ㄱ. **길**이[주어] 넓다.

ㄴ. **팽이**가[주어] 돈다.

(8) ㄱ. 인부들이[사동주] **길**을[목적어] 넓혔다.

ㄴ. 아이들이[사동주] **팽이**를[목적어] 돌린다.

(7)에서 주동문에서 주동사로 쓰인 '넓다'는 형용사이고 '돌다'는 자동사이다. 이때 (7)의 주동문에서 주어로 쓰였던 '길'과 '팽이'는 (8)의 사동문에서는 목적어로 실현된다.

둘째, 주동문의 서술어가 타동사일 때에는, 주동문에서 주어로 표현되었던 체언이 사동문에서는 부사어로 표현된다.

(9) ㄱ. **아이**가[주어] 옷을 입는다.

ㄴ. **철수**가[주어] 짐을 들었다.

(10) ㄱ. 할머니가[사동주] **아이**에게[부사어] 옷을 입힌다.

ㄴ. 선생님이[사동주] **철수**한테[부사어] 짐을 들게 하였다.

(9)의 주동문에서 서술어로 쓰인 '입다'와 '들다'는 타동사인데, 이러한 경우에는 주동문에서 주어로 실현되었던 말은 '-에게, -한테, -에, -로 하여금' 등이 붙어서 부사어로 실현된다. 곧 '아이'와 '철수'는 (10)의 사동문에서는 '아이한테'나 '철수에게'처럼 부사어로 실현되었는데, 이때 주동문의 목적어는 사동문에서도 그대로 목적어로 유지된다.

주동사의 성격	주동문	→	사동문
형용사 · 자동사	〈주어〉	→	〈목적어 : -을/-를〉
타동사	〈주어〉	→	〈부사어 : -에게, -한테〉

[표 1. 주동사의 성격에 따른 피사동주의 실현 형태]

6.5.2. 사동문의 유형

사동문의 유형으로는 어근에 파생 접미사가 붙어서 성립되는 '파생적 사동문'과 용언의 어간에 '-게 하다'를 실현하여서 성립되는 '통사적 사동문'이 있다. 파생적 사동문과 통사적 사동문에서 서술어가 형성되는 방법을 정리하면 다음과 같다.

유형	사동문 서술어의 짜임	용 례
파생적 사동문	용언 어근 + -{이, 히, 리, 기; 우, 구, 추; 애}- + -다	속이다, 묻히다, 들리다, 맡기다; 지우다, 솟구다, 낮추다; 없애다
	체언 + -시키- + -다	정지시키다, 감동시키다, 출발시키다
통사적 사동문	용언 어간 + -게 하다	속게 하다, 맡게 하다, 지게 하다 ; 밝게 하다, 뜨겁게 하다

[표 2. 사동문에서 서술어가 형성되는 방법]

(가) 파생적 사동문

〈 파생적 사동문의 개념 〉 '파생적 사동문'은 용언에 파생 접미사인 '-이-, -히-, -리-, -기- ; -우-, -구-, -추- ; -애-'를 실현하거나, 또는 체언에 파생 접사인 '-시키-'를 실현하여서 형성된 사동사를 통해서 실현되는 사동문이다.

(11) ㄱ. 멧돼지가 <u>죽었다</u>.

ㄴ. 인부들이 작업을 <u>중지했다</u>.

(12) ㄱ. 군인들이 멧돼지를 <u>죽였다</u>.

ㄴ. 감독이 인부들에게 작업을 중지<u>시켰다</u>.

(12)의 문장은 (11)의 주동문에 대한 사동문이다. (12)의 사동문 가운데에서 (ㄱ)의 '죽이다'는 주동사인 '죽다'의 어근에 사동 접사인 '-이-'를 붙여서 파생된 사동사이다. 그리고 (ㄴ)의 '중지시키다'는 주동사인 '중지하다'에서 명사 어근으로 쓰이는 '중지'에 사동 접사인 '-시키-'를 붙여서 파생된 사동사이다.

〈 **사동사의 형성 방법** 〉 파생적 사동문에서 서술어로 쓰이는 사동사는 다음과 같은 방법으로 형성된다.

첫째, 형용사인 주동사에 사동 접사가 붙어서 사동사가 될 수 있다.

(13) ㄱ. 교도소의 담이 <u>높다</u>.

ㄴ. 법무부에서 교도소의 담을 <u>높였다</u>.

'높다, 넓다, 낮다'는 형용사인데, 이들 형용사의 어근에 사동 접사인 '-이-, -히-, -추, -애-'가 붙어서 사동사인 '높이다, 넓히다, 낮추다'가 파생된다.

둘째, 자동사인 주동사에 사동 접사가 붙어서 사동사가 될 수 있다.

(14) ㄱ. 설탕이 물에 <u>녹았다</u>.

ㄴ. 요리사가 설탕을 물에 <u>녹였다</u>.

(15) ㄱ. 배우가 무대에 <u>섰다</u>.

ㄴ. 연출가가 배우를 무대에 <u>세웠다</u>.

'녹다, 맞다, 날다, 남다, 깨다(잠에서~), 솟다' 등은 자동사이다. 이들 자동사의 어근에 사동 접미사인 '-이-, -히-, -리-, -기- ; -우-, -구-'가 붙어서 사동사인 '녹이다, 맞히다, 날리다, 남기다 ; 깨우다, 솟구다'가 파생된다. 그리고 사동사인 '세우다(止, 建), 재우다(宿), 태우다(乘, 燒), 채우다(滿)'는 각각 주동사인 '서다, 자다, 타다, 차다'의 어근에 사동 접사인 '-이우-'가 붙어서 사동사가 되었는데, 사동 접사 '-이우-'는 사동 접사인 '-이-'와 '-우-'가 중복하여 표현된 것으로 볼 수 있다.

셋째, 타동사인 주동사에 사동 접사가 붙어서 사동사가 될 수 있다.

(16) ㄱ. 아이가 한과를 <u>먹었다</u>.
    ㄴ. 할머니가 아이에게 한과를 <u>먹였다</u>.

'먹다, 입다, 물다, 안다, 지다, 차다(着)' 등은 타동사인데, 이러한 타동사의 어근에 사동 접사인 '-이-, -히-, -리-, -기-, -우-, -이우-'가 붙어서 사동사인 '먹이다, 입히다, 물리다, 안기다, 지우다, 채우다(着)'가 파생된다.

넷째, '명사(어근) + -하다'의 짜임으로 된 동사에서 어근인 '명사'에 사동 접사인 '-시키-'를 붙여서 '명사 + -시키다'의 형식으로 사동사가 될 수 있다.

(17) ㄱ. 승합차가 <u>정지했다</u>.
    ㄴ. 교통 경찰관이 승합차를 <u>정지시켰다</u>.

'-하(다)'가 붙어서 동사로 파생될 수 있는 '정지, 공부, 고생' 등의 명사에 접미사인 '-시키(다)'가 붙어서 타동사인 '정지시키다, 공부시키다, 고생시키다' 등이 파생된다.

주동사	접미사	능동사 → 사동사
형용사	-이-	높다→높이다
	-히-	좁다→좁히다, 넓다→넓히다, 밝다→밝히다
	-추-	낮다→ 낮추다, 늦다 →늦추다
	-애-	없다→없애다
자동사	-이-	끓다→끓이다, 녹다→녹이다, 속다→속이다, 죽다→죽이다, 줄다→줄이다
	-히-	눕다→눕히다, 맞다→맞히다, 앉다→앉히다, 익다→익히다, 맞다→맞히다
	-리-	날다→날리다, 돌다→돌리다, 살다→살리다, 얼다→얼리다, 울다→울리다
	-기-	남다→ 남기다, 숨다 → 숨기다, 웃다 → 웃기다, 옮다 → 옮기다
	-우-	깨다→깨우다, 비다→비우다, 지다→지우다(除), 찌다(肥)→찌우다, 피다(發)→피우다(開)
	-구-	솟다→ 솟구다, 달다→달구다, 돋다→돋구다, 일다(成)→일구다
	-이우-	서다→세우다, 자다→재우다, 타다→태우다(乘, 燒), 차다→채우다(滿)

타동사	-이-	누다→누이다, 먹다→먹이다, 보다→보이다
	-히-	잡다→잡히다, 입다→입히다, 읽다→읽히다, 업다→업히다, 식다→식히다
	-리-	물다→물리다, 듣다→들리다, 들다→들리다, 얼다→얼리다, 알다→알리다
	-기-	안다→안기다, 뜯다→뜯기다, 벗다→벗기다, 맡다→맡기다, 감다→감기다
	-우-	지다→지우다(負)
	-이우-	차다→채우다(着)
명사+하다	-시키-	공부하다→공부시키다, 정지하다→정지시키다, 출발하다→출발시키다

[표 3. 사동사의 형성 방법]

피동사와 마찬가지로 주동사에 대응되는 사동사도 아주 제한적이다. 따라서 용언의 어근에 붙어서 주동사를 사동사로 만드는 '-이-, -히-, -리-, -기-, -우-, -구-, -추-, -애-, -이우-' 등은 굴절 접사가 아니라 파생 접사로 처리된다.

(나) 통사적 사동문

〈 **통사적 사동문의 성립** 〉 '통사적 사동문'은 주동사의 어간에 보조 용언인 '-게 하다'가 실현되어서 형성된 사동문이다.

(18) ㄱ. **심형래가** 영화를 찍었다.
　　 ㄴ. **아이들이** 내 방에서 놀았다.
　　 ㄷ. 119 **구급대가** 아이들을 구했다.
　　 ㄹ. **학생들이** 집에서 공부했다.

(19) ㄱ. 영화 제작사는 심형래<u>가</u> 영화를 찍<u>게 했다</u>.
　　 ㄴ. 나는 아이들<u>을</u> 내 방에서 놀<u>게 하였다</u>.
　　 ㄷ. 경찰은 119 구급대<u>에게</u> 아이들을 구하<u>게 하였다</u>.
　　 ㄹ. 교장은 학생들<u>로 하여금</u> 집에서 공부하<u>게 했다</u>.

(19)의 문장은 주동사에 '-게 하다'가 실현되어서 형성된 통사적 사동문이다. 이때 주동문에서 주어로 표현되던 체언이 통사적 사동문에서는 주어, 목적어, 부사어 등 여러 가지 문장 성분으로 다양하게 표현될 수 있다. 곧, (18)의 주동문에서 주어로 쓰인 체언들은 (19)의 (ㄱ)에서는 주어인 '심형래가'로 표현되었고, (ㄴ)에서는 목적어인 '아

이들을'로, (ㄷ)과 (ㄹ)에서는 부사어인 '119 구급대에게'와 '학생들로 하여금'으로 표현되었다.

〈사동사의 사동화〉 주동사에 사동 접미사가 붙어서 형성된 사동사의 어간에 또다시 '-게 하다'를 붙여서 사동화할 수 있다.

(20) 형이 철수에게 토끼한테 풀을 <u>먹이게 하였다</u>.

(20)에서 '먹이게 하다'는 주동사인 '먹다'의 어근에 사동 접미사 '-이-'를 붙여서 사동사인 '먹이다'를 파생하고, 이렇게 파생된 '먹이다'의 어간에 보조 용언인 '-게 하다'를 붙여서 된 '먹이게 하다'가 사동문의 서술어가 되었다. 이처럼 (20)의 사동문은 사동법이 두 번 적용된 이중 사동문이다. (20)의 이중 사동문에서 발생하는 사동의 의미와 그 의미를 표현하는 문장 성분들의 대응 관계를 그림으로 보이면 다음과 같다.

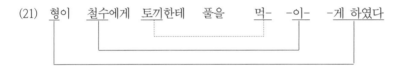

(21)에서 능동사인 '먹다'의 행위 주체는 '토끼'이며, 사동사인 '먹이다'의 행위 주체는 '철수'이다. 그리고 파생적 사동법과 통사적 사동법이 겹쳐서 표현된 '먹이게 하다'의 행위 주체는 '형'이다.

(다) 파생적 사동문과 통사적 사동문의 차이

파생적 사동문과 통사적 사동문은 사동주가 수행하는 행위의 성격에 따라서 의미적으로 차이를 보일 수 있다. 곧, 사동문에서 서술어로 표현되는 행위는 어떤 경우에는 사동주가 직접적인 행동을 통하여 피사동주에게 어떠한 행동을 시키는 것(= 직접 사동)으로 해석될 수 있다. 그리고 또 다른 경우에는 사동주가 직접적인 행동 이외에 다른 방법으로 피사동주에게 간접적인 방법(= 교사(敎唆)를 통한 간접 사동)으로 시키는 것으로도 해석될 수도 있다. 이처럼 파생적 사동문과 통사적 사동문 사이에는 직접 사동과 간접 사동의 차이가 있다.

(22) ㄱ. 철수가 아이를 침대에 <u>눕혔다</u>.   [직접/간접]

     ㄴ. 철수가 아이를 침대에 <u>눕게 하였다</u>.   [간접]

(23) ㄱ. 선생님께서 철수에게 책을 <u>읽혔다</u>.   [간접]

     ㄴ. 선생님께서 철수에게 책을 <u>읽게 하셨다</u>.   [간접]

(22)에서 (ㄱ)의 파생적 사동문에서는 사동주인 '철수'가 '아이'를 직접 눕힌 것으로 해석되는 반면에, (ㄴ)의 통사적 사동문에서는 '철수'가 아이에게 말로써 교사(敎唆)함으로써 간접적으로 눕힌 것으로 해석된다. 반면에 (23)의 파생적 사동문과 통사적 사동문에서는 둘 다 사동주인 '선생님'이 '철수'에게 책을 읽는 행위를 언어를 통하여 간접적으로 시킨 것으로 해석된다. 따라서 (23)의 파생적 사동문과 통사적 사동문은 모두 간접적인 사동 행위를 표현한 문장으로 해석된다.

이처럼 파생적 사동문은 (22)~(23)의 (ㄱ)처럼 '직접 사동'으로 해석될 수도 있고 '간접 사동'으로 해석될 수도 있다. 그러나 파생적 사동문과는 달리 통사적 사동문은 (22)~(23)의 (ㄴ)처럼 '간접 사동'으로만 해석된다. 결국 파생적 사동문과 통사적 사동문의 의미적인 차이는 서술어를 비롯한 다른 문장 성분들의 문법적인 특성에 따라서 다르게 해석되는 것으로 보아야 한다.

【 더 배우기 】

{ 피동사와 사동사의 형태가 동일한 경우 }

피동사와 사동사의 형태가 동일한 경우가 있다. 하지만 피동사는 자동사이기 때문에 문장에서 목적어를 취할 수 없지만, 사동사는 타동사이기 때문에 목적어를 취한다. 곧, 동일한 피동사와 사동사가 문장에 쓰이더라도 피동문과 사동문은 문장의 구조가 서로 다르다.

(1) 보이다, 업히다, 잡히다, 끌리다, 뜯기다, ……

(2) ㄱ. 보이다 : 찬란한 해가 구름 너머로 <u>보였다.</u>
 ㄴ. 업히다 : 아이가 누나에게 <u>업혔다.</u>
 ㄷ. 잡히다 : 범인들이 경찰의 포위망에 <u>잡혔다.</u>
 ㄹ. 끌리다 : 무용수의 치마가 바닥에 <u>끌렸다.</u>
 ㅁ. 뜯기다 : 구들장이 인부들에게 <u>뜯겼다.</u>

(3) ㄱ. 보이다 : 나리 씨는 여름에 찍은 사진을 애인에게 <u>보였다.</u>
 ㄴ. 업히다 : 할머니는 누나에게 아이를 <u>업혔다.</u>
 ㄷ. 잡히다 : 김 선생은 아이에게 겨우 연필을 <u>잡혔다.</u>
 ㄹ. 끌리다 : 아버지가 소에게 달구지를 <u>끌리셨다.</u>
 ㅁ. 뜯기다 : 목동들은 소에게 풀을 <u>뜯기면서</u> 버들피리를 불었다.

(1)의 '보이다, 업히다, 읽히다, 잡히다, 뜯기다' 등은 피동사로도 쓰일 수 있고 사동사로도 쓰일 수 있는 단어들이다. 곧 이들 동사들은 비록 형태는 같지만 (2)에서는 자동사인 피동사로 쓰였으며 (3)에서는 타동사인 사동사로 쓰였다. 이와 같은 차이 때문에 이들 동사들이 문장에 쓰였을 때에 형성되는 문장의 구조도 달라진다. 곧 (2)의 피동문에는 목적어가 나타나지 않는 반면에, (3)의 사동문에는 '사진을, 아이를, 연필을, 달구지를, 풀을'과 같은 목적어가 실현된다.

6.6. 부정 표현

대부분의 문장은 어떤 대상의 움직임이나 상태 혹은 환언 관계 등을 긍정적으로 표현한다. 하지만 경우에 따라서는 부정의 요소를 문장에 실현하여 긍정 표현의 서술 내용을 부정하기도 한다.

6.6.1. 부정 표현의 개념

'부정문(否定文, negative sentence)'은 부정 요소가 쓰여서 특정한 문장(긍정문)이 서술하는 내용의 전체 또는 일부를 부정(否定)하는 문장이다.

> (1) ㄱ. 정애 씨는 고스톱을 친다.
>   ㄴ. 영미 씨는 영화를 보았다.
>
> (2) ㄱ. 정애 씨는 고스톱을 <u>안 / 못</u> 친다.
>   ㄴ. 영미 씨는 영화를 <u>보지 않았다 / 못했다</u>.

(1)처럼 부정의 요소가 실현되지 않은 문장을 '긍정문(肯定文, affirmative sentence)'이라고 한다. 이러한 긍정문에 부정의 의미를 나타내는 요소를 문장에 실현한 문장을 '부정문'이라고 한다. 예를 들어서 (2)의 부정문은 (1)의 긍정문에 (2ㄱ)처럼 부정 부사인 '아니(안)'나 '못'을 실현하거나, (2ㄴ)처럼 부정의 뜻을 가진 보조 용언인 '-지 않다'나 '-지 못하다'를 실현해서 형성되었다.

6.6.2. 부정문의 유형

〈부정문의 유형에 대한 간략한 소개〉 부정문의 유형은 문법적인 형식에 따라서 '짧은 부정문'과 '긴 부정문'으로 나눌 수 있고, 의미에 따라서는 '안 부정문'과 '못 부정문'으로 나눌 수 있다.

문법적인 형식과 의미에서 따라서 정리한 부정문의 유형을 보이면 다음과 같다.

종결의 유형	의미	짧은 부정문	긴 부정문
평서문 의문문 감탄문	단순(의지) 부정	아니(안) 먹다	먹지 아니하다(않다)
	능력 부정	못 먹다	먹지 못하다
명령문	금지	—	먹지 마라, 먹지 마
청유문	금지	—	먹지 말자

[표 1. 부정문의 유형]

(가) 문법적 형식에 따른 부정문의 유형

(가)-1. 짧은 부정문과 긴 부정문

부정문은 부정 부사를 통해서 실현되는 '짧은 부정문(어휘적 부정문)'과 보조 용언을 통해서 실현되는 '긴 부정문(통사적 부정문)'으로 나누어진다.

〈 짧은 부정문 〉'짧은 부정문(어휘적 부정문)'은 부정 부사인 '아니(안)'나 '못'이 서술어 앞에 놓여서 문장의 내용을 부정하는 문장이다.

(3) ㄱ. 철수는 아침밥을 먹었다.
ㄴ. 철수는 아침밥을 <u>안/못</u> 먹었다.

(3)에서 (ㄴ)은 부정 부사인 '안'과 '못'을 서술어인 '먹었다'의 앞에 실현하여 (ㄱ)의 긍정문의 내용을 부정한 문장이다. (ㄴ)의 부정문에 부정의 요소로 실현된 '안'과 '못' 이 보조 용언인 '-지 아니하다'나 '-지 못하다'에 비해서 길이가 짧다는 점에서, (ㄴ) 의 부정문을 '짧은 부정문'이라고 부른다.

〈 긴 부정문 〉'긴 부정문(통사적 부정문)'은 부정을 나타내는 보조 용언인 '-지 아니하 다'나 '-지 못하다'가 본용언의 뒤에 실현되어서 문장의 내용을 부정하는 문장이다.

(4) 철수는 아침밥을 먹지 아니하였다 / 먹지 못하였다.

(4)는 긴 부정문으로서 서술어인 '먹다'의 뒤에 보조 용언인 '-지 아니하다'와 '-지 못 하다'를 실현하여 문장의 내용을 부정하였다. (4)의 부정문에 부정의 요소로 실현된

'-지 아니하다'와 '-지 못하다'가 짧은 부정문에서 부정의 요소로 쓰이는 '안'이나 '못'에 비해서 길이가 길다는 점에서, (4)의 부정문을 '긴 부정문'이라고 부른다.

(가)-2. 짧은 부정문의 서술어 제약

짧은 부정문과 긴 부정문은 문법적인 형식만 다른 것이 아니라 각각의 문장에서 서술어로 쓰일 수 있는 용언의 종류에도 차이가 있다. 곧, 짧은 부정문에서 서술어로 쓰일 수 있는 용언의 종류는 긴 부정문에서 서술어로 쓰일 수 있는 용언의 종류보다 제약을 많이 받는다.

첫째, 서술어로 쓰인 용언이 복합어(합성어 · 파생어)이면 짧은 부정문에서는 잘 쓰이지 않는 경향이 있다.(남기심·고영근 1993:363) 다음 예들은 긴 부정문에서는 쓰이지만 짧은 부정문에서 잘 쓰이지 못하는 복합어 용언의 예들이다.

(5) ㄱ. 앞서다, 오가다, 기어오다, 값싸다, 이름나다
　　ㄴ. 휘감다, 설익다, 빗나가다, 얄밉다, 억세다, 새빨갛다 ; 기웃거리다, 인간답다, 깜박이다, 정답다, 슬기롭다, 정성스럽다, 공부하다, 통일하다, 노하다, 악하다, 과분하다

(5)에서 (ㄱ)의 예들은 합성어로 된 용언이며 (ㄴ)의 예들은 파생어로 된 용언이다. 이들 복합어 용언은 모두 긴 부정문에서만 쓰이고 짧은 부정문에서는 쓰이지 못한다.

(6) ㄱ. 중국의 기술력은 아직 한국을 앞서지 <u>않는다</u>./*<u>안</u> 앞선다.
　　ㄴ. 오늘은 많은 사람들이 거리에 오가지 <u>않았다</u>./*<u>안</u> 오갔다.
　　ㄷ. 학생들은 하루 내내 공부하지 <u>않았다</u>./*<u>안</u> 공부하였다.
　　ㄹ. 김 씨는 그 후로는 술집을 기웃거리지 <u>않았다</u>./*<u>안</u> 기웃거렸다.

(6)에서 긴 부정문은 문법적인 문장이지만 짧은 부정문은 모두 비문법적인 문장이다. 이와 같이 (6)에서 실현된 짧은 부정문이 비문법적으로 된 것은 이들 문장에서 서술어로 쓰인 '앞서다, 오가다, 공부하다, 기웃거리다' 등이 복합어이기 때문이다.

그런데 복합어로 된 용언 가운데서도 예외적으로 짧은 부정문에서 쓰일 수 있는 것이 있다.(남기심·고영근 1993:363) 곧, 다음에 제시된 용언들은 비록 복합어로 된 용언

이기는 하지만, 긴 부정문과 짧은 부정문에서 다 쓰일 수 있다.

  (7) ㄱ. 돌아-가다, 들어-가다, 내려-오다, 잡아-먹다, 스며-들다
    ㄴ. 전하다, 상하다, 독하다, 연하다
    ㄷ. 들리다, 막히다 ; 웃기다, 맞추다, 높이다

  (8) ㄱ. 아까 가게에 찾아온 거지가 아직 안 돌아갔어요.
    ㄴ. 라이언 일병의 사망 통지서는 아직 가족들에게 안 전했습니다.
    ㄷ. 음악 소리가 약해서 청중들에게 잘 안 들렸다.

(7)과 (8)에서 (ㄱ)처럼 보조적 연결 어미로 형성된 합성 동사와, (ㄴ)처럼 파생 접미사 '-하다'가 붙어서 형성된 일부의 파생 용언, 그리고 (ㄷ)과 같은 피동사와 사동사는 짧은 부정문에서 서술어로 쓰일 수가 있다. 이처럼 짧은 부정문의 제약 현상은 개별 단어의 특성에 영향을 많이 받기 때문에, 짧는 부정문의 제약에 대한 일반적인 규칙을 설정하기가 어렵다.
  둘째, '모르다'와 '없다'와 같은 '특수 부정어'는 짧은 부정문에서는 실현되지 않고 긴 부정문에서만 실현된다.

  (9) ㄱ. *지회는 애인이 변심했다는 사실을 안 몰랐다.
    ㄴ. *혜경이는 지금 집에 안 없다.

  (10) ㄱ. 지회는 애인이 변심했다는 사실을 모르지 않았다.
    ㄴ. 혜경이는 지금 집에 없지 않다.

'모르다'와 '없다'는 그 자체가 부정의 의미를 나타내는 특수 부정어인데, 이들은 (9)처럼 짧은 부정문에서는 쓰이지 않지만 (10)처럼 긴 부정문에서는 쓰일 수 있다.

  (11) ㄱ. 철수야, 오래된 김밥은 먹지 마라. / 먹지 말자.
    ㄴ. *철수야, 오래된 김밥은 안 먹어라. / 안 먹자.

그리고 명령문과 청유문에서 부정의 서술어로 쓰이는 '말다'도 (ㄱ)처럼 긴 부정문에서만 쓰이고 (ㄴ)처럼 짧은 부정문에서는 쓰이지 않는다. 이러한 점에서 '말다'도 '모

르다'와 '없다'처럼 특수 부정어로 처리될 수 있다.(고등학교 지도서 문법 2010:227)

(나) 의미에 따른 부정문의 유형

(나)-1. '안' 부정문과 '못' 부정문

〈 **'안' 부정문** 〉 '안' 부정문은 부정 부사인 '아니'나 보조 용언인 '-지 아니하다'를 통하여 긍정문의 내용을 부정하는 문장이다. '안' 부정문은 일반적으로는 '단순 부정(單純 否定)'의 의미를 나타내지만, 화자의 의도에 따라서는 '의지 부정(意志否定)'을 나타내는 경우도 있다.(신원재 1987:32, 남기심·고영근 1993:366, 서정수 1996:961)

첫째, 문장의 서술어가 주체의 의지에 영향을 받지 않는 비행동성의 용언(형용사, 피동사)일 때에는, '안' 부정문은 이미 전제된 문장의 내용을 사실적인 측면에서 단순하게 부정하는 것으로 해석된다.

(12) ㄱ. 인호는 안색이 <u>안</u> 좋았다. / 좋<u>지 않았다.</u>
　　　ㄴ. 남산이 <u>안</u> 보인다. / 보이<u>지 않는다.</u>

(12)에 쓰인 서술어는 각각 형용사인 '좋다'와 피동사인 '보이다'로서 이들은 모두 동작성이 없는 비행동성 용언이다. 이와 같이 비행동성의 용언이 서술어로 표현된 문장을 '안'이나 '-지 아니하다'로 부정하면, 문장에서 표현되는 사실을 단순하게 부정한 것으로 해석된다.

둘째, 행동성의 용언이 서술어로 쓰인 '안' 부정문은, 화자의 의도에 따라서는 '단순 부정'뿐만 아니라 '의지 부정'으로도 해석될 수 있다.

(13) ㄱ. 철수가 시골에 <u>안</u> 갔다.
　　　ㄴ. 철수가 시골에 가<u>지 아니하였다.</u>

(13)의 '안' 부정문에는 행동성의 용언인 '가다'가 서술어로 쓰였다. 이 문장은 일반적으로는 주체의 의도와는 관련이 없이 "철수가 시골에 갔다."라는 사실을 단순하게 부정하는 것으로 해석된다. 다만, 말하는 사람의 의도에 따라서는 "철수가 시골에 가기 싫어서 의도적으로 안 갔다."라는 의미로 해석되어 '의지 부정'으로 쓰일 수가 있다.

이처럼 의지 부정의 의미가 나타나는 것은 다분히 화용론적으로 해석된 것이다.

그리고 하나의 문장 속에서 '안' 부정문이 '못' 부정문과 대조됨으로써, 의지 부정의 뜻이 두드러지는 수도 있다.

(14) ㄱ. 옥소리 씨는 낙지를 안 먹는다.
ㄴ. 옥소리 씨는 낙지를 안 먹는 것이 아니고, 못 먹는 것이다.

(ㄱ)의 부정문은 단순 부정이나 의지 부정의 뜻을 나타낸다. 반면에 (ㄴ)의 이어진 문장에서 앞절의 '안' 부정의 의미는 의지 부정으로 해석되는데, 이것은 뒷절에서 실현된 '못' 부정(= 능력 부정)의 의미와 대조됨으로써 생겨나는 특수한 의미이다.

〈 '못' 부정문 〉 '못' 부정문(능력 부정문)은 부정 부사인 '못'이나 보조 용언인 '-지 못하다'를 통하여 실현되는 부정이다.

ⓐ **'못' 부정문의 기본적 의미** : '못' 부정문은 '할 수 없음' 또는 '불가능성'의 뜻을 나타내는 부정문으로서, 이러한 부정을 '능력 부정(能力否定)'이라고도 한다.

(15) ㄱ. 나는 배탈이 나서 아침을 못 먹었다.
ㄴ. 오늘 아침에는 안개가 심해서 비행기가 뜨지 못했다.

(15)의 문장은 '못'과 '-지 못하다'를 통해서 실현되는 부정문이다. (15)의 '못' 부정문은 '배탈'과 '안개' 등의 요인에 의해서 '주어의 능력이 부정됨'을 나타낸다.

ⓑ **'못' 부정문의 화용론적·관용적 의미** : '못'과 '-지 못하다'는 기본적으로는 능력 부정의 뜻을 나타내지만, 화용론적인 쓰임에 따라서는 '금지'나 '거부'의 뜻을 나타내기도 한다.

(16) ㄱ. 미성년자들은 술집에 못 들어간다. / 들어가지 못한다.   [능력 부정, 금지]
ㄴ. 나는 결혼식에 못 가겠다. / 가지 못하겠다.   [능력 부정, 거부]

(ㄱ)의 '못' 부정문은 '미성년자들이 술집에 들어갈 능력이 없음'을 나타낼 수도 있지만, 화자의 의도에 따라서는 '미성년자들이 술집에 들어가는 행위를 금지함'을 나타낼 수도 있다. 그리고 (ㄴ)의 '못' 부정문도 '내가 거기에 갈 능력이 없음'을 나타낼 수도 있고 결혼식에 가 달라는 상대방의 요청을 거부하는 뜻으로 쓰일 수도 있다.

(나)-2. '못' 부정문의 제약

'못' 부정문은 주체의 능력이 부정된다는 의미적 특징 때문에, '안' 부정문에 비하여 쓰임에 제약을 많이 받는다.

첫째, '못' 부정문에는 원칙적으로 형용사가 서술어로 쓰이지 않는다.

> (17) ㄱ. 일숙이는 발이 <u>안</u> 크다. / <u>크지 않다.</u>
> ㄴ. *일숙이는 발이 <u>못</u> 크다. / *일숙이는 발이 <u>크지 못하다.</u>

일반적으로 동사는 움직임이나 변화를 수반하는 말이기 때문에 주체의 능력에 따라서 '할 수 있는 일'과 '할 수 없는 일'이 구분될 수 있다. 하지만 형용사는 속성상 움직임이나 변화를 기대할 수 없기 때문에 '할 수 있는 일'과 '할 수 없는 일'이 잘 구분되지 않는다. 따라서 형용사인 '크다'는 (ㄱ)처럼 '안' 부정문에서는 쓰일 수 있지만, (ㄴ)처럼 '못' 부정문에서는 쓰일 수 없다.

다만, 화자가 자신의 기대에 못 미치는 일을 표현할 때에는, 형용사도 '못' 부정문에서 서술어로 쓰일 수 있다.(남기심·고영근 1993:369)

> (18) ㄱ. 오늘은 날씨가 별로 <u>좋지 못하다.</u>
> ㄴ. <u>지혜롭지 못한</u> 사람들이 꼭 말썽을 피운다.

(ㄱ)의 '좋지 못하다'와 (ㄴ)의 '지혜롭지 못하다'는 화자의 기대에 못 미치는 상황을 표현하고 있다. 이러한 경우에는 '못'이 형용사 서술어를 부정하는 요소로 쓰일 수 있다. 이처럼 '못' 부정문에서 서술어로 쓰일 수 있는 형용사는 '좋다, 아름답다, 지혜롭다, 똑똑하다, 풍부하다, 넉넉하다, 풍족하다'처럼 평가의 의미를 나타내는 형용사라는 것이 특징이다.

둘째, 동사도 그것이 표현하는 행위가 인간의 임의적인 노력이나 능력으로 좌우할 수 있는 것이 아닌 경우에는 '못' 부정문의 서술어로 쓰이지 못한다.

> (19) ㄱ. 걱정하다, 고민하다, 노심초사하다, 참회하다, 후회하다, 염려하다
> ㄴ. 망하다, 당하다, 실패하다, 잃다, 지다, 패하다

(20) ㄱ. 철수는 취직 문제를 걱정하지 않았다. / *걱정하지 못했다.

ㄴ. 놀부네는 완전히 망하지 않았다. / *망하지 못했다.

예를 들어서 '먹다'의 행위는 특정한 개인의 임의적인 능력과 노력으로 성취할 수 있기 때문에 '못' 부정문에서 쓰일 수 있다. 반면에 (19)에서 '걱정하다'와 '망하다' 등은 특정한 개인의 임의적인 능력과 노력으로 마음대로 좌우할 수 있는 것이 아니므로, 능력 부정의 문법 요소인 '못'이나 '-지 못하다'와 함께 쓰일 수 없다. (20)처럼 '걱정하다'와 '망하다'와 같은 동사가 단순 부정을 나타내는 '-지 않다'에는 어간으로 쓰일 수 있지만, 능력 부정을 나타내는 '-지 못하다'에는 어간으로 쓰일 수 없다.

(다) 명령문과 청유문의 부정

(다)-1. 명령문과 청유문에 실현되는 부정문의 형식

평서문, 의문문, 감탄문으로 실현되는 부정문은 '안/못 + 용언'의 형식이나 '어간 + -지 않다/-지 못하다'의 형식으로 표현된다. 이에 반하여 명령문과 청유문에서는 부정문이 '어간 + -지 말다'의 형식으로 나타난다.

(21) ㄱ. 여름철에는 피조개를 먹지 마라.[1]   [금지]

ㄴ. *여름철에는 피조개를 안/못 먹어라.

ㄷ. *여름철에는 피조개를 { 먹지 않아라 / 먹지 못해라 }.

(22) ㄱ. 집에서는 뱀을 키우지 말자.   [금지]

ㄴ. *집에서는 뱀을 안/못 키우자.

ㄷ. *집에서는 뱀을 { 키우지 않자 / 키우지 못하자 }.

명령문과 청유문에서는 (21~22)의 (ㄱ)에서처럼 보조 용언인 '-지 말다'의 형식을 통해서만 부정문이 실현된다. 반면에 (21~22)의 (ㄴ)과 (ㄷ)에서처럼 부정의 요소로서

---

1) '말다'에 명령형 어미인 '-아'나 '-아라'가 결합하면 '말아'나 '말아라'의 형태로 실현되지 않고 '마, 마라'의 형태로 불규칙하게 실현된다. 이에 따라서 〈한글 맞춤법〉 18항에서는 '말다'를 '붙임' 규정으로 하여 다음과 같은 표기 형태를 규정하였다. "[붙임] 다음과 같은 말에서도 'ㄹ'이 준 대로 적는다. (보기) (하)지 마(아), (하)지 마라, 마지못하다, 마지않다, (하)다마다, (하)자마자"

'못/안'이나 '-지 않다/-지 못하다'가 쓰이면 비문법적인 문장이 된다. 그리고 명령문과 청유문에서 쓰이는 부정문은 '부정'의 뜻과 '명령'이나 '청유'의 뜻을 나타낸다. 따라서 명령문과 청유문에서 실현되는 '-지 말다'는 '청자에게 어떠한 행위를 금지하는 뜻'을 나타내게 된다.

(다)-2. '-지 말다'의 특수한 용법

'-지 말다'는 명령문과 청유문에서 동사에만 실현되는 것이 일반적이다. 그런데 경우에 따라서는 '-지 말다'가 평서문에서 쓰이기도 하고 형용사의 어간에 붙어서 실현되기도 하는데, 이는 '-지 말다'로 표현되는 부정문의 특수한 용법이다.

첫째, '바람'이나 '희망'을 나타내는 동사가 서술어로 쓰이면, 평서문에도 '-지 말다'가 부정의 요소로서 쓰일 수 있다.

> (23) ㄱ. 노 대통령은 탄핵안이 국회에서 통과되<u>지</u> {않기를 / 말기를} **바랐다.**
> ㄴ. 경찰이 내 가방을 뒤지<u>지</u> {않았으면 / 말았으면} **좋겠다.**

(23)에서 주절의 서술어로서 '바라다'와 '좋다'가 쓰였다. 여기서 '바라다'와 '좋다'는 '탄핵안이 국회에서 통과되는 일'과 '경찰이 자기의 가방을 뒤지는 일'이 이루어지기 않기를 희망하거나 기원하는 뜻을 나타낸다. 따라서 이들 문장은 '상황의 변화'를 바란다는 점에서 명령문과 비슷하게 기능한다. 이러한 의미적인 특징 때문에 서술어가 '희망'이나 '기원'을 나타내는 겹문장 속의 종속절에서는 부정의 요소로서 '-지 말다'가 쓰일 수 있다. 곧 (23)의 문장은 주절의 종결 형식이 명령문이나 청유문이 아니라는 점에서는 부정의 요소로 '-지 않다'를 실현할 수도 있다. 반면에 의미적으로 볼 때 어떠한 일이 이루어지지 않기를 바라거나 소원한다는 점에서는 부정의 요소로 '-지 말다'를 실현할 수 있는 것이다.

둘째, 일반적으로 형용사는 명령문과 청유문의 서술어로 쓰이지 않는다. 그런데 화자가 '기원'이나 '바람'의 의도를 문장으로 표현할 때에는, 형용사의 어간에 '-지 말다'를 실현하여서 명령문의 형식을 취하는 예외적인 경우가 있다.

(24) ㄱ. 제발 신랑의 키가 **작**지만 마라.

ㄴ. 제발 성적이 **나쁘**지만 마라.

(25) ㄱ. 제발 신랑의 키가 작지만 않으면 좋겠다.

ㄴ. 제발 성적이 나쁘지만 않으면 좋겠다.

(24)의 문장에서 서술어로 쓰이는 '작다'와 '나쁘다'는 형용사이지만 '-지 말다'의 형식을 취하여 부정의 명령문에 쓰였다. (24) 문장은 형식상으로는 '-지 마라'를 취하여 명령문으로 실현되었지만, 그 기능을 보면 (25)처럼 '바람'이나 '기원'을 나타내는 평서문과 같다. 따라서 형용사를 서술어로 하여 부정의 명령문의 형식인 '작지만 마라'와 '나쁘지만 마라'가 쓰인 것이다.

6.6.3. 부정의 범위

〈**부정의 범위**〉 문장 속에 실현된 부정 요소의 의미가 그 문장 속의 특정한 문장 성분에 미치는 현상을 '부정의 범위(scope of negation)'라고 한다.

(26) ㄱ. 선생님이ⓐ 교실에서ⓑ 학생을ⓒ 안 때렸다ⓓ.

ㄴ. 선생님이ⓐ 교실에서ⓐ 학생을ⓐ 때리ⓐ지 않았다.

(27) ㄱ. 교실에서 학생을 때린 사람은 <u>선생님</u>이 아니다.　　(다른 사람이 때렸다.)

ㄴ. 선생님이 학생을 때린 곳은 <u>교실</u>이 아니다.　　(다른 곳에서 때렸다.)

ㄷ. 선생님이 교실에서 때린 사람은 <u>학생</u>이 아니다.　　(다른 사람을 때렸다.)

ㄹ. 선생님이 교실에서 학생을 <u>때린 것</u>이 아니다.　　(다른 행위를 했다.)

(26)의 문장은 화자의 발화 의도에 따라서 (27)처럼 다양한 의미로 해석될 수 있다.[2) (26)의 문장에서 주어인 '선생님이ⓐ'가 부정의 범위에 들어가면 (27)의 (ㄱ)과 같이 해석되며, 부사어로 쓰이는 '교실에서ⓑ'가 부정의 범위 들어가면 (ㄴ)처럼 해석된다. 그리고 목적어로 쓰이는 '학생을ⓒ'이 부정의 범위에 들면 (ㄷ)처럼 해석되며, 서술어로

---

2) (26)에서 부정의 요소인 '안'과 '-지 않다'는 화자의 발화 의도에 따라서 문장 속의 특정한 성분만을 부정할 수 있다. 이때 부정 요소가 직접 부정하는 문장 성분에는 일반적으로 강세가 부여되므로, 청자는 강세가 실현되는 양상을 통해서 화자가 어떠한 문장 성분을 부정하는지 알 수 있다.

쓰이는 '때리다ⓓ'가 부정의 범위에 들면 (ㄹ)처럼 해석된다.

〈 **부정의 범위에 따른 문장의 중의성** 〉화자가 부정문을 발화한 의도를 모르거나 특정한 문장 성분에 강세가 부여되지 않으면, 그 부정문은 중의성(重義性, ambiguity)을 띠게 된다. 특히 수량을 나타내는 부사어가 부정문에 쓰이면, 수량의 의미 전부가 부정되기도 하고 수량의 의미 일부가 부정되기도 해서 문장이 중의적으로 된다.

(28) 마을 사람들이 다 모이<u>지 않았다</u>.　　　　　[전체 부정, 부분 부정]

(29) ㄱ. 마을 사람들이 다 [모이<u>지 않았다</u>.]　　　[전체 부정]
　　 ㄴ. 마을 사람들이 모두 다 안 모였다.

(30) ㄱ. 마을 사람들이 [다 모이-]<u>지 않았다</u>.　　　[부분 부정]
　　 ㄴ. 마을 사람들이 모두 다 모인 것이 아니다.

(28)에서 수량을 나타내는 부사 '다'는 의미 전체가 부정되기도 하고 의미의 일부만 부정되기도 한다. 곧, (29)처럼 '-지 않았다'가 '모이다'만을 부정하면 '다'가 부정의 범위 밖에 있어서 '전체 부정'으로 해석된다. 반면에 (30)처럼 '-지 않았다'가 '다 모이다'를 부정하면 '다'가 부정의 범위 안에 있어서 '부분 부정'으로 해석된다. 이처럼 부정의 요소인 '-지 않다'가 부정하는 범위에 따라서 문장이 중의성을 띠기도 한다.

　그런데 부정하려는 문장 성분에 '대조'나 '차이'의 뜻을 나타내는 보조사인 '-는'을 실현하면, 부정문에 나타나는 중의성이 해소되는 수가 있다.

(31) ㄱ. 선생님이 교실에서<u>는</u> 학생을 때리지 않았다.
　　 ㄴ. 선생님이 교실에서 학생<u>은</u> 때리지 않았다.
　　 ㄷ. 선생님이 교실에서 학생을 때리지<u>는</u> 않았다.

(32) ㄱ. 마을 사람들이 **다 모이**지는 않았다.　　　[부분 부정]
　　 ㄴ. 마을 사람들이 **다**는 모이지 않았다.　　　[부분 부정]

곧 (31)의 (ㄱ)에서는 부사어인 '교실에서'가, (ㄴ)에서는 목적어인 '학생을'이, (ㄷ)에서는 서술어인 '때리다'가 부정된다. 그리고 (32)에서 (ㄱ)처럼 본용언의 서술어인 '모이지'에 보조사인 '-는'을 실현하거나 (ㄴ)처럼 부사인 '다'에 '-는'을 실현하면 문장의 중의성이 해소되어서 '부분 부정'으로만 해석된다.

【 더 배우기 】

{ 부정의 뜻이 없는 관용적 용법의 '못' }

'못'이 관용적인 용법으로 굳어서 쓰이는 경우가 있다. 이렇게 관용적인 용법으로 쓰이는 '못' 부정문은 그 뒤의 서술어와 함께 하나의 합성어로 굳어서 쓰이므로, 원래의 의미인 '부정'의 뜻을 나타내지 않는다.(고등학교 교사용 지도서 문법 2010:227, 서정수 1996:956)

> (1) ㄱ. 밥을 먹을 때 다리를 떨면 <u>못써요</u>.
> 　　ㄴ. 슈렉은 얼굴이 정말로 <u>못생겼다</u>.
> 　　ㄷ. 정향숙은 나에게 "너 정말 <u>못됐다</u>."라고 말했다.

> (2) ㄱ. *밥을 먹을 때 다리를 떨면 <u>쓰지 못해요</u>.
> 　　ㄴ. *슈렉은 얼굴이 정말로 <u>생기지 못했다</u>.
> 　　ㄷ. *정향숙은 나에게 "너 정말 <u>되지 못했다</u>."라고 말했다.

(1)에서 '못쓰다, 못생기다, 못되다'는 어근인 '못'과 '쓰다, 생기다, 되다'가 결합하여 형성된 합성어이다. (ㄱ)에서 '못쓰다'는 '올바르지 않다'의 뜻으로 쓰였고, (ㄴ)에서 '못생기다'는 '생김새가 보통보다 떨어지다'의 뜻으로, 그리고 (ㄷ)에서 '못되다'는 '성질이나 품행 따위가 좋지 않거나 고약하다'의 뜻으로 쓰였다. 따라서 (1)의 문장에 쓰인 '못'은 합성어의 어근으로 기능할 뿐이며 긍정문을 부정문으로 바꾸는 기능은 없다. (1)이 부정문이 아니라는 사실은 (1)의 문장을 (2)처럼 긴 부정문의 형식으로 바꾸면 비문법적인 문장으로 되어 버린다는 사실에서도 확인할 수 있다.

국어의 특징

제3부 국어의 특징

국어에는 여러 언어에 공통적으로 나타나는 일반적인 성격도 나타나고, 동시에 개별 언어로서의 특성도 나타난다. 국어에 나타나는 개별적 특성은 우리나라 사람의 사고 방식과 문화에 영향을 주는 중요한 요소가 된다. 곧 국어는 한국 사람들의 의사소통의 수단이 될 뿐만 아니라 국어에는 한국 사람들이 사고하는 방식과 사물을 파악하는 방법이 반영되어 있다. 이러한 관점에서 제3장에서는 개별 언어로서의 국어의 특징을 음운, 어휘, 문법, 화용적인 측면으로 나누어서 살펴본다.

제1장 음운적 특징

말소리의 최소의 단위를 '음운(音韻)'이라고 한다. 음운에는 자음과 모음, 그리고 운소가 있는데 여기서는 국어에 나타나는 자음과 모음의 특징을 살펴본다.

1.1. 자음의 특징

한국어의 자음에는 다음과 같은 몇 가지 특징이 있다.

(가) 장애음이 3항 대립을 한다

한국어의 자음 체계에 나타나는 특징으로는 장애음(障碍音)이 '예사소리(평음), 된소리(경음), 거센소리(격음)'가 서로 변별적으로 작용하여 3항으로 대립한다.

(1) ㄱ. 예사소리 : /ㄱ, ㄷ, ㅂ, ㅈ, ㅅ/
　　ㄴ. 된 소 리 : /ㄲ, ㄸ, ㅃ, ㅉ, ㅆ/
　　ㄷ. 거센소리 : /ㅋ, ㅌ, ㅍ, ㅊ/

예사소리인 /ㄱ, ㄷ, ㅂ, ㅈ, ㅅ/은 발음할 때에 발음 기관의 긴장도가 낮은 약한 소리라는 점에서 된소리나 거센소리와 변별된다. 이에 비해서 된소리인 /ㄲ, ㄸ, ㅃ, ㅉ, ㅆ/과 거센소리인 /ㅋ, ㅌ, ㅍ, ㅊ/은 예사소리보다 더 긴장되거나 더 세게 발음되는 소리다. 된소리는 조음부의 근육뿐만 아니라 후두 근육에 힘을 주어서 내는 소리이며, 거센소리는 성문이 많이 열려 있어서 입 밖으로 유출되는 공기량이 많은 소리라는 점에서 예사소리와 변별된다.

한국어를 제외한 대다수의 다른 언어에서는 성대의 진동이 있고 없음에 따라서 유성과 무성의 대립이 있다. 곧 영어나 프랑스 어, 독일어, 일본어 등은 유성음(울림소리)과 무성음(안울림소리)으로 2항 대립을 한다. 예를 들어서 영어의 자음 가운데 입술소리는 무성음인 /p/와 유성음인 /b/로서 2항 대립을 한다. 이에 반해서 국어의 입술소리는 /ㅂ/ : /ㅃ/ : /ㅍ/으로 3항 대립을 한다. 나머지 혀끝소리, 센입천장소리, 여린입천장소리 등도 영어에서는 무성음과 유성음으로 2항 대립하는 데에 반해서, 한국어에서는 예사소리, 된소리, 거센소리로 3항으로 대립한다.

	입술소리	혀끝소리	센입천장소리	여린입천장소리
영어	/p/ : /b/	/t/ : /d/ /s/ : /z/	/ʧ/ : /ʤ/	/k/ : /g/
한국어	/ㅂ/ : /ㅃ/ : /ㅍ/	/ㄷ/ : /ㄸ/ : /ㅌ/ /ㅅ/ : /ㅆ/	/ㅈ/ : /ㅉ/ : /ㅊ/	/ㄱ/ : /ㄲ/ : /ㅋ/

[표 1. 한국어와 영어에서 나타나는 자음의 대립 관계]

(나) 마찰음의 수가 적다

다른 언어와 대조했을 때에 한국어 자음 체계에 나타나는 또 하나의 특징으로는 마찰음이 별로 없다는 점이다.

(2) ㄱ. 한국어의 마찰음 : /s, s', h/
  ㄴ. 영어의 마찰음 : /f, v, θ, ð, s, z, ʃ, ʒ, h/

국어의 마찰음은 /ㅅ, ㅆ, ㅎ/뿐이어서 파열음에 비해서 그 수가 적다. 반면에 영어에는 마찰음으로 /f, v, θ, ð, s, z, ʃ, ʒ, h/ 등이 있어서 파열음보다 오히려 마찰음의 수가 많다.[1]

(다) 겹자음이 없다

현대 국어의 음절 구조는 음절 초나 음절의 말에 둘 이상의 자음(겹자음)이 함께 실현될 수 없다.

(3) strong ─┬─ 영　어 : /stro ŋ/
　　　　　　 └─ 한국어 : /스트롱/

예를 들어 영어 'strong'의 발음은 /stro ŋ/으로 1음절어이다. 그러나 한국어는 음절 초에서 실현되는 겹자음이 허용되지 않기 때문에 자음마다 영어에는 없는 모음 /ㅡ/를 첨가하여 /스트롱/이라 발음하게 된다.

그리고 표기법상으로는 음절 말에 겹자음이 존재할 수 있지만 발음상으로는 음절 말에도 겹자음이 허용되지 않는다.

(4) ㄱ. 값도 － /갑도/
　　ㄴ. 닭　 － /닥/

(5) next ─┬─ 영　어 : /nekst/
　　　　　 └─ 한국어 : /넥스트/

예를 들어서 (4)의 '값도'와 '닭'은 표기상으로는 음절 말의 위치에서 겹자음 글자인 'ㅄ'이나 'ㄺ'이 존재한다. 하지만 소리로서는 /ㅄ/과 /ㄺ/을 발음할 수는 없어서 /ㅂ/과 /ㄱ/의 한 소리만 발음된다. 그리고 (5)에서 영어의 'next'는 /nekst/로 1음절어이지만 한국어로는 /ㄱㅅㅌ/와 같은 음절 말 자음군은 허용되지 않고 하나만 발음할 수 있기 때문에, 3음절어인 /넥스트/로 발음하게 된다.

---

[1] 참고로 15세기의 국어에서는 /ㅸ, ㅿ/와 같은 유성 마찰음도 있었다. /ㅸ/는 공기가 두 입술 사이에서 마찰하면서 나는 소리인 /β/의 음가를 가지며 /ㅿ/는 혀끝과 윗잇몸 사이에서 마찰하면서 나는 소리인 /z/의 음가를 가졌다. 현대 국어에 오면서 /ㅸ, ㅿ/와 같은 마찰음이 없어져서 현재는 다른 언어에 비하여 마찰음이 적다.

(라) 두음 법칙이 있다

음절을 형성할 때에 나타나는 특징으로 단어의 첫머리에 /ㄹ/이나 /ㄴ/이 올 수 없다는 점도 들 수 있다.

(6) 류(流) ┬ /하류/(下流)
　　　　　└ /유수/(流水)

(7) 닉(匿) ┬ /은닉/(隱匿)
　　　　　└ /익명/(匿名)

그래서 똑같은 한자 '류(流)'를 단어 가운데에서는 '하류(下流)'로, 단어의 첫머리일 때에는 '유수(流水)'로 발음한다. 또 한자 '닉(匿)'도 단어 가운데에서 쓰일 때는 '은닉(隱匿)'이라 발음하고 단어 첫머리에서는 '익명(匿名)'이라 발음한다. 그러나 요즘은 외래어를 중심으로 단어의 첫머리에 /ㄹ/이 실현되어 있는 '라면, 라디오, 루마니아'와 같은 예들이 많이 생겨나고 있다.

(마) 음절의 끝에 실현되는 7자음은 폐쇄음으로 발음한다

음절의 첫 자리와는 달리 음절의 끝 자리에서는 /ㄱ, ㄷ, ㅂ, ㄴ, ㄹ, ㅁ, ㅇ/의 일곱 개의 자음만 발음된다.

(8) ㄱ. /ㄲ, ㅋ/ 　　　　→ /ㄱ/ 　　(보기) 밖 → /박/
　　ㄴ. /ㅅ, ㅈ, ㅊ, ㅌ, ㅎ/ → /ㄷ/ 　　(보기) 꽃 → /꼳/
　　ㄷ. /ㅍ, ㅃ/ 　　　　→ /ㅂ/ 　　(보기) 앞 → /압/

그런데 이들 자음은 모두 각각의 조음 위치를 폐쇄한 채로 끝나는 것이 특징이다. 예를 들어 우리가 '마담(madam)'이라고 하는 것을 프랑스 사람이 발음하면 우리 귀에는 /마담므/로 들리는 것은 그들이 음절 말 자음을 발음할 때에 폐쇄를 개방하기 때문이다. 또한 영어 'cake'가 우리 귀에 /케이크/로도 /케익/으로도 들리는 것은 그들이 음절 말 자음을 발음할 때에 폐쇄를 개방하기도 하고 그렇지 않기도 하기 때문이다. 그러나 국어는 음절 말 자음을 폐쇄하여 '부엌'을 /부억/으로만 발음하지, 영어나 불어처럼 음절 말 자음의 폐쇄를 개방하여 /부어크/ 또는 /부어그/라고 발음하지는 않는다.

1.2. 모음의 특징

한국어의 모음에 나타나는 특징으로는 상향적 이중 모음이 많으며, 모음 조화 현상이 나타나는 점을 들 수 있다.

(가) 상향적 이중 모음이 많다

모음 중에는 혀가 일정한 자리에서 다른 자리로 옮겨 가면서 발음되는 소리가 있는데, 이를 '반모음(반홀소리, /j/, /w/)'이라고 하고, 반모음과 단모음이 결합된 것을 '이중 모음'이라고 한다. 국어의 이중 모음으로는 /ㅑ, ㅕ, ㅛ, ㅠ ; ㅘ, ㅝ, ㅐ, ㅖ, ㅟ ; ㅢ/ 등이 있는데, 이들 이중 모음은 모두 상향적 이중 모음이라는 특징이 있다.[2]

    (9) ㄱ. /ㅑ, ㅕ, ㅛ, ㅠ/　　　　→ /j/ + /a, ə, o, u/

        ㄴ. /ㅘ, ㅝ, ㅐ, ㅖ, ㅟ/　　→ /w/ + /a, ə, æ, e, i/

        ㄷ. /ㅢ/　　　　　　　　　→ /ɯ/ + /i/ 혹은 /i/ + /j/

    (10) ㄱ. came /kejm/, how /haw/

        ㄴ. yes /jes/, wash /waʃ/

(9)에서 (ㄱ)과 (ㄴ)의 이중 모음들은 모두 '반모음 + 단모음'의 순서로 연결되는 '상향 이중 모음'이다. 반면에 영어에서는 (10ㄱ)의 /kejm/과 /haw/처럼 하향적 이중 모음도 실현되고 (10ㄴ)의 /jes/, /waʃ/처럼 상향적 이중 모음도 실현된다.

(나) 모음 조화 현상이 있다

국어의 모음은 그 음상에 따라서 '양성 모음'과 '음성 모음'으로 구분할 수 있다. 곧 모음 가운데서 /ㅏ, ㅗ/처럼 밝고 가볍고 생동감이 있는 느낌을 주는 모음을 양성 모음이라고 하고, /ㅓ, ㅜ, ㅡ, ㅣ/처럼 어둡고 무겁고 둔한 느낌을 주는 것을 음성 모음

---

2) '이중 모음'은 음절의 주모음(主母音)과 음절의 부모음(副母音)이 결합하는 선후 관계에 따라서 '상향적 이중 모음'과 '하향적 이중 모음'으로 나누어진다. '상향적(식) 이중 모음(上向的 二重母音, rising diphthong)'은 /ㅑ/, /ㅘ/처럼 부모음인 반모음(/j/, /w/)이 주모음인 단모음 앞에 있는 이중 모음이다. 그리고 '하향적(식) 이중 모음(下向的 二重母音, falling diphthong)'은 영어의 'came /kejm/, how /haw/'처럼 반모음이 단모음의 뒤에 실현되는 이중 모음이다.

이라고 한다.

국어에는 단어 속에서 모음이 연결될 때에 양성 모음은 양성 모음끼리, 음성 모음은 음성 모음끼리 어울리는 현상이 있는데, 이를 '모음 조화(母音調和)'라고 한다.

> (11) ㄱ. 사각사각/서걱서걱, 소곤소곤/수군수군, 종알종알/중얼중얼
> ㄴ. 고불고불/구불구불, 살랑살랑/설렁설렁, 산들산들/선들선들
> ㄷ. 파랗다/퍼렇다, 노랗다/누렇다, 까맣다/꺼멓다
>
> (12) ㄱ. 막았다, 막아라, 막아(서), 막아야 ; 몰았다, 몰아라, 몰아서, 몰아야
> ㄴ. 먹었다, 먹어라, 먹어(서), 먹어야 ; 물었다, 물어라, 물어서, 물어야

(11)은 한 단어 안에서 사용된 모음이 양성 모음이냐 음성 모음이냐에 따라 음감이나 의미가 달라진 예이다. (ㄱ)은 의성어를 예로 든 것인데 '사각사각'은 양성 모음끼리 어울렸으며, '서걱서걱'은 음성 모음끼리 어울렸다. (ㄴ)은 한 단어 안에서 양성 모음만, 또는 음성 모음만이 사용된 것은 아니지만, '고불고불'과 '구불구불'은 모음의 선택에 따라 음감과 의미가 달라진다. (ㄷ)도 색채어에서 양성 모음과 음성 모음의 선택에 따라 음감과 의미가 달라지는 예이다. (12)는 음감이나 의미가 달라지는 것은 아니지만 어간에 어미가 결합될 때에 어간의 끝 모음이 음성이냐 양성이냐에 따라 어미 모음이 선택되는 예이다. 즉 '막다'와 '몰다'처럼 어간의 끝 모음이 양성 모음인 /아, 오/일 때는 '-았-'과 '-아서'처럼 양성 모음으로 시작되는 어미가 선택된다. 반면에 '먹다'와 '물다'처럼 어간의 끝 모음이 음성 모음일 때에는 음성 모음으로 시작하는 어미가 결합된다. 이러한 모음 조화는 알타이 제어(諸語)의 공통 특징이기도 하다.

제2장 어휘적 특징

국어에는 '차용어, 음성 상징어, 감각어, 친족 어휘' 등이 다른 나라 언어보다 많이 있는데, 이러한 점은 국어의 어휘적인 특징으로 볼 수 있다.

2.1. 차용어의 유입

어느 나라이든 국가 간의 교류가 있으면 언어의 교류도 동시에 일어나는데, 이에

따라서 국어의 어휘에도 외국에서 들어온 '차용어'가 많이 들어 있다. 여기서 '차용어(외래어, 들온말)'는 외국에서 들어오되 외국어와 다르며 국어 속에서 사용되는 말을 이른다.(임홍빈 1997:199) 보통의 경우 '외래어'나 '들온말'은 능동적으로든 수동적으로든 결과적으로 우리나라에 들어와 있는 말을 의미하는 데에 반해서, '차용어'라는 말에는 우리나라 국민이 적극적으로 이들 어휘를 받아들였다는 것을 의미한다.(민현식 1999: 352 참조.)

국어의 차용어는 예전에는 중국을 통해서 들어온 것이 대부분이었다. 그렇지만 20세기 이후에는 국가 사이에 인적, 물적인 교류가 빈번해짐에 따라서 여러 언어에서 수많은 어휘가 우리나라에 들어왔다.(고등학교 문법 2010:124)

(13) ㄱ. **[산스크리트 어]** 달마, 만다라, 보살, 불타, 사리, 석가, 선(禪), 아미타, 열반, 찰나, 탑, 바라문

ㄴ. **[만주어, 여진어]** 호미, 수수, 메주, 가위

ㄷ. **[영어]** 버스, 넥타이, 컴퓨터, 로켓, 슈퍼마켓, 챔피언, 아이스크림, 나일론, 갱, 재즈

ㄹ. **[일본어]** 우동, 짬뽕, 와사비, 사쿠라, 유도리

ㅁ. **[독일어]** 세미나, 이데올로기, 노이로제, 아르바이트, 알레르기, 에네르기, 테마

ㅂ. **[프랑스 어]** 망토, 콩트, 루주, 데생, 샹송, 모델, 마담, 앙코르, 크레용

ㅅ. **[라틴 어]** 스타디움, 알리바이

ㅇ. **[그리스 어]** 로고스, 파토스, 데이터

ㅈ. **[포르투갈 어]** 담배, 빵, 카스텔라

ㅊ. **[오스트레일리아 원주민 어]** 캥거루

ㅋ. **[이탈리어 어]** 첼로, 오페라, 템포, 아리아, 스파게티

ㅌ. **[러시아 어]** 툰드라, 트로이카, 페치카, 보드카

ㅍ. **[노르웨이 어]** 스키

이처럼 국어에는 다양한 언어에서 차용된 어휘가 들어와 있지만 어휘의 수로 보아서 대략 한자어, 영어, 일본어에서 들어온 차용어가 대부분을 차지한다.

(가) 한자 어휘의 차용이 많다

한자어는 대략 기원전 3세기~2세기 무렵에 한자가 전래되면서 우리나라에 들어오기 시작하여, 신라가 한반도를 통일한 6~7세기 무렵에는 수많은 한자 어휘가 본격적

으로 유입되었다고 알려져 있다.

현대 국어의 어휘 가운데에는 한자말이 국어 어휘의 절반 이상 차지할 정도로 한자어의 차용이 많다. 이는 곧 수천 년 전부터 개화기에 이르기까지 우리나라에 들어온 외래 문물이 대부분 중국이나 일본에서 유입되었기 때문이기도 하고, 또 한편으로는 훈민정음이 창제된 15세기 이전에는 우리 고유의 문자가 없었기 때문이기도 하다.

한자어도 어느 나라에서 만들어진 말이냐에 따라서, 크게 중국계 한자어와 일본계 한자어로 나뉜다.(민현식 1999:371 이하 참조.)

첫째로 국어에서 쓰이고 있는 한자어는 대부분 중국계 한자어이다.

(14) ㄱ. 부모(父母), 백성(百姓), 국가(國家), 문물(文物), 대학(大學), 조석(朝夕), 제사(祭祀)
ㄴ. 천주(天主), 자명종(自鳴鐘), 천리경(千里鏡), 사도(使徒), 십자가(十字架), 천국(天國)

위의 한자어는 모두 중국에서 차용된 것이다. 현재 우리나라에서 쓰이고 있는 대부분의 한자어는 (ㄱ)의 예처럼 원래 중국에서 만들어진 한자어이다. 반면에 (ㄴ)의 예는 서양에서 들어온 외국어의 의미를 수용하여서 중국에서 새롭게 만든 한자어를 우리나라에서 차용한 말이다.

둘째로 국어에서 쓰이고 있는 일부 한자어는 일본계 한자어이다.

(15) ㄱ. 명도(明渡), 차입(差入), 청부(請負), 식당(食堂), 안내(案內), 일생(一生), 가봉(假縫), 소사(小使), 상담(相談), 만개(滿開), 용의(用意), 절박(切迫), 친절(親切), 역할(役割)
ㄴ. 혁명(革命), 교육(敎育), 문화(文化), 문명(文明), 경제(經濟), 정신(精神), 연설(演說), 연역(演繹), 귀납(歸納), 철학(哲學), 논리학(論理學), 일요일(日曜日), 산소(酸素)

(ㄱ)의 한자어는 원래부터 일본에서 만든 것이다. 이와는 달리 (ㄴ)의 예는 서양에서 들어온 외국어의 의미를 수용하여 일본에서 새롭게 만든 한자어이다.

셋째로 한자어 가운데에는 중국이나 일본 이외의 국가에서 들어온 것도 있다.

(16) ㄱ. 보살(菩薩), 사리(舍利), 미륵(彌勒)
ㄴ. 아라사(俄羅斯), 구라파(歐羅巴), 희랍(希臘)

중국이나 일본에서는 (16)과 같은 외국어를 수입하여 자기네 나라의 한자음으로 바꾸어서 사용했는데, 우리나라에서는 이들 어휘를 차용하되 우리나라의 한자음으로 음독하여 읽게 되었다. 이들 한자어는 (ㄱ)처럼 초기 불교 용어를 음역(音譯)하거나 (ㄴ)처럼 개화기 때에 들어온 서양 외국어를 음역한 경우가 대부분이다.

(나) 일본어 어휘의 차용이 많다

우리나라가 19세기 말부터 20세기 전반까지 일본의 침략과 지배를 받는 과정에서 불가피하게 일본어 어휘가 국어에 많이 유입되었다.

(17) ㄱ. 사쿠라(さくら), 우동(うどん), 짬뽕(ちゃんぽん), 오뎅(おでん), 유도리(ゆとり), 찌라시(ちらし), 와사비(わさび), 사시미(さしみ), 삐까삐까(ぴかぴか)

　　ㄴ. 벚꽃, 가락국수, 초마면, 어묵, 융통성, 알림 쪽지, 고추냉이, 회, 번쩍번쩍

1970년대까지는 이들 차용어가 특수한 전문 분야뿐만 아니라 국어의 일상생활에까지 널리 사용되었다. (ㄱ)의 어휘는 지금까지 국어에서 사용되고 있는 일본어의 차용어인데, 이들 차용어는 (ㄴ)의 국어 어휘와 경쟁하고 있는 상태이다. 그뿐만 아니라 신발, 기계, 섬유, 건설업 등 일부 전통적인 산업 분야의 현장에서는 수많은 일본어 차용어가 아직 전문어로 남아 있는 실정이다.[3]

(다) 영어 어휘의 차용이 많다

해방 이후에 서양 문물이 물밀듯이 들어오면서 영어 어휘가 국어 어휘에 많이 유입되었다.

(18) ㄱ. 피아노(piano), 바이올린(violin), 버스(bus), 가스(gas), 미사일(missile), 이미지(image)

　　ㄴ. 컴퓨터(computer), 인터넷(internet), 도스(dos), 마우스(mouse), 키보드(keyboard), 모뎀(modem), 컴팩디스크(compact disc), 디브이디(DVD)

---

3) (17ㄱ)에 제시된 일본어 어휘는 우리 조상들이 주체적으로 받아들인 어휘가 아니다. 이들 어휘는 일본의 식민지 지배에 의해서 생긴 부산물이므로, 뽑아내어야 할 '말의 잡초'에 지나지 않는다.

이들 영어에서 들어온 차용어는 다른 차용어에 비하여 급격하게 늘어나고 있는 실정이다. 더구나 최근에는 정보·통신 분야의 산업이 비약적으로 발전하고 있기 때문에 국어의 어휘에도 (ㄴ)과 같은 정보·통신 분야의 차용어가 급격하게 늘어나고 있다. 싫든 좋든 간에 영어 차용어는 앞으로도 국어에 많이 유입될 것이다.

2.2. 음성 상징어의 발달

특정한 소리와 특정한 의미가 밀접하게 관련된 말을 '음성 상징어'라고 한다. 이러한 음성 상징어에는 소리를 흉내 내는 말인 '의성어(擬聲語)'와 모양을 흉내 내는 말인 '의태어(擬態語)'가 있다.

(19) ㄱ. 멍멍, 꼬끼오, 철썩, 딩동댕, 따르릉, 낄낄, ……
　　 ㄴ. 깡충깡충, 굼지럭굼지럭, 살랑살랑, ……

(ㄱ)의 어휘는 의성어이며 (ㄴ)의 어휘는 의태어이다. 의성어와 의태어는 자연계의 소리를 그대로 흉내내거나 자연계의 모양을 음성의 청각적인 영상으로 본떠 놓은 말이므로, 어휘 중에서 가장 기초적인 형태라고 할 수 있다.
　국어는 다른 나라의 말에 비하여 의성어와 의태어가 대단히 발달해 있다.

(20) ㄱ. 그렁그렁, 뚝뚝
　　 ㄴ. 종종, 아장아장
　　 ㄷ. 피식, 허허

예를 들어서 커다란 눈에 '그렁그렁' 맺힌 눈물은 뉘우침으로 '뚝뚝' 흘리는 참회의 눈물과는 다른 느낌이 난다. '종종' 걷는 까치걸음은 가볍고 '아장아장' 걷는 '아장걸음'은 귀여운 느낌을 준다. '피식' 웃는 찬웃음에는 화가 나지만 '허허' 웃는 너털웃음에는 오히려 우리의 마음이 밝아진다.(박선자 1996:75~76)
　그리고 음성 상징어들은 자음과 모음의 교체에 따라서 기본적인 의미가 유지되면서도 어감만 달라질 수도 있다.

(21) ㄱ. 깡충깡충, 껑충껑충

　　ㄴ. 방실방실, 빵실빵실

'깡충깡충' 뛰어가는 토끼의 모습에는 경쾌하고 보폭이 짧은 느낌이 있는 반면에, '껑충껑충' 뛰어가는 토끼의 모습에는 무겁고 보폭이 긴 느낌이 난다. 그리고 '방실방실' 웃은 아이와 '빵실빵실' 웃은 아이의 모습에는 '입을 예쁘게 살짝 벌리고 소리 없이 밝고 보드랍게 자꾸 웃는 모양'이라는 기본적인 뜻은 같지만, '방실방실'보다는 '빵실빵실'이 더 센 느낌을 준다.

2.3. 감각어의 발달

'감각어'는 시각, 청각, 후각, 미각, 촉각 등 인간의 감각에 의해서 느낀 결과로서 상태를 나타내는 어휘를 이른다. 국어에는 이러한 감각 어휘가 매우 발달했다.

(22) ㄱ. 노랗다, 누렇다, 노르스름하다, 누르스름하다, 노리끼리하다

　　ㄴ. 발갛다, 벌겋다, 빨갛다, 뻘겋다, 벌그스름하다, 벌그스레하다, 발그레하다

　　ㄷ. 흐리다, 흐리하다, 흐릿하다, 흐릿흐릿하다, 흐리터분하다, 흐리마리하다

　　ㄹ. 뚜렷하다, 또렷하다, 또릿또릿하다, 뚜렷하다, 뚜렷뚜렷하다

(23) ㄱ. 시끄럽다, 떠들썩하다, 시끌벅적하다

　　ㄴ. 조용하다, 고요하다

(24) 고리다, 노리다, 매캐하다, 비리다, 향긋하다

(25) ㄱ. 달다, 달착지근하다, 달디달다, 달콤하다

　　ㄴ. 쓰다, 씁쓰름하다, 쓰디쓰다, 쌉싸래하다

　　ㄷ. 맵다, 매콤하다, 맵싸하다, 맵디맵다

　　ㄹ. 시다, 시큼하다, 새큼하다, 새콤하다, 시금털털하다, 시디시다

(26) ㄱ. 서늘하다, 싸늘하다, 쌀쌀하다, 써늘하다, 썰렁하다, 싸느랗다

　　ㄴ. 따뜻하다, 따스하다, 따사롭다, 뜨뜻하다

　　ㄷ. 뜨겁다, 따끈하다, 뜨끈뜨끈하다, 따끈따끈하다

　　ㄹ. 간지럽다, 근질근질하다, 간질간질하다, 근지럽다, 근질거리다

(22)는 시각, (23)은 청각, (24)는 후각, (25)는 미각, (26)은 촉각의 감각을 표현한 어휘이다. 국어는 이들 감각어 가운데서도 특히 '시각, 미각, 촉각'의 감각어가 매우 발달해 있는 데 반해서 청각과 후각의 감각어는 그리 발달하지 못하였다. 특히 후각을 표현하는 말은 '비릿하다'처럼 미각을 표현하는 말을 빌어서 사용하거나, '오징어 냄새, 과일 냄새, 피 냄새, 비릿한 냄새, 달콤한 냄새'처럼 후각의 원인이 되는 어휘를 '냄새'라는 어휘에 결합하여 표현한다.

이처럼 한국어에는 감각 어휘가 매우 발달하여, 현실 세계에서 나타나는 다양한 감각을 자유자재로 표현할 수 있다.

2.4. 친족어의 발달

국어에는 친족의 관계를 나타내는 어휘가 다른 나라 말에 비해서 발달했다. 친족의 관계 자체는 모든 나라가 같지만 그러한 관계를 표현하는 어휘는 언어마다 다르다. 먼저 국어에서는 형제자매를 나타내는 어휘가 대단히 발달한 예를 볼 수 있다.

말레이말	영어	헝가리 말	한국말
sudarā	brother	bátya	형
			오빠
		öcs	아우
			동생
	sister	néne	누나
			언니
		hug	누이
			아우

[표 2. 형제자매 어휘의 비교]

예를 들어서 형제자매를 일컫는 말로서 말레이(Malay) 말에는 sudarā 하나만 있으며, 영어에는 지시 대상의 성에 따라 분화를 일으켜서 brother와 sister의 두 단어가 있다. 헝가리 말에서는 다시 bátya, öcs, néne, hug의 네 단어가 있다. 이에 반해 국어에는 형제자매를 일컫는 말로서, '형, 오빠, 아우, 동생, 누나, 언니, 누이' 등 많은 어휘가 발달해 있다.(허웅 1981:220 참조.)

다음으로 국어에서는 자기보다 한 세대 위의 친족을 표현하는 어휘도 발달했다.

영 어	한 국 어				
uncle	큰아버지	작은아버지	고모부	외삼촌	이모부
aunt	큰어머니	작은어머니	고모	외숙모	이모

[표 3. 한국어와 영어의 친족 어휘 비교]

영어의 'uncle'로 표현되는 단어는 국어에서는 '큰아버지, 작은아버지, 고모부 ; 외삼촌, 이모부' 등의 어휘로 표현될 수 있으며, 'aunt'로 표현되는 단어는 국어에서는 '큰어머니, 작은어머니, 고모 ; 외숙모, 이모' 등의 어휘로 표현될 수 있다.

이처럼 한국어는 다른 언어에 비하여 친족 관계를 나타내는 어휘가 훨씬 다양하게 발달해 있음을 알 수 있다.

제3장 문법적 특징

국어에 나타나는 문법적 특징을 형태적 특징과 통사적 특징으로 나누어서 살펴본다. 형태적 특징은 단어 혹은 어절 내부의 문법적 현상에 관한 특징이며, 통사적 특징은 단어 혹은 어절들이 모여서 문장을 짜서 이룰 때에 생기는 문법적 현상에 관한 특징이다.

3.1. 형태적 특징

국어의 형태적 특징은 첫째로 문법 형태소인 조사와 어미가 발달했고, 둘째로 단어 형성법이 발달하여 복합어와 파생어가 많이 만들어진다는 것이다.

(가) 조사와 어미가 발달했다

국어는 사전적이고 어휘적인 뜻을 나타내는 실질 형태소(체언, 용언의 어간)에 문법 형태소(조사, 용언의 어미)를 실현시켜서 문장을 이룬다. 이러한 특징 때문에 국어를 언어 유형상 '첨가어(添加語, 膠着語, agglutinating language)'로 분류하기도 한다.[4]

(27) 아버지, 유리창, 깨(다)

(28) ㄱ. -께서, -을
　　 ㄴ. -시-, -었-, -다

(29) 아버지께서 유리창을 깨셨다.

(27)에서 '아버지, 유리창'은 체언이며 '깨-'는 용언의 어간인데, 이들 단어는 모두 실질 형태소로서 어휘적인 뜻을 나타낸다. 그런데 이러한 실질 형태소만으로는 문장이 성립되지 않으므로, (28ㄱ)의 조사와 (28ㄴ)의 어미를 각각 체언과 용언의 어간 뒤에 실현시켜야만 (29)처럼 하나의 문장을 이룰 수가 있다.

국어에서 조사와 어미는 그 수효가 대단히 많다. 조사의 하위 유형만 하더라도 '격 조사, 접속 조사, 보조사'의 범주가 있으며, 어미의 하위 범주로는 '어말 어미(종결 어미, 연결 어미, 전성 어미)'와 '선어말 어미(주체 높임, 시제 등)'가 있다. 이렇게 다양한 조사와 어미가 국어의 문법적인 기능을 발휘하는 데에 기여하고 있다.[5]

(나) 단어 형성법이 발달했다

단어를 그것이 형성되는 방법에 따라서 분류하면 다음과 같이 '단일어'와 '복합어'로 나눌 수 있다. '단일어'는 하나의 어근(실질 형태소)만으로 이루어진 말이다. 이에 반해서 '복합어'는 두 개 이상의 어근으로 짜인 단어나, 어근에 파생 접사(형식 형태소)가

---

4) '언어의 유형적 분류'에 대하여는 나찬연(2013ㄴ:93, 2013ㄹ:47)의 내용을 참조하기 바란다.
5) 국어의 조사는 체언의 뒤에 붙어서 여러 가지 문법적인 관계를 나타내는데, 이러한 특징이 있는 언어를 '후치적 언어(postpositional language)'라고 한다. 반면에 영어와 같은 언어는 체언 앞에 전치사가 실현되는 '전치적인 언어(prepositional language)'이다. 일반적으로 볼 때, 한국어와 일본어처럼 〈주어 + 목적어 + 서술어〉의 어순으로 실현되는 언어는 후치적인 특징(집에, 학교로)을 보이지만, 영어나 독일어처럼 〈주어 + 서술어 + 목적어〉의 어순으로 실현되는 언어는 전치적인 특징(at home, to school)을 보인다.

붙어서 된 단어이다. 복합어 가운데 어근과 어근이 결합하여 한 단어가 된 것을 '합성어'라고 하고, 어근에 파생 접사가 붙어서 된 말을 '파생어'라고 한다.

(30) 바람, 하늘, 뛰(다), 먹(다), 예쁘(다), 푸르(다)

(31) ㄱ. 돌다리, 산돼지, 젖어미
　　ㄴ. 애벌레, 짓밟다 ; 먹이(다), 깊이

(30)은 하나의 어근만으로 된 단어, 즉 단일어이다. 이에 반하여 (31)의 단어는 복합어들인데, (ㄱ)의 '돌다리, 산돼지, 젖어미'는 합성어이고, (ㄴ)의 '애벌레, 짓밟다 ; 먹이(다), 깊이'는 파생어이다. 그리고 합성어나 파생어를 만드는 문법적인 절차를 '단어 형성법(조어법)'이라고 한다.[6]

　한 언어에 들어 있는 단일어와 복합어의 상대적인 비율을 따져 볼 때, 단일어의 비율이 극도로 높은 언어를 '어휘적 언어'라고 하고, 복합어의 비율이 극도로 높은 언어를 '문법적 언어'라고 한다. 중국어는 어휘적 언어의 전형적인 예이요, 산스크리트 어는 문법적 언어의 전형이다. 그리고 대부분의 언어는 이 양극 사이에 들게 되는데, 예를 들어서 영어와 독일어를 비교하면 영어는 어휘적 언어에 가깝고 독일어는 문법적 언어에 가깝다.

　국어는 어휘적 언어의 유형과 문법적 언어의 유형 가운데서 문법적인 언어에 가깝다.(허웅 1981:213)

(32) ㄱ. 눈물, 콧물, 밥물, 빗물, 시냇물, 먹물
　　ㄴ. 손목, 손등, 손바닥, 손가락, 손모가지
　　ㄷ. 발목, 발등, 발바닥, 발가락, 발모가지

(33) ㄱ. 기쁨, 슬픔, 울음, 웃음, 느낌
　　ㄴ. 덮개, 마개, 지우개

---

6) 만일 국어의 어휘에 단일어만 존재한다면 의사 소통에 필요한 수많은 개념을 표현하기 위해서는 그만큼의 각기 다른 음성 기호가 있어야 한다. 이렇게 되면 모든 개념에 대응하는 전혀 다른 종류의 언어 기호를 기억해야 하기 때문에 언어 사용자들에게 큰 부담을 주게 된다. 이에 비하여 단어 형성법에 의해서 복합어를 만드는 것은 기존의 언어 자료를 이용하여 새로운 단어를 만들어 내는 것이므로 이러한 부담이 크게 줄게 된다.

ㄷ. 대장장이, 유기장이, 갓장이 ; 심술쟁이, 욕심쟁이, 욕쟁이, 담쟁이, 빚쟁이

(32)는 합성어의 예인데 (ㄱ)처럼 눈에서 흐르는 물은 '눈물', 코에서 흐르는 물은 '콧물', 밥이 넘치면서 흐르는 물은 '밥물'이다. (ㄴ)처럼 '손'에서 유연화한 '손목, 손등, 손바닥, 손가락, 손모가지'의 단어 형성 방법은 (ㄷ)처럼 '발'에도 마찬가지로 적용되어서 '발목, 발등, 발바닥, 발가락, 발모가지' 등의 단어를 형성한다. 그리고 (33)은 파생어의 예인데, (ㄱ)처럼 접미사 '-음'을 붙여서 '기쁨, 슬픔, 울음, 웃음, 느낌'이 파생되며, (ㄴ)처럼 '-개'로써 '덮개, 마개, 지우개'가 파생된다. 그리고 (ㄷ)처럼 '-장이/-쟁이'로써 '대장장이, 유기장이, 갓장이 ; 심술쟁이, 욕심쟁이, 욕쟁이, 담쟁이, 빚쟁이' 등의 단어가 파생된다. 이렇게 단어 형성법은 의미적 관련성을 형태적으로 분명하게 드러내므로 어휘 체계가 가진 문법적 규칙성을 높인다.(박선자 1996:75)

3.2. 통사적 특징

국어에서는 〈주어 + 목적어 + 서술어〉의 어순, 〈수식어 + 중심어〉의 어순, 문장 성분의 이동에 제약이 적음, 이중 주어와 이중 목적어의 짜임 등과 같은 통사적인 특징이 나타난다.

(가) 〈주어 + 목적어 + 서술어〉의 어순으로 실현된다

세계의 주요 언어들의 어순을 살펴보면 대부분이 〈주어 + 서술어 + 목적어〉(50%)의 유형, 〈주어 + 목적어 + 서술어〉(40%)의 유형, 〈서술어 + 주어 + 목적어〉(10%)의 유형으로 실현된다.(Greenberg 1963:77 참조.)

(34) ㄱ. 아이가 강아지를 잡았다.　　　(SOV 형) 한국어, 일본어
　　　ㄴ. The man saw a woman.　　　(SVO 형) 영어, 중국어, 프랑스 어, 타이 어
　　　ㄷ. Lladdodd y ddraig　y dyn.　(VSO 형) 웨일즈 어, 겔트 어, 아랍어
　　　　　Killed　the dragon　the　man

(34)의 (ㄱ)에서처럼 국어는 기본 어순이 〈주어 + 목적어 + 서술어〉의 구조로 실현되는데, 이러한 어순은 국어에 나타나는 가장 중요한 통사적인 특징이다.

정보 전달의 측면에서 보면 주어와 서술어가 가장 중요한 역할을 한다. 곧 주어는 문장이 '무엇'에 대하여 이야기하는가를 제시하고, 서술어는 주어의 동작, 상태, 환언 등을 풀이하는 말이다. 이렇게 볼 때에 영어 문장의 기본 구조는 문장에서 가장 중요한 요소인 주어와 서술어를 먼저 실현하고 그 다음에 목적어를 실현하는 구조이다. 이에 반하여 국어는 정보 전달에서 가장 중요한 성분인 서술어가 문장의 맨 뒤에 실현된다. 따라서 국어를 사용하는 화자는 다른 사람이 표현하는 문장을 끝까지 들어 보아야만 전체 문장의 중심 의미를 파악할 수 있다. 이러한 점을 감안하면 국어에서 나타나는 〈주어 + 목적어 + 서술어〉의 어순은 〈주어 + 서술어 + 목적어〉로 실현되는 영어의 어순과 비교할 때, 정보의 전달 측면에서 효율성이 떨어진다고 할 수 있다.

(나) 〈수식어 + 중심어〉의 어순으로 실현된다

언어 형식 가운데 '구'는 중심적인 역할을 하는 말(중심어, 피한정어, head)과 그 중심어에 딸리는 말(수식어, 한정어, 부가어)로 짜여 있다. 명사구에서 중심어는 명사이며 명사에 딸리는 말은 관형어이다. 그리고 용언구에서 중심어는 용언(동사, 형용사)이며 용언에 딸려 있는 말은 부사어이다.

그런데 언어 유형론적인 측면에서 보면 중심어에 딸린 말이 중심어의 앞에 놓이느냐 중심어의 뒤에 놓이느냐로 〈수식어 + 중심어〉의 언어와 〈중심어 + 수식어〉의 언어로 구분할 수 있다.

먼저 국어의 문장은 대체로 〈수식어 + 중심어〉의 어순으로 실현된다.

(35) ㄱ. <u>내가 사랑했던</u> **여자**
　　 ㄴ. <u>특별한</u> **것**
　　 ㄷ. <u>철수의</u> **책**

(36) ㄱ. 인수는 과일을 <u>빨리</u> **먹었다**.
　　 ㄴ. 인수는 과일을 <u>아주</u> **빨리** 먹었다.

(35)에서 명사인 '여자, 것, 책'이 중심어(피수식어)가 되며, '내가 사랑했던, 특별한, 철수의'는 관형어로서 수식어가 된다. 그리고 (36)의 (ㄱ)에서 중심어인 '먹었다'에 대하여 '빨리'는 수식어가 되며, (ㄴ)에서 '아주'는 중심어인 '빨리'에 대하여 수식어가 된다. 결국 국어에서 수식어는 중심어의 왼쪽으로 덧붙는데, 이렇게 중심어의 왼편으

로 수식어를 실현시켜 나가는 통사적인 특징을 가진 언어를 '좌분지 언어(left branching language)'라고 한다.

이에 반하여 영어는 〈중심어 + 수식어〉의 짜임으로도 실현될 수 있고, 〈수식어 + 중심어〉의 짜임으로도 실현될 수 있다.

> (37) ㄱ. The woman <u>whom I loved</u> was dead.
> ㄴ. something <u>special</u>
> ㄷ. the book <u>on the table</u>
>
> (38) ㄱ. <u>the beautiful</u> girl
> ㄴ. <u>special</u> promise
> ㄷ. <u>his</u> hand

(37)에서는 수식어인 'whom I loved, special, on the table'은 중심어의 오른편에 실현되었으며, (38)에서는 수식어인 'the beautiful, special, his'는 중심어의 왼편에 실현되었다. 이 점을 보면 영어는 좌분지와 우분지의 특징을 겸한 언어라고 할 수 있다.

결국 국어는 수식어가 중심어의 왼쪽에서만 실현되는 전형적인 좌분지 언어임을 알 수 있다. 이러한 국어의 이러한 어순도 덜 중요한 요소(= 부가어)가 먼저 실현되고 중요한 요소(= 중심어)가 그 다음에 실현된다는 점에서 정보 전달의 효율성이 낮다.

(다) 문장 성분의 이동에 제약이 적다

국어의 문장 성분은 기본적으로 〈주어 + 목적어 + 서술어〉의 순서로 실현되며, 〈수식어 + 중심어〉의 어순으로 '구'를 형성한다. 이렇게 기본적인 어순이 정해져 있기는 하지만 실제로 문장에서 실현될 때에는 문장 성분이 자유롭게 이동될 수 있다. 이렇게 어순이 비교적 자유롭게 바뀔 수 있다는 것은, 문장 성분의 차례가 바뀌더라도 문장이 문법적으로 어그러짐이 없거나 기본적인 의미에 변화가 일어나지 않는다는 것을 의미한다.

> (39) ㄱ. 영이가 사과를 철수에게 주었다.
> ㄴ. <u>사과를</u> 영이가   Ø   철수에게 주었다.

ㄷ. <u>철수에게</u> 영희가 사과를   Ø   주었다.

(ㄱ)의 문장과 어순이 바뀐 (ㄴ)과 (ㄷ)의 문장을 비교하면, 정보 전달상의 미묘한 차이는 있지만 문장의 문법성에 영향을 주지 않으며, 기본적인 의미도 바뀌지 않는다. 다만, (ㄱ)의 문장에 비해서 (ㄴ)의 문장은 목적어로 쓰인 '사과를'이 강조되며, (ㄴ)에서는 부사어로 쓰인 '철수에게'가 강조된다.

국어에서 어순이 자유롭게 실현될 수 있는 것은 문장 성분을 결정해 주는 격조사가 있기 때문이다. 예를 들어서 주어는 주격 조사를 취하며 목적어는 목적격 조사를 취한다. 그리고 부사어도 각각의 의미에 대응하는 격조사를 취한다. 곧 (35)에서 문장 성분의 어순이 어떻게 변하든 간에 체언에 주격 조사 '-가'가 붙으면 주어가 되고, '-를'이 붙으면 목적어가 되며, 부사격 조사 '-에게'가 붙으면 부사어가 된다. 이렇게 격조사가 실현되면 문장 성분의 위치가 바뀌더라도 격 관계가 명확하게 드러나기 때문에, 문장 성분의 어순이 바뀌더라도 문장의 기본적인 의미는 바뀌지 않는다.

국어와는 달리 영어는 어순이 바뀌면 비문법적인 문장이 되거나, 혹은 문법적인 문장이 되더라도 원래의 문장과 의미적으로 차이가 난다.

(40) ㄱ. <u>John</u> hit **Sujan**.
　　 ㄴ. **Sujan** hit <u>John</u>.

(41) ㄱ. Tom gave <u>Mary</u> **an apple**.
　　 ㄴ. *Tom gave **an apple** <u>Mary</u>.

곧 (40)에서 (ㄱ)의 문장에 대하여, 주어와 목적어의 위치를 바꾼 (ㄴ)의 문장은 문법적이기는 하지만 의미가 완전히 다르다. 그리고 (41)에서 (ㄱ)의 문장에 실현된 문장 성분들의 순서를 바꾸어서 표현한 (ㄴ)의 문장은 비문법적이다.

영어에서는 명사의 주격과 목적격은 문법적인 형태소가 실현되지 않고 단지 어순에 의해서 격 관계를 나타낸다. 곧 (40)에서 명사가 타동사(= hit)의 앞에 실현되면 주어가 되고, 타동사의 뒤에 실현되면 목적어가 된다. 그리고 (41)의 (ㄱ)에서처럼 타동사(= gave)의 바로 뒤에 실현되는 것이 간접 목적어(= Mary)이며, 간접 목적어 뒤에 직접 목적어(= an apple)가 실현된다. 이러한 특징 때문에 영어는 국어와는 달리 (41)의 (ㄴ)에서처럼 어순의 이동에 제약을 많이 받는다.

(라) 이중 주어와 이중 목적어가 나타난다

홑문장은 하나의 서술어에 대하여 하나의 주어가 대응되는 것이 일반적인 원칙이다. 그런데 동작성이 분명하게 드러나지 않은 비행동성 용언(형용사 혹은 움직임의 의미가 아주 약한 동사)이 서술어로 쓰이는 경우에는, 하나의 홑문장 속에서 주어의 형식을 가지는 문장 성분이 두 개 이상 나타나는 경우가 있다.

> (42) ㄱ. <u>토끼가</u> <u>귀가</u> 크다.
> ㄴ. <u>구두는</u> <u>남포동이</u> <u>3,000원이</u> 싸다.
> ㄷ. <u>철수가</u> <u>얼굴이</u> <u>야위었다.</u>

위의 문장은 모두 홑문장인데 이들 문장 속에는 주어의 형식을 취한 문장 성분이 둘이상 쓰였다. 이와 같은 이중 주어의 문장을 문법적으로 해석하는 방식은 다양하지만, 하나의 문장 속에 주어의 형식을 갖춘 문장 성분이 둘 이상 쓰인 것은 사실이다.[7]

그리고 국어에서는 하나의 홑문장 속에 목적어가 둘 이상 나타나는 경우도 있다.

> (43) ㄱ. 철수는 <u>사과를</u> <u>두 개를</u> 먹었다.
> ㄴ. 호랑이는 <u>토끼를</u> <u>발을</u> 물었다.
> ㄷ. 이순신 장군은 화살로 <u>과녁을</u> <u>한가운데를</u> 맞혔다.

위의 문장에서는 모두 하나의 서술어에 두 개의 목적어가 쓰였다. (ㄱ)에서는 '사과를'과 '두 개를'이, (ㄴ)에서는 '토끼를'과 '발을'이, (ㄷ)에서는 '과녁을'과 '한가운데를'이 각각 목적어로 쓰였다.

이와 같은 이중 주어와 이중 목적어가 실현된 문장은 국어처럼 〈주어 + 목적어 + 서술어〉의 어순으로 실현되는 언어에만 나타나고, 영어처럼 〈주어 + 서술어 + 목적어〉의 어순으로 실현되는 언어에서는 나타나지 않는다.

---

7) 단, 고등학교 문법(2010)에서는 (42)에서 '귀가 크다', '남포동이 3,000원이 싸다', '얼굴이 야위었다' 등을 서술절로 보아서, 전체 문장을 서술절을 안은 문장으로 처리했다. 그러나 이러한 처리는 문법 체계를 세우기 위하여 시도한 설명일 뿐이지, (43)의 문장에서 주어가 두 개 이상 실현된 것은 부정할 수 없다.

제4장 화용적 특징

일반적으로 문법론에서는 기호를 사용하여 메시지를 만드는 방법과 메시지를 분석하여 특정한 언어 형식의 형식과 의미를 연구하는 데에 관심을 둔다. 그런데 '화용론(話用論, pragmatics)'이라는 분야에서는 구체적인 발화 장면(situation) 속에서 쓰인 언어의 모습을 연구한다. 곧 화용론은 메시지 자체만 연구하는 것이 아니라, 메시지에 관련된 여러 가지 요소(화자와 청자의 의도, 발화 상황, 문맥 전체의 내용, 사회 문화적인 특징)를 고려하여서, 구체적인 발화 상황 속에서 실제로 쓰인 언어를 연구하는 분야이다. 국어에서는 '생략 현상'과 '보조사의 쓰임' 그리고 '높임법' 등에서 화용론적인 특징이 나타난다.

(가) 생략이 잘 일어난다

국어에서는 생략 현상이 잘 일어난다. 국어에서는 앞선 문맥이나 발화 현장을 통해서 화자와 청자가 이미 알고 있는 요소는 대체로 발화하지 않는 경향이 많다. 특히 입말의 회화체에서는 이러한 경향이 두드러진다.

첫째, 앞선 문장에서 이미 실현되어서 이미 알려진 요소는 다음 문장에서는 실현하지 않을 수 있다.(문맥 생략, 되풀이 생략)

(44) 갑 : 철수는 어제 시험에서 몇 점 받았니?

(45) 을₁ : 철수는 어제 시험에서 30점 받았어.

을₂ : 30점.

(44)와 (45)는 '갑'과 '을'의 대화인데, '갑'의 질문에 대하여 '을₂'는 문장의 다른 요소는 모두 생략하고 '30점'이라는 명사구만 발화했다. 이렇게 문장에서 다른 모든 요소를 다 생략하고 '30점'이라는 말만 발화해도 (44)와 (45)의 대화가 자연스러운 이유는 앞선 문맥('갑'이 발화한 말)을 통해서 생략된 언어 요소에 대한 내용을 알 수 있기 때문이다. 곧 앞선 문맥이 없으면 반드시 '을₁'처럼 발화해야 하지만, '갑'의 발화가 있었기 때문에 '을₂'처럼 생략된 문장으로 발화할 수 있다.

둘째, 화자와 청자가 발화 현장에서 제시되어 있는 대상을 직접 인지하여서, 이들

을 직접적으로 언급하는 경우에도 생략이 일어난다.(현장 생략)

(46) ㄱ. 철수(영이에게 사과를 보이며) : 가질래?
　　 ㄴ. 영이(철수에게 손을 내밀며)　 : 그래, 줘.

(47) ㄱ. 철수 : 너 이것을 가질래?
　　 ㄴ. 영이 : 그래, 너 그것을 나에게 줘.

(46)과 같은 생략 표현은 구체적인 발화 장면 속에서 화자와 청자, 그리고 '사과'가 드러나 있기 때문에 가능하다. 만일 구체적인 발화 장면이 제시되지 않았다면 (47)과 같이 온전한 문장의 형식으로 발화해야 한다.

　이와 같이 국어에서는 어떠한 언어 요소를 알 수 있을 때에는 그 알려진 요소를 발화하지 않고 표현하는 것이 더 일반적이다.

(나) 보조사의 쓰임이 잘 발달했다

　국어에서는 조사가 발달하였는데, 조사는 '격조사', '접속 조사', '보조사'로 나뉜다. 이들 조사 중에서 '보조사'는 문법적인 관계보다는 화용론적인 특별한 뜻을 보태어 주는 조사이다.

　곧, 보조사는 어떠한 문장 속에 등장하는 요소가, 그 문장의 서술어로 표현되는 동작이나 상태에 어떠한 방식으로 포함되는가를 표현한다.

(48) 김태희가 장동건을 찼다.　　　　　　　　〈주어〉

(49) ㄱ. 김태희는 장동건을 찼다.　　　　　〈주어 : 주제, 대조〉
　　 ㄴ. 김태희만 장동건을 찼다.　　　　　〈주어 : 한정〉
　　 ㄷ. 김태희도 장동건을 찼다.　　　　　〈주어 : 포함〉
　　 ㄹ. 김태희부터 장동건을 찼다.　　　　〈주어 : 비롯함〉
　　 ㅁ. 김태희까지 장동건을 찼다.　　　　〈주어 : 미침〉

(48)과 (49)에서 '김태희'는 '찼다'에 대하여 행위의 주체가 되고 또 주어를 나타내는 격조사 '-가'를 붙일 수 있으므로 문장 속에서 주어로 기능한다. 그러므로 보조사

인 '-는, -만, -도, -부터, -까지' 등은 통사적인 특징과는 관계없고, 서술어인 '차다'가 표현하는 동작의 범위에 '김태희'가 작용하는 방식을 표현한다.

(49)에서 보조사가 나타내는 의미적 관계를 그림으로 다시 보이면 다음과 같다.

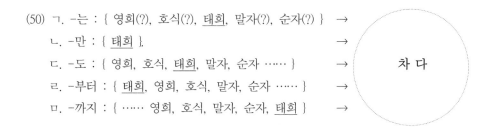

(50) ㄱ. -는 : { 영희(?), 호식(?), 태희, 말자(?), 순자(?) } →
　　　ㄴ. -만 : { 태희 }.　　　　　　　　　　　　　　　　→
　　　ㄷ. -도 : { 영희, 호식, 태희, 말자, 순자 …… }　　　 →　　　차 다
　　　ㄹ. -부터 : { 태희, 영희, 호식, 말자, 순자 …… }　　→
　　　ㅁ. -까지 : { …… 영희, 호식, 말자, 순자, 태희 }　　→

(50)에서 (ㄱ)처럼 체언에 '-는'이 쓰이면 다른 사람에 대하여는 언급하지 않고 '김태희'에 대해서만 언급하자면 '김태희'가 장동건을 찬 사람의 범위에 들어간다는 것을 나타낸다. (ㄴ)처럼 '-만'이 붙으면 다른 사람은 차지 않았고 단지 '김태희' 혼자서 '장동건'을 찬 사람의 범위에 포함됨을 나타낸다. (ㄷ)처럼 체언 다음에 '-도'가 실현되면 다른 사람과 더불어 '김태희'가 '장동건'을 찬 사람의 범위에 포함됨을 나타낸다. 그리고 (ㄹ)처럼 '-부터'가 붙으면 '장동건'을 찬 사람이 여럿이 있는데 그 가운데 '김태희'가 첫 번째로 찼다는 뜻을 나타내며, (ㅁ)처럼 '-까지'가 붙으면 여러 사람이 '장동건'을 찼는데 '김태희가' 찬 사람의 범위에 마지막으로 포함됨을 나타낸다.

이와 같이 국어에는 '주제, 대조, 한정, 포함, 비롯함, 미침' 등과 같은 화용론적인 의미를 나타내는 보조사가 대단히 발달되어 있다.

(다) 높임법이 정교하게 발달했다

'높임법(존대법, 경어법, 대우법)'은 말을 청자나 문장 속에서 표현된 어떤 대상을, 그의 지위가 높고 낮은 정도에 따라서 언어적으로 대우하여 표현하는 방식이다. 그리고 이러한 높임법이 실현된 문장을 '높임 표현'이라고 한다.

(52) [A가 B에게 책을 주다]

(53) ㄱ. 철수가 동생에게 책을 주었다.
　　　ㄴ. 아버님께서 선생님께 책을 드리셨습니다.

(52)의 문장은 실제의 일을 객관적으로 표현한 문장인데, 이 문장에서는 높임법이 반영되어 있지 않다. 반면에 (53)의 문장은 화자가 발화 상황을 고려하여 자신의 말을 청자나 문장에 등장하는 인물(주체와 객체)와의 관계를 고려하여 높임법을 실현한 문장이다.8) 곧 (53ㄱ)에서는 문장 속에서 주어로 표현된 주체(= 철수)와 부사어로 표현된 객체(= 동생), 그리고 말을 청자(= 상대)를 모두 낮추어서 표현하였다. 반면에 (53ㄴ)에서는 '-께서'와 '-시-'를 통하여 주체인 '아버님'을 높여서 표현하였으며, 동시에 '드리다'와 '-께'를 통해서 객체인 '선생님'을 높여서 표현하였다. 그리고 서술어에 '-습니다'를 실현하여 발화 장면 속에서 말을 청자(= 상대)를 높여서 표현하였다.

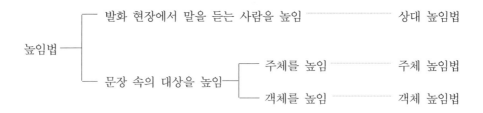

[그림 1. 높임의 대상으로 구분한 높임법의 유형]

높임 표현은 단순한 문법적인 현상이 아니라 대화에 참여하는 사람들의 '나이, 신분, 친소 관계, 심적인 상태' 등과 같은 우리나라의 고유한 사회·문화·심리적인 현상이 언어에 반영된 것으로 보아야 한다.

---

8) 화자가 발화한 문장을 직접 듣는 사람을 '상대(相對)'라고 한다. 그리고 문장 속에서 주어로 표현되는 사람을 '주체(主體)'라고 하고, 부사어로 표현되는 사람을 '객체(客體)'라고 한다. 곧 (52)에서 'A'는 '주다'라는 행위의 '주체'가 되며, 'B'는 행위의 '객체'가 된다.

참고 문헌

고영근·구본관(2008), 『우리말 문법론』 집문당.

고창수(1992), 「국어의 통사적 어형성」, 국어학 22집, 국어학회.

교육인적자원부(2010), 『고등학교 문법』 (주)두산동아.

교육인적자원부(2010), 『고등학교 교사용 지도서 문법』 (주)두산동아.

김계곤(1996), 『현대 국어의 조어법 연구』 도서출판 박이정.

김두봉(1922), 『깁더 조선말본』 역대문법 대계(1986), 김민수, 하동호, 고영근 공편, 탑출판사.

김민수(1985), 『국어문법론』 일조각.

김봉모(1992), 『국어 매김말의 문법』 태학사.

김수태(1999), 『인용월 연구』 부산대출판부.

김수태(2005), 「'-느-'와 마침법 씨끝의 융합」, 우리말연구 16집, 우리말학회.

김수태(2005), 『마침법 씨끝의 융합과 그 한계』 도서출판 박이정.

김언주(1998), 『우리말 배합구성의 문법』 세종출판사.

김윤경(1948), 『나라말본』 동명사, 역대문법 대계(1986), 김민수, 하동호, 고영근 공편, 탑출판사.

김인택(1997), 『한국어 이름 마디의 문법』 세종출판사.

김일웅(1984), 「국어 시제 표현의 구조」, 어문교육논집 제8집, 부산대 국어교육과.

김일웅(1984), 「풀이말의 결합가와 격」, 한글 186호, 한글학회.

김일웅(1985ㄱ), 「생략과 그 유형」, 부산한글 제4집, 한글학회 부산지회.

김일웅(1985ㄴ), 「생략의 유형」, 약천 김민수 교수 화갑 기념 국어학 신연구 I, 탑출판사.

김일웅(1987), 「월의 분류와 특징」, 한글 제198호, 한글학회.

김일웅(1993), 「우리말의 엮음과 이음」, 국어국문학 제30집, 부산대학교 국어국문학과.

김차균(1999), 『우리말의 시제 구조와 상 인식』 태학사.

김하얀(1995), 「우리말 홀로말의 성격과 분류」, 석사학위 논문, 부산대학교. 대학원.

나진석(1963), 『방언-어법』 경상남도지 중권, 경상남도지 편찬위원회.

나진석(1971), 『우리말 때매김 연구』 과학사.

나찬연(1993), 「우리말의 이음에서의 생략과 삭제 현상 연구」, 석사학위 논문, 부산대학교.

나찬연(1997), 「우리말 의미중복표현의 통어·의미 연구」, 박사학위 논문, 부산대학교.

나찬연(2004), 『우리말 잉여표현 연구』, 도서출판 월인.

나찬연(2010), 『언어·국어·문화』, 도서출판 월인.

나찬연(2011), 『수정판 옛글 읽기』, 도서출판 월인.

나찬연(2013ㄱ), 『제2판 훈민정음의 이해』, 도서출판 월인.

나찬연(2013ㄴ), 『제2판 언어·국어·문화』, 도서출판 월인.

나찬연(2017), 『제5판 현대 국어 문법의 이해』, 도서출판 월인.

나찬연(2018), 『제2판 학교 문법의 이해 1, 2』, 경진출판.

나찬연(2019), 『국어 어문 규정의 이해』, 도서출판 월인.

나찬연(2019), 『현대 국어 의미론의 이해』, 경진출판.

나찬연(2020ㄱ), 『국어 교사를 위한 학교 문법』, 경진출판.

나찬연(2020ㄴ), 『중세 국어의 이해』, 경진출판.

나찬연(2020ㄷ), 『중세 국어 강독』, 도처출판 경진.

나찬연(2020ㄹ), 『근대 국어 입문』, 경진출판.

나찬연(2020ㅁ), 『근대 국어 강독』, 경진출판.

나찬연(2021ㄱ), 『길라잡이 현대 국어 문법』, 경진출판.

나찬연(2021ㄴ), 『길라잡이 국어 어문 규정』, 경진출판.

남기심·고영근(1993), 『표준국어문법론』 탑출판사.

노대규(1983), 『국어의 감탄문 문법』 보성문화사.

노대규(1998), 「'어다' 형태에 대해서」, 한국어 의미학, 한국어 의미학회.

문교부(1991), 『고등학교 문법 교사용 지도서』 대한교과서주식회사.

민현식(1982), 「현대국어의 격에 대한 연구」, 국어연구 49, 국어연구회.

박선자(1996), 「한국어의 의미적 특징」, 『한국어의 이해』 우리말연구회, 만수출판사.

박선자(1996), 『한국어 어찌말의 통어 의미론』 세종출판사.

박승빈(1931), 『조선어학 강의 요지』 조선어학회, 역대문법대계(1986), 김민수/하동호/고영
    근(공편), 탑출판사.

서울대학교 국어교육 연구소(1999), 『국어 교육학 사전』 대교출판.

서정수(1996), 『국어 문법』 수정 증보판, 한양대학교 출판원.

서태길(1990), 「한정조사 '서'에 대한 연구—그 결합형을 중심으로」, 석사학위 논문 고려대학
    교 대학원.

시정곤(1992), 「'-이다'의 '-이-'가 접사인 몇 가지 이유」, 주시경학보 11. 탑출판사.

신원재(1987), 「현대국어 부정 표현에 관한 연구」, 국어국문학 논문집 27, 서울사대 국어과.

신진연(1988), 「간투사의 위상 연구」, 국어연구 38호, 국어연구회.

신현숙(1980), 「'더라'의 쓰임과 의미」, 논문집 12, 건국대학교.

안명철(1985), 「보조조사 '-서'의 의미」, 국어학 14집, 국어학회.

안병희(1966), 「부정격(Casus Infinitus)의 정립을 위하여」, 동아문화 6.

왕문용·민현식(1993), 『국어문법론의 이해』 개문사.

유동석(1984), 「양태조사의 통보기능에 대한 연구」, 국어연구 60, 국어연구회.

이관규(1992), 「격의 종류와 특성」, 『국어학연구백년사.'' 일조각.

이관규(2002), 『개정판 학교 문법론』 도서출판 월인.

이남순(1988), 『국어의 부정격과 격표지』 탑출판사.

이상복(1979:37), 「동사 '말다'에 대하여」, 연세어문학 9·10집, 연세대학교 국어국문학과.

이숭녕(1956), 『고등국어문법』 을유문화사, 역대문법 대계(1986), 김민수, 하동호, 고영근 공편, 탑출판사.

이완응(1929), 『중등교과 조선어문전』 역대문법대계(1986), 김민수, 하동호, 고영근 공편, 탑출판사.

이익섭(1986), 『국어학개설』 학연사.

이익섭·임홍빈(1984), 『국어문법론』 학연사.

이주행(2000), 『한국어 문법의 이해』 도서출판 월인.

이희승(1949), 『초급국어문법』 박문출판사.

이희승(1956), 「존재사 '있다'에 대하여」, 논문집 17, 서울대학교.

임환재(1984), 『언어학사』 경문사.

장경희(1986), 『현대국어의 양태범주 연구』 탑출판사.

정열모(1946), 『신편고등문법』 한글문화사, 역대문법대계(1986), 김민수, 하동호, 고영근 공편, 탑출판사.

정인승(1949), 『표준중등말본』 아문각, 역대문법대계(1986), 김민수, 하동호, 고영근 공편, 탑출판사.

정인승(1956), 『표준고등말본』 신구문화사, 역대문법대계(1986), 김민수, 하동호, 고영근 공편, 탑출판사.

주시경(1914), 『말의 소리』 신문관, 역대문법 대계(1986), 김민수, 하동호, 고영근 공편, 탑출판사.

최규수(1996), 「한국어의 형태·통사적 특징」, 『한국어의 이해』 우리말연구회. 만수출판사.

최규수(2005), 『주시경 문법론과 그 뒤의 연구들』 도서출판 박이정.

최규수(2006), 「형태론의 체계와 용어 사용 문제」, 우리말연구 18집, 우리말학회.

최현배(1980=1937), 『-우리말본』 정음사.

하치근(2002), 『현대우리말본』 도서출판 박이정.

한글학회(1985), 『訓民正音』 영인본.

허 웅(1981), 『언어학』 샘문화사.

허 웅(1986), 『국어 음운학』 샘문화사.

허 웅(1999), 『20세기 우리말의 통어론』 샘문화사.

허 웅(2000), 『20세기 우리말의 형태론(고침판)』 샘문화사.

河野六郎(1945), 朝鮮方言學試攷-「鋏」語考, 京城帝國大學校文學會論聚 第十一輯, 京城：東都
　　書籍株式會社 京城支店.

Bloomfield. L.(1962), 『Language』 Ruskin House, George Allen & Unwin LTD.

Baugrand, R. & Dressler, W(1981), 『Introduction to Text Linguistics』 Longman, London.

Guno, S.(1980), 『Discourse Deletion』 Harvard Studies in Syntax and Semantics. vol. Ⅲ.

Greenberg. H.(ed),(1963), 『Universals of Language』 MIT Press.

Sampson, Goeffrey(1985), 『Writing System』 Stanford Univ. Press.

Sturtevant, Edgar H.(1947), 『An Introduction to Linguistic Science』 New Haven: Yale University
　　Press.

찾아보기

지은이 **나찬연**은 1960년에 부산에서 태어났다. 부산대학교 국어국문학과를 나오고 (1986), 같은 학교 대학원에서 문학 석사(1993)와 문학 박사(1997) 학위를 받았다. 지금은 경성대학교 국어국문학과에서 교수로 재직하고 있으면서 국어학 분야의 강의를 맡고 있다.

주요 논저

우리말 이음에서의 삭제와 생략 연구(1993), 우리말 의미중복 표현의 통어·의미 연구(1997), 우리말 잉여 표현 연구(2004), 옛글 읽기(2011), 벼리 한국어 회화 초급 1, 2(2011), 벼리 한국어 읽기 초급 1, 2(2011), 제2판 언어·국어·문화 (2013), 제2판 훈민정음의 이해(2013), 근대 국어 문법의 이해−강독편(2013), 표준 발음법의 이해(2013), 제5판 현대 국어 문법의 이해(2017), 쉽게 읽는 월인석보 서, 1, 2, 4, 7, 8, 9, 10, 11(2017~2021), 쉽게 읽는 석보상절 3, 6, 9, 11, 13, 19(2017~2019), 제2판 학교 문법의 이해 1, 2(2018), 한국 시사 읽기 (2019), 한국 문화 읽기(2019), 국어 어문 규정의 이해(2019), 현대 국어 의미론의 이해(2019), 국어 교사를 위한 고등학교 문법(2020), 중세 국어의 이해 (2020), 중세 국어 강독(2020), 근대 국어 강독(2020), 길라잡이 현대 국어 문법 (2021), 길라잡이 국어 어문 규정(2021), 중세 국어 서답형 문제집(2022)

＊전자메일: ncy@ks.ac.kr

＊ '학교 문법 교실(http://scammar.com)'에서는 이 책의 내용과 관련한 학습 자료를 제공합니다. '강의실'에서는 이 책의 주요 내용에 대하여 동영상 강의를 제공하며, '문답방'을 통하여 독자들의 질문에 대하여 지은이가 직접 피드백을 합니다. 아울러서 이 책에서 다룬 '중세 국어'와 '근대 국어'의 예문에 대한 주해서를 자료실에서 내려받을 수 있습니다.